权威·前沿·原创

皮书系列为
“十二五”“十三五”国家重点图书出版规划项目

BLUE BOOK

智库成果出版与传播平台

广州公益慈善蓝皮书
BLUE BOOK OF GUANGZHOU'S PHILANTHROPY

广州公益慈善事业发展报告（2021）

ANNUAL REPORT ON GUANGZHOU'S PHILANTHROPY DEVELOPMENT (2021)

主　编 / 广州市慈善服务中心　广州市慈善会

社会科学文献出版社
SOCIAL SCIENCES ACADEMIC PRESS (CHINA)

图书在版编目(CIP)数据

广州公益慈善事业发展报告.2021/广州市慈善服务中心，广州市慈善会主编.--北京：社会科学文献出版社，2021.12
（广州公益慈善蓝皮书）
ISBN 978-7-5201-9253-8

Ⅰ.①广… Ⅱ.①广… ②广… Ⅲ.①慈善事业-发展-研究报告-广州-2021 Ⅳ.①D632.1

中国版本图书馆CIP数据核字（2021）第255487号

广州公益慈善蓝皮书
广州公益慈善事业发展报告（2021）

主　　编／广州市慈善服务中心　广州市慈善会

出 版 人／王利民
组稿编辑／刘　荣
责任编辑／单远举
责任印制／王京美

出　　版／社会科学文献出版社（010）59367011
　　　　地址：北京市北三环中路甲29号院华龙大厦　邮编：100029
　　　　网址：www.ssap.com.cn
发　　行／市场营销中心（010）59367081　59367083
印　　装／天津千鹤文化传播有限公司

规　　格／开 本：787mm×1092mm　1/16
　　　　印 张：15.25　字 数：228千字
版　　次／2021年12月第1版　2021年12月第1次印刷
书　　号／ISBN 978-7-5201-9253-8
定　　价／198.00元

本报告由广州市福利彩票公益金、第八届
广州市社会组织公益创投活动资助出版

主编单位简介

广州市慈善服务中心

广州市慈善服务中心成立于1996年，是广州市民政局直属的正处级公益一类事业单位，主要任务包括：负责协助制定促进慈善事业发展的政策和措施，建立健全慈善信息统计和发布制度，建立慈善信息共享机制；负责指导行业组织建设，承担行业自律、行业诚信建设的事务性工作，协助统筹全市慈善组织参与重大自然灾害、事故灾害和公共卫生事件等突发事件的募捐和救助工作；承担全市性慈善表彰和慈善组织培育的具体事务性工作；负责弘扬慈善文化，开展慈善宣传。

广州市慈善会

广州市慈善会成立于1994年，是由社会各界热心慈善事业的团体或个人志愿组成的公益性社会团体。27年来，广州市慈善会坚持发扬人道主义精神，秉承“扶贫济困，见难相助”宗旨，积极推动和引领广州慈善事业发展，广泛动员社会力量筹集慈善资金，筹集捐赠款物37.20亿元，支出32.92亿元，组织开展紧急救援、扶贫济困、安老助孤、医疗救助、助学支教等慈善活动，已成为广州规模最大、辐射最广、公信力最强、影响力最大的枢纽型慈善组织，是了解、关心、参与广州慈善的主渠道和主平台，荣获“中华慈善奖”“中华慈善事业突出贡献奖”“南粤慈善奖”“广东省三八红旗集体”等称号，被广东省委、省政府评为“脱贫攻坚先进集体”。

摘　要

2020年是“十三五”规划的收官之年，也是开启“十四五”规划的关键之年。面对新冠肺炎疫情防控的严峻形势，广州慈善行业主动作为，积极参与疫情防控工作，广州慈善事业发展呈现一些新的态势，具体包括：慈善力量在重大突发事件中的应急响应能力逐步提升；基金会数量增长较快，慈善组织的资源实力进一步增强；慈善捐赠数额大幅增长，为新冠肺炎疫情防控和打赢脱贫攻坚战贡献了积极力量；社区慈善发展支持体系逐步建立，地方政策支持力度持续加大；慈善基础设施建设得到更大程度的重视，慈善发展的基础更加坚实。

进入新发展阶段，推动高质量发展成为慈善事业新的重要主题。广州慈善事业的发展要立足新发展阶段要求，找准新的定位，明确新的使命和任务，为此，本报告建议：聚焦发挥第三次分配作用，完善有利于公益慈善类社会组织充分发展的体制机制；聚焦补齐公共服务短板，创新慈善服务模式，促进社会力量参与公共服务供给；聚焦建设全国市域社会治理现代化示范城市，培育社区慈善多元主体，助力营造共建共治共享基层社会治理新格局；聚焦全面实施乡村振兴战略，巩固拓展慈善力量参与脱贫攻坚成果，优化和创新帮扶方式；聚焦深化全域文明创建，提升慈善文化影响力，推动城市文化综合实力出新出彩。

目　录

Ⅰ　总报告

Ⅱ　专题报告篇

Ⅲ 行业研究篇

Ⅳ 年度热点篇

Ⅴ 附 录

总报告

General Report

B.1

深化巩固“慈善之城”创建成果，打造慈善创新发展高地

——广州慈善事业发展2020年度综述

广州市慈善服务中心*

摘　要：本文对“十三五”时期广州慈善事业发展实践经验进行了系统总结，并分析了2020年度广州慈善事业发展态势。在此基础上，重点围绕新发展阶段广州慈善事业发展的任务与主题进行探讨。研究认为，慈善事业高质量发展是同时注重“量”和“质”的发展，是更加充分、更加平衡、更有效能、更可持续的发展。进入新发展阶段，广州慈善事业新的发展任务主要包括：聚焦发挥第三次分配作用，完善有利于公益慈善类社会组织充分发展的体制机制；聚焦补齐公共服

* 广州市慈善服务中心，公益一类事业单位。本报告由广州市慈善服务中心统稿，胡小军执笔。胡小军，博士，广州社会组织研究院执行院长，广州市慈善会理事。

务短板，创新慈善服务模式，促进社会力量参与公共服务供给；聚焦建设全国市域社会治理现代化示范城市，培育社区慈善多元主体，助力营造共建共治共享基层社会治理新格局；聚焦全面实施乡村振兴战略，巩固拓展慈善力量参与脱贫攻坚成果，优化和创新帮扶方式；聚焦深化全域文明创建，提升慈善文化影响力，推动城市文化综合实力出新出彩。

关键词： 慈善事业 高质量发展 广州市

2020年是极不平凡的一年，突如其来的新冠肺炎疫情对社会经济发展带来严重冲击。在党中央、国务院的坚强领导下，疫情防控取得重大战略成果，脱贫攻坚战取得全面胜利，决胜全面建成小康社会取得决定性成就。[①] 2020年也是“十三五”规划的收官之年，是开启“十四五”规划的关键之年。在这一年，广州慈善力量主动融入国家发展大局，积极参与脱贫攻坚、疫情防控和粤港澳大湾区建设，彰显了慈善组织的责任和担当。本报告将重点对“十三五”时期广州慈善事业发展状况进行系统回顾，对2020年度广州慈善事业发展态势进行分析，并在此基础上就新发展阶段广州慈善事业发展的任务与主题进行分析探讨，提出进一步促进广州慈善事业高质量、可持续发展的对策建议。

一 “十三五”时期广州慈善事业发展回顾

“十三五”时期是广州慈善事业发展史上具有重大意义的5年。《广州

---

① 《政府工作报告——2021年3月5日在第十三届全国人民代表大会第四次会议上》，中国政府网，2021年3月12日，http：//www. gov. cn/premier/2021－03/12/content_ 5592671. htm。

市国民经济和社会发展第十三个五年规划纲要（2016—2020年）》提出培育发展公益慈善类社会组织、打造慈善品牌、弘扬慈善文化、引导慈善事业健康发展，为“十三五”广州慈善事业发展提供了方向指引。《广州市民政事业发展第十三个五年规划纲要（2016—2020年）》将“推动慈善事业改革”作为促进广州民政事业发展创新的五项关键改革之一，进一步细化了各项支持措施。2017年，创建全国“慈善之城”被写入广州市政府工作报告，纳入城市整体发展战略，掀开了广州慈善事业发展的崭新一页。2018年，第五届中国城市公益慈善指数发布，广州位居全国第二，慈善事业整体发展水平走在全国前列。系统梳理“十三五”时期广州慈善事业发展历程，可以较为清晰地看到如下7个方面的鲜明特征。

（一）制度化保障：加强慈善制度建设，推进地方慈善立法

作为慈善制度建设的一部基础性、综合性法律，《中华人民共和国慈善法》于2016年9月1日正式施行，标志着中国进入法治慈善时代。随着慈善法相关配套规定的陆续出台，广州慈善制度建设进一步加快。“十三五”期间，广州市人民政府分别于2016年9月和2020年8月出台《广州市人民政府关于促进慈善事业健康发展的实施意见》和《广州市推动慈善事业高质量发展行动方案》两份慈善领域重要政策文件。这两份文件的出台对广州慈善的健康发展产生了积极的推动作用。以《广州市慈善促进条例》[①] 的颁布为标志，当前广州基本上形成了与“慈善之城”建设相适应的慈善事业制度体系，为“十四五”时期广州慈善事业改革创新再深化、继续走在全国前列提供了有力的制度保障。

（二）专业化发展：基金会和慈善信托数量稳步增长

慈善组织是现代慈善事业的中坚力量，慈善组织的数量和专业能力在

① 《广州市慈善促进条例》经2021年3月30日广州市第十五届人民代表大会常务委员会第四十七次会议通过，2021年5月26日广东省第十三届人民代表大会常务委员会第三十二次会议批准，于2021年9月1日起施行。

很大程度上反映了一个地区的慈善发展水平。《中华人民共和国慈善法》实施后，广州市、区两级登记和认定的慈善组织数量稳步增长（见图1）。截至2020年12月31日，广州慈善组织总数达到185家。其中，基金会这一组织形式有93家，占比50.3%，构成慈善组织的主体。基金会在“十三五”期间得到快速发展（见图2），一方面源于广州在基金会登记管

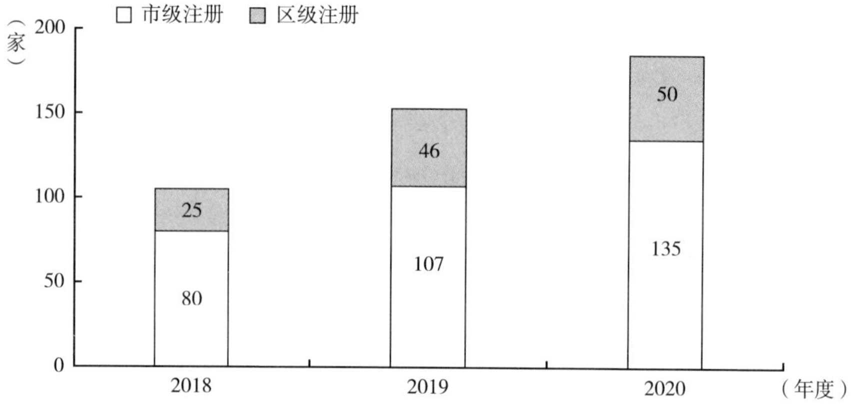

图1　2018～2020年度广州慈善组织数量及结构变化

资料来源：广州市社会组织管理局社会组织信息公示平台，http：//mzj.gz.gov.cn/gznpo/。

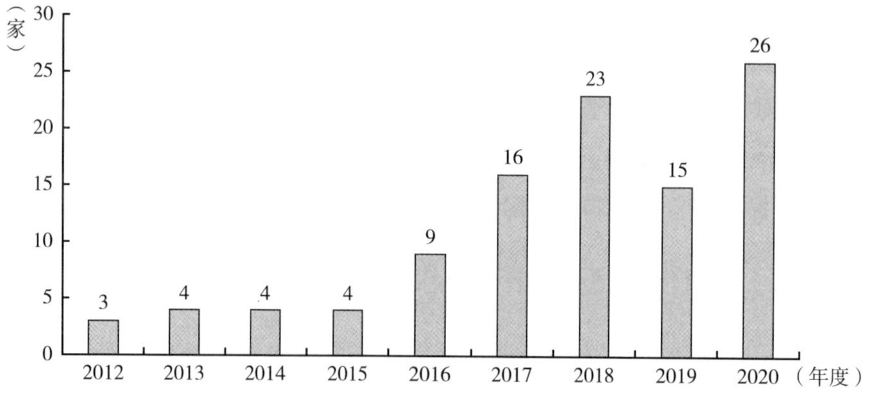

图2　广州基金会年度新增数量

资料来源：广州市社会组织管理局社会组织信息公示平台，http：//mzj.gz.gov.cn/gznpo/。

理制度方面的改革，另一方面源于更多的企业（家）等捐赠人选择基金会这一形式开展更具可持续性、专业化的公益慈善活动。此外，作为一种新的慈善模式，在广州市民政局备案的慈善信托单数也逐年增加。为了促进慈善信托的发展，广州制定出台慈善信托备案管理指引，指导慈善信托业务的有效开展。截至 2020 年 12 月底，广州已备案慈善信托 14 单。

（三）系统化培育：构筑慈善行业发展多层次支持体系

慈善能力主要表现为政府管理能力、慈善组织服务能力、行业发展支持能力三个层面。首先，在政府管理能力层面，按照《中华人民共和国慈善法》的规定，各级民政部门主管本行政区域内的慈善工作。在广州市机构改革中，广州市民政局的职责进行了调整，新设慈善事业促进和社会工作处，负责拟定促进全市慈善事业发展政策和慈善信托、慈善组织及其活动的管理政策，慈善相关职能得到进一步明确和加强。其次，在慈善组织服务能力层面，以项目资助为重点，通过持续举办广州市社会组织公益创投、广州市福彩公益慈善项目大赛等活动，支持公益慈善项目的实施，提升慈善组织服务能力，打造慈善项目品牌。最后，在行业发展支持能力层面，主要围绕培育基地建设、慈善人才培养、行业组织发展三个方面构建广州慈善行业发展多层次支持体系。“十三五”期间，广州建成 45 个培育发展基地，优先培育发展公益慈善类社会组织，形成市、区、镇街三级社会组织培育基地网络（见图 3）。中国慈善联合会人才培养基地也落地广州，搭建慈善人才培养高端平台。此外，作为区域性慈善行业组织，广州市公益慈善联合会通过实施“善知学园”“益群计划”等项目，加强慈善人才队伍建设。[①] 经过“十三五”时期的努力，广州慈善行业的发展基础更加坚实，发展支持体系更加完善。

---

① 参见广州市公益慈善联合会官网，http：//www. gzsgycslhh. com。

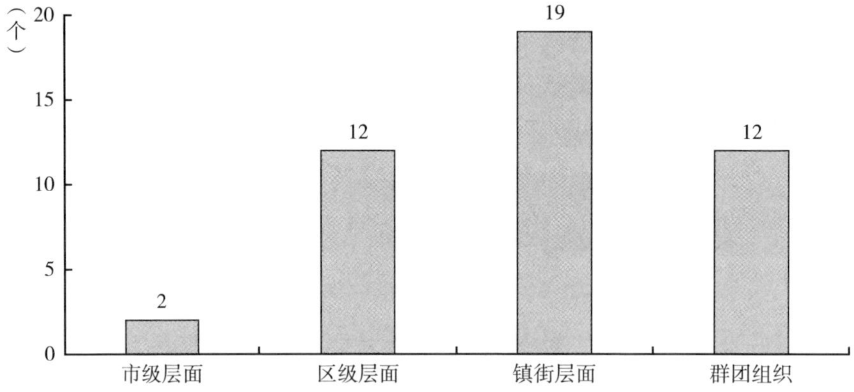

图3　广州社会组织培育基地分布层级

资料来源：广州市社会组织管理局社会组织信息公示平台，http：//mzj. gz. gov. cn/gznpo/。

（四）融合化服务：拓展慈善服务覆盖面，提升服务可及性

“十三五”期间，面对日趋多样化、差异化的社会需求，广州积极整合服务资源，引导和推动不同社会组织之间的协同配合，拓展慈善服务覆盖面，不断增强服务的可及性和持续性。首先，在慈善救助领域，以“珠珠慈善医疗救助平台”的启动为标志，通过整合政府社会救助政策、慈善组织、社会服务机构、志愿服务组织、医院等多方资源和服务，推行“资金＋服务”综合性救助模式。其次，在基层社区服务领域，推动“社工＋慈善＋志愿服务”融合发展，依托镇街社工服务站、社区慈善基金等平台载体，促进社区、社会组织、社工、志愿者、企业等多方联动，打通服务群众“最后一公里”，积极回应社区多元服务需求。最后，在专业慈善服务领域，广州市慈善会、番禺区慈善会等慈善组织探索募用分离机制①，通过项目大赛、公益创投等方式，资助有专长的社会组织开展较为长期的社会服务项目，促进不同组织之间的分工协作。

① 民政部印发的《关于鼓励实施慈善款物募用分离　充分发挥不同类型慈善组织积极作用的指导意见》中，募用分离是指在款物募集方面有优势的慈善组织负责慈善资源的募集和管理，并以一定方式分配给有服务专长的慈善组织运作项目、开展活动。

（五）社会化募捐：搭建便捷高效的慈善捐赠平台，创新慈善募捐模式

广州是国内最早开展公开募捐制度改革和公募权开放的地区。2012 年 5 月 1 日就已实施的《广州市募捐条例》通过募捐许可制度的建立，将公益性社会团体、民办非企业单位和非营利事业单位扩大为募捐主体，这一改革举措曾在全国产生广泛影响。时至今日，社会化募捐在广州具有较为良好的实践基础。“十三五”时期广州在慈善募捐领域的发展特点和变化，主要体现在四个方面：第一，响应国家精准扶贫战略，开展慈善募捐助力脱贫攻坚。“十三五”期间，广州通过“广东扶贫济困日”暨“羊城慈善为民”行动，共筹集款物 26.55 亿元。[①] 第二，主动适应互联网和信息技术的发展，搭建“广益联募”平台，并当选民政部指定的首批全国慈善组织互联网公开募捐信息平台之一。第三，创新慈善募捐模式，基于广州城市特色和丰富的历史文化资源，广州市慈善会联合其他社会组织及团体持续开展“益动善城”公益徒步活动、“乐善骑行”、“新春花市慈善行”等慈善活动，为广州市民搭建便捷的慈善参与和捐赠平台。第四，大力发展社区慈善基金，设立社区慈善捐赠站点，打造“家门口”的慈善平台，培育社区捐赠文化，广泛动员社区资源参与社区建设。

（六）常态化激励：弘扬广府慈善文化和志愿服务精神，传播现代慈善理念

慈善文化是慈善事业发展的价值基础和内在支撑。广州在“慈善之城”创建过程中，一直将“人人慈善为人人”作为核心慈善理念，旨在促进更多的个人、家庭和单位参与慈善、服务社会。因此，在慈善文化传播和慈善激励制度设计中，鲜明地体现了这一导向。一方面，设计善城广州标识“善穗”

---

① 《广州晒出“十三五”慈善成绩单：慈善助力脱贫攻坚成效显著》，广州日报客户端，2021 年 1 月 19 日，https://www.gzdaily.cn/site2/pad/content/2021-01/19/content_1475559.html。

和广州慈善吉祥物“珠珠”，生动展现快乐、友爱、向上的城市慈善形象。同时，系统推广慈善标志，设立慈善广场、慈善公园、慈善街道、慈善社区等慈善活动基地，鼓励商场、图书馆、连锁门店等设置慈善空间，让慈善融入市民日常生活圈。另一方面，大力弘扬奉献、友爱、互助、进步的志愿精神，完善志愿服务体系，畅通志愿服务参与渠道和机制，深化“志愿之城”建设。在慈善激励表彰层面，除了持续发布广州慈善榜单外，从2018年开始，广州市民政局、广州市精神文明建设委员会办公室、广州市妇女联合会共同开展寻找“慈善家庭”活动①，将家庭、家教、家风建设与慈善有机结合，将慈善精神嵌入家庭文化之中，增强社会的慈善参与内在动力。

（七）立体化监管：营造公开透明、诚信自律的慈善发展环境

在推动现代慈善事业发展过程中，广州将慈善公信力建设作为一项基础性工程。除了依照慈善法等法律法规加强对慈善活动的行政监管外，非常注重信息公开工作。通过广州市社会组织管理局社会组织信息公示平台，公众可方便查询慈善组织的基础信息和年度报告，在保障公众知情权的前提下，促进社会监督体系的建设。作为慈善社会监督制度的一项创新，广州市慈善组织社会监督委员会有效发挥第三方社会监督机构的职责功能，对慈善组织进行常态化监督，出具监督报告，支持慈善组织及时发现问题，实现规范运作。此外，从2017年开始，广州市慈善组织社会监督委员会根据《慈善组织信息公开办法》等相关规定，构建慈善组织透明度评价体系，持续发布广州慈善组织透明度年度排行榜，促进广州慈善组织持续改善和提升自身透明度和社会公信力。

二　2020年度广州慈善事业发展态势分析

2020年，面对新冠肺炎疫情防控的严峻形势，广州慈善行业主动作为，

---

① 《广州市民政局、广州市精神文明建设委员会办公室、广州市妇女联合会关于开展广州市2018年深化“羊城慈善为民”行动创建“慈善之城”之寻找“慈善家庭”活动的通知》，广州妇联网，2018年6月6日，http：//www.gzwoman.org.cn/gzsmfb/qtlm/tzgg/content/post_86554.html。

积极参与疫情防控工作，特别是在疫情防控物资募集、社区志愿服务、特殊群体关爱等方面发挥了独特作用。这一年，经历疫情的考验，广州慈善事业发展呈现一些新的态势。

（一）慈善力量在重大突发事件中的应急响应能力逐步提升

新冠肺炎疫情发生后，广州市民政局、广州市社会组织管理局制定出台了《关于动员慈善力量依法有序参与新型冠状病毒感染的肺炎疫情防控工作的公告》《关于做好社会组织疫情防控捐赠工作的通知》等多份政策文件，引导社会力量积极参与疫情防控。广州慈善会系统、志愿服务组织、社工机构、行业协会商会等不同类型的社会组织发挥各自优势，投身疫情防控和复工复产。2020 年，以广州市慈善会为首的慈善组织快速响应，先后共有 11 家慈善组织和红十字会针对新冠肺炎疫情防控发起了 15 个公开募捐项目。其中，广州市慈善会发起的“新冠肺炎紧急驰援”募捐项目接受捐赠金额超过 1.3 亿元。各区慈善会也积极动员社会各界慈善资源，积极支持湖北及广州当地的新冠肺炎疫情防控工作，充分体现了广州慈善组织的担当精神和强烈的使命感。此外，在 2020 年度，在广州市民政局新增 3 单慈善信托，信托目的均用于支持疫情防控，财产总规模为 311.45 万元。[①]

与此同时，在《全国人民代表大会常务委员会执法检查组关于检查〈中华人民共和国慈善法〉实施情况的报告》中特别指出，在新冠疫情防控应急状态下，慈善组织缺乏信息共享和管理平台、物资储备和资源调度机制，导致运行效率低、信息披露不及时、捐赠款物处置迟缓、志愿服务统筹不够等情况。[②] 上述这些问题在广州慈善组织参与疫情防控过程中同样存

① 2020 年度新增的 3 单慈善信托分别为：“粤财信托·2020 抗击新型肺炎慈善信托计划”，财产规模 136.45 万元；“粤财信托·建粤 2020 抗击新型肺炎慈善信托计划”，财产规模 125 万元；“粤财信托·粤财金租·支持南沙抗击新冠肺炎慈善信托”，财产规模 50 万元。

② 《全国人民代表大会常务委员会执法检查组关于检查〈中华人民共和国慈善法〉实施情况的报告》，中国人大网，2020 年 10 月 15 日，http://www.npc.gov.cn/npc/c30834/202010/afc0a05adb4242b49920c2251017205e.shtml。

在。因此，慈善力量与政府部门应急协调机制仍有待建立，为慈善组织作用的发挥提供更好的制度保障。

（二）基金会数量增长较快，慈善组织的资源实力进一步增强

截至 2020 年 12 月 31 日，广州慈善组织总数达到 185 家。其中，性质为基金会的慈善组织有 93 家，占比 50.3%（见图 4）。2020 年度，在广州新注册成立的 33 家慈善组织中，基金会这一组织形式有 26 家，原始注册资金达 5343 万元。雪松控股、欧派家居、美赞臣等知名企业在广州先后发起成立企业基金会。此外，学校基金会的数量也在增加。广州市从化区流溪中学、广州市增城区实验中学、广州市第六中学等在 2020 年也均发起成立教育发展基金会。作为资源型慈善组织，基金会数量的增加一方面增强了慈善行业潜在的资源实力，另一方面也成为企事业单位参与公益慈善的重要形式之一，有利于慈善行为的长期性和可持续性。

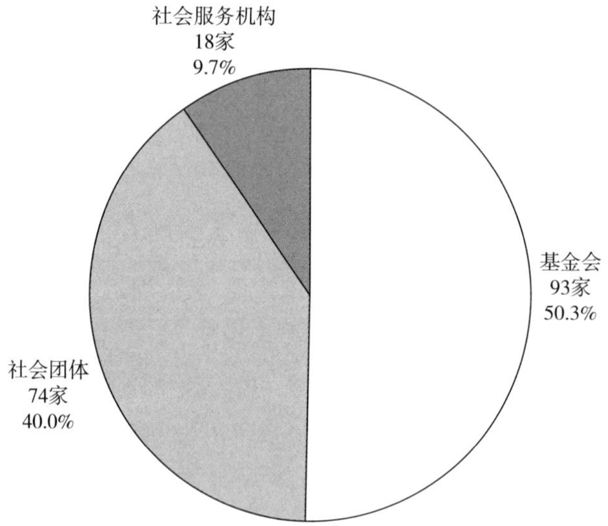

图 4　广州慈善组织的组织形式

资料来源：广州市社会组织管理局社会组织信息公示平台，http://mzj.gz.gov.cn/gznpo/。

但是，在广州市当前已登记的基金会中，还没有具有公开募捐资格的基金会，在某些联合劝募活动中，基金会整体缺位，未能发挥资源平台功能，对社会资源的链接和动员不足。与此同时，面向其他慈善组织、专业社会服务机构等开展资助的基金会数量也相对较少，基金会在广州本土慈善生态建设中的作用发挥有限。因此，如何更好发挥基金会作为广州慈善组织重要主体的优势，激发基金会发展活力，仍然是广州在推动慈善事业高质量发展过程中需要着力解决的一个重要问题。

（三）慈善捐赠数额大幅增长，为新冠肺炎疫情防控和打赢脱贫攻坚战贡献广州慈善力量

受限于当前数据收集方法、技术标准不统一等难题，还难以精确统计一个地区的年度慈善捐赠数据。在此情况下，以各地区每年发布的慈善捐赠榜单为分析对象，解析当地的慈善捐赠情况，对于观察和分析当地慈善捐赠趋势具有一定的参考价值。广州市公益慈善联合会、广州市慈善会发布的2020年度“广州慈善捐赠榜”显示，上榜的企业、机构和个人捐赠总额超过14亿元（见图5）。其中，捐赠1000万元以上的企业、机构有25家，捐赠100万元以上的个人有6位。2020年是脱贫攻坚决战决胜之年，同时也

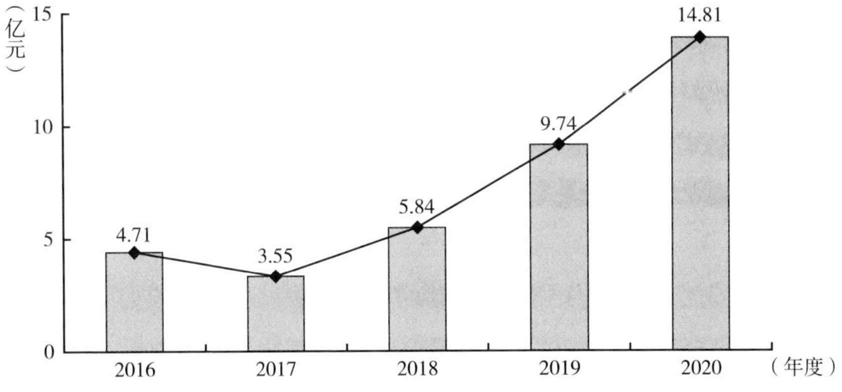

图5　广州慈善捐赠榜上榜企业、机构和个人历年捐赠总额

资料来源：广州市慈善会，http：//www.gzcf.org。

是抗击新冠肺炎疫情的关键一年，慈善捐赠数额的增长充分体现了广州企业、企业家、慈善组织和市民的社会责任和公益之心。

（四）社区慈善发展支持体系逐步建立，地方政策支持力度持续加大

社区慈善一直是广州“慈善之城”建设的重点所在。2020 年度，广州实施了更多切实的举措支持和促进社区慈善的发展。广州市慈善会、广州市善城社区公益基金会共同发起“创善·微创投”——广州市社区公益微创投项目活动，70 个社区慈善项目共获得 100 万元资金资助。从受资助的社会组织类型来看，社工机构（镇街社工站）、专业公益服务机构[①]、志愿服务组织是推进社区慈善项目实施的主体力量。此外，广州市志愿者协会继续开展“青苗计划”——社区志愿服务项目培育，2020 年度评选出 25 个社区志愿服务项目予以小额资助，支持社区志愿服务品牌项目的打造。

社区慈善的发展有赖于基层政府在政策、资金等多个方面给予支持。广州市番禺区和从化区的相应实践走在广州各区前列。2020 年，广州市番禺区民政局专门制定出台了《关于大力推动社区基金发展的指导意见（试行）》。[②] 同时，番禺区慈善会通过公益创投项目资助开展“CPU 计划”[③] ——社区慈善组织培力与人才培养项目，编写《社区慈善工作者手册（基础版）》，致力于为番禺区社区慈善行业培养专业人才，搭建学习网络，促进社区慈善事业的专业化、可持续发展。广州市从化区是全国乡村治理体系建设试点示范区，从化区社会组织联合会联合第三方专业机构发起“探索乡村力量”——从化区乡建乡创微公益创投大赛，基于农村社区需

① 这里的专业公益服务机构是指在长者服务、妇女儿童服务、残疾人服务、流动人口服务、心理服务等领域开展工作的社会组织。

② 《广州市番禺区民政局印发关于大力推动社区基金发展的指导意见（试行）的通知》，广州市番禺区民政局官网，2020 年 7 月 31 日，http：//www. panyu. gov. cn/gzpymz/gkmlpt/content/6/6477/post_ 6477289. html#1364。

③ “CPU 计划”是 Community Philanthropy Union 首字母的缩写，寓意联合和凝聚社区多方力量，建设社区慈善共同体。

求，培育农村社会组织，提升社会服务能力，促进社会组织全面参与乡村振兴。

（五）慈善基础设施建设得到更大程度的重视，慈善发展的基础更加坚实

2020年度，通过企业捐建方式建设广州市慈善大楼在国内曾引起广泛关注。按照初步规划设想，广州市慈善大楼将建成一个集体验、筹款、展示、孵化、传播、服务于一体的现代化、信息化的广州慈善地标。[①] 慈善大楼的建设充分体现了广州对慈善基础设施建设的重视。由于慈善大楼采取捐建模式，当前国内可参考借鉴的经验较少，在未来项目建设具体推进过程中可能需要克服很多困难和挑战，但这一新的模式本身具有很强的探索示范效应。

广州慈善人才培养平台建设也有了新的突破。继2018年国内首个“慈善城市发展研究基地”落地广州之后，广州在2020年又成为中国慈善联合会人才培养基地。通过总结和传播广州及珠三角地区慈善改革创新经验，适应慈善事业高质量发展内在要求，培养慈善领军人才。此外，随着粤港澳大湾区建设的快速推进，慈善领域的合作必然加快。《粤港澳大湾区发展规划纲要》特别提出：“研究建立粤港澳跨境社会救助信息系统，开展社会福利和慈善事业合作。”[②] 在此背景下，广州社会组织研究院探索开发了“粤港澳大湾区慈善组织数据库”，为大湾区慈善交流合作的推进提供信息支持。

三 新发展阶段广州慈善事业发展的任务与主题

党的十九届五中全会提出，在全面建成小康社会、实现第一个百年奋

① 《广州将建慈善大楼》，金羊网，2020年11月26日，https：//news. ycwb. com/2020 -11/26/content_ 1311524. htm。

② 《粤港澳大湾区发展规划纲要》，中国政府网，2020年11月3日，http：//www. gov. cn/zhengce/2019 -02/18/content_ 5366593. htm#1。

斗目标之后，要乘势而上开启全面建设社会主义现代化国家新征程，向第二个百年奋斗目标进军。这标志着中国进入一个新的发展阶段，在我国发展进程中具有里程碑意义。习近平总书记指出，新发展阶段是我们党带领人民迎来从站起来、富起来到强起来历史性跨越的新阶段。[①] 进入新发展阶段，慈善事业发展也面临新的形势和任务。《中共中央关于制定国民经济和社会发展第十四个五年规划和二〇三五年远景目标的建议》明确提出："发挥第三次分配作用，发展慈善事业，改善收入和财富分配格局。"[②] 这是党中央对慈善事业新的定位，为"十四五"时期慈善事业发展提供了战略指引。

特别值得关注的是，在《中华人民共和国慈善法》实施4年之际，全国人民代表大会常务委员会对《中华人民共和国慈善法》实施情况进行了执法检查并公开发布了检查报告。该报告指出，《中华人民共和国慈善法》的实施促进了慈善事业的稳步发展，慈善事业已成为推进中国特色社会主义伟大事业的重要力量。与此同时，报告也对《中华人民共和国慈善法》实施中存在的突出问题和面临的挑战进行了深入分析，认为慈善事业发展与社会财富量级、第三次分配的地位不相匹配，在多层次社会保障体系中的效能还需进一步激发。[③]

迈入新发展阶段，如何准确把握慈善事业的新定位，如何有效解决《中华人民共和国慈善法》执法检查和慈善力量参与新冠肺炎疫情应对中暴露出来的问题和不足，直面短板，是需要深入思考的重要课题。广州是国家中心城市，是粤港澳大湾区区域发展的核心引擎之一，也是在全国率先启动

---

① 《习近平：把握新发展阶段，贯彻新发展理念，构建新发展格局》，求是网，2021年4月30日，http://www.qstheory.cn/dukan/qs/2021-04/30/c_1127390013.htm。

② 《中共中央关于制定国民经济和社会发展第十四个五年规划和二〇三五年远景目标的建议》，中国政府网，2020年11月3日，http://www.gov.cn/zhengce/2020-11/03/content_5556991.htm。

③ 《全国人民代表大会常务委员会执法检查组关于检查〈中华人民共和国慈善法〉实施情况的报告》，中国人大网，2020年10月15日，http://www.npc.gov.cn/npc/c30834/202010/afc0a05adb4242b49920c2251017205e.shtml。

“慈善之城”创建的地区，已基本上形成了人人参与、人人尽力、人人共享、规范有序、公开透明、蓬勃向上的具有广州特色的现代慈善事业发展格局。进入“十四五”，应在慈善事业高质量发展基础上继续先行示范，打造慈善创新发展高地。有鉴于此，以下重点围绕新发展阶段广州慈善事业的发展任务与战略路径等问题进行分析和探讨。

（一）广州慈善事业新的发展基础

经过“十三五”时期的努力，广州城市发展综合实力跃上新的台阶。2020年，广州GDP突破2.5万亿元，五年平均增长6%；人均GDP超过2万美元，达到高收入经济体水平。[①] 伴随着广州经济社会的快速、持续发展，慈善事业也取得了显著成绩：制定颁布《广州市慈善促进条例》，现代慈善制度建设取得新突破；登记、认定的慈善组织数量在2020年底达到185家，备案慈善信托14单，全市设立社区慈善基金超过400个[②]，慈善主体更加丰富多元；广州全市在“志愿时”、广州公益时间银行平台实名注册志愿者人数超过380万人[③]，“志愿之城”建设深入推进；广州各镇街实现社工服务站全覆盖，持证社工数量2.4万余人[④]。更加雄厚的物质经济基础、人人参与的慈善文化氛围、互联网等现代信息技术的快速应用、更加体系化的政策支持，这在以往慈善事业发展过程中是不完全具备的。因此，广州慈善事业的发展站在了新的起点。

（二）广州慈善事业新的发展主题

习近平总书记指出：“高质量发展不只是一个经济要求，而是对经济社

① 《2021年广州市政府工作报告》，广州市人民政府门户网站，2021年2月4日，http://www.gz.gov.cn/zwgk/zjgb/zfgzbg/content/post_7067312.html。

② 《广州已设立407个社区慈善基金，今年慈善工作将这样干!》，羊城晚报网，2021年3月25日，https://ycpai.ycwb.com/ycppad/content/2021-03/25/content_1554055.html。

③ 《穗实名注册志愿者超380万人》，广州日报网，2021年3月6日，https://gzdaily.dayoo.com/pc/html/2021-03/06/content_879_747294.htm。

④ 《广州持证社工数量2.4万余人，每年服务群众超400万人次》，大洋网，2021年3月17日，https://news.dayoo.com/guangzhou/202103/17/139995_53833676.htm?from=groupmessage。

会发展方方面面的总要求。”① 2020 年，广东省和广州市先后出台《广东省推动慈善事业高质量发展若干措施》和《广州市推动慈善事业高质量发展行动方案》。由此，在新发展阶段，推动高质量发展成为慈善事业新的发展主题。慈善事业高质量发展有着深刻的内涵和鲜明的时代指向，需要予以科学认识、准确理解和把握。

第一，高质量发展意味着同时注重“量”和“质”的发展。在这里，需要说明的是，若没有一定的数量增长和规模积累，难以谈到发展的质量。在越来越强调质量的同时，不能忽视数量指标。目前国内的慈善事业发展不充分，慈善组织数量少，社会捐赠总额占比低，慈善发展与城市地位和社会财富量级不匹配。就广州而言，截至 2020 年 12 月 31 日，广州基金会数量达到 104 家②，具有公开募捐资格的慈善组织数量有 10 家。与北京、上海、深圳三地相比，广州仍存在较大的差距（见图 6）。因此，更加充分的发展是推动慈善事业高质量发展的题中之义。

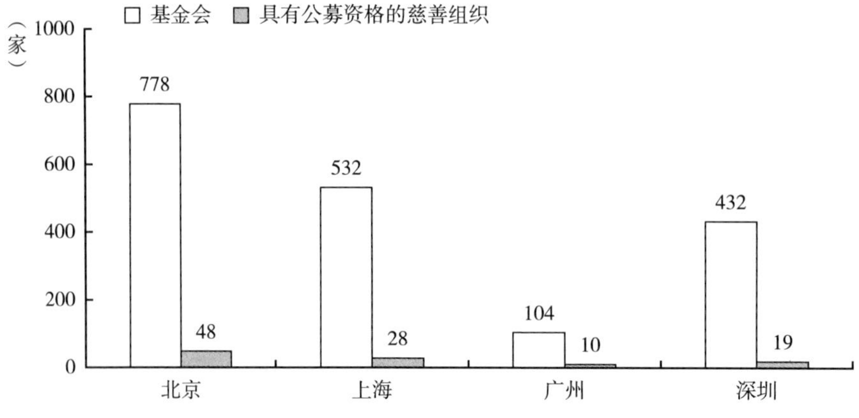

图 6　北京、上海、广州、深圳基金会及公募慈善组织数量

资料来源：中国社会组织政务服务平台，https：//www. chinanpo. gov. cn。

---

① 《习近平在参加青海代表团审议时强调：坚定不移走高质量发展之路　坚定不移增进民生福祉》，中国政府网，2021 年 3 月 7 日，http：//www. gov. cn/xinwen/2021 -03/07/content_ 5591271. htm。

② 如前文所述，截至 2020 年 12 月 31 日，广州慈善组织总数达到 185 家，其中，性质为基金会的慈善组织有 93 家，指的是认定为慈善组织的数量。这里的 104 家指的是广州市所有的基金会数量，包含被认定为慈善组织的数量和未被认定为慈善组织的数量。因统计口径不一样，故前后文存在基金会数量不一致情况。

第二，高质量发展意味着更加平衡的发展。一方面，需要特别关注民间慈善组织发育不足的问题。例如，通过对广州慈善组织年末净资产和年度总收入两项指标的分析发现，在2020年度，两项指标位居前十位的慈善组织中，广州市、区慈善会占据绝对数量优势，慈善会系统年度收入在广州全部慈善组织收入总和中的占比超过80%，这从侧面反映出民间性质的慈善组织发展滞后。另一方面，需要关注基层社区慈善组织发育不足的问题。在已经登记、认定的慈善组织中，区级注册的仅占27%，其中在花都区、越秀区、海珠区、从化区、白云区注册的慈善组织均只有1家，区域慈善发展不平衡（见图7）。因此，促进慈善的平衡、协调发展同样是高质量发展的重要方面。

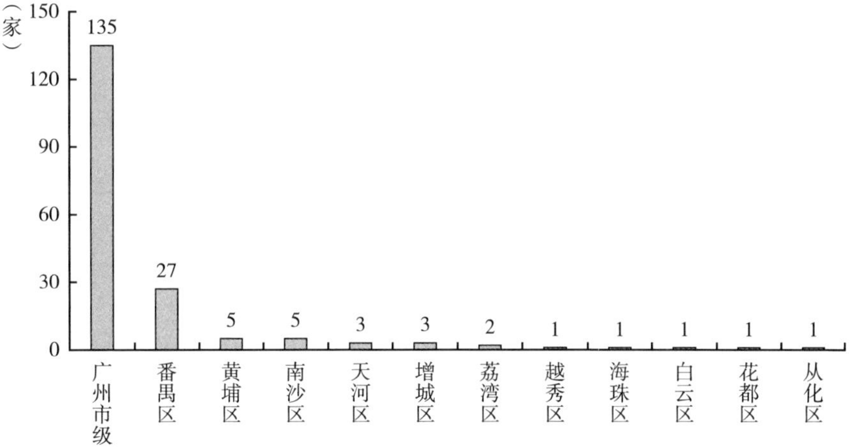

图7　2020年度广州慈善组织注册登记层级分布

资料来源：广州市社会组织管理局社会组织信息公示平台，http：//mzj.gz.gov.cn/gznpo/。

第三，高质量发展意味着更有效能的发展。《全国人民代表大会常务委员会执法检查组关于检查〈中华人民共和国慈善法〉实施情况的报告》中特别提出当前慈善效能不足这一问题。具体而言，对慈善效能的关注体现在从单纯关注慈善捐赠总量和捐赠增长率，转为同步关注慈善资源的配置效率和慈善服务的实际效益；从关注慈善主体的成长和发展，转为同步关注不同慈善主体之间、慈善主体与其他主体之间的协作和联动，即特别关注慈善生态的建设；从关注慈善项目和活动的开展，转为同步关注在经济社会发展中支持慈善力量常态化参与的政策体系和制度建设情况。因此，在国家治理体系与治理能力现代化建设深入推进的背景下，坚持改革创新，不断提升慈善效能是实现慈善事业高质量发展的根本要求。

第四，高质量发展意味着更可持续的发展。对慈善事业可持续发展的探讨更多集中于资源层面，只有建立在自主、多元资源基础上的慈善事业方能实现真正意义上的创新。互联网和移动支付等技术的快速应用，极大地促进了公众捐赠的发展，加之“99 公益日”等活动的持续驱动，网络捐赠人次和数额稳步增长。与此同时，民营企业积极履行社会责任，企业捐赠和企业家个人的大额捐赠也呈增长态势。对此，一方面需要关注网络捐赠平台的建设，开发更具参与性、体验感的公众捐赠模式，推动公众从一次性捐赠到持续捐赠的转变；另一方面，需要关注非货币性资产捐赠、慈善信托等相关财税政策的变化，为企业、企业家捐赠提供更加多元的选择。

（三）广州慈善事业新的发展任务

新发展阶段的任务已由全面建成小康社会，实现第一个百年奋斗目标，转向全面建成社会主义现代化强国，实现第二个百年奋斗目标。[①] 党的十九大报告提出，到 2035 年我国将基本实现社会主义现代化，到本世纪中叶把我国建成富强民主文明和谐美丽的社会主义现代化强国。《广州市国民经济和社会发展第十四个五年规划和 2035 年远景目标纲要》提出，到 2035 年，广州市将率先基本实现社会主义现代化，人民生活更加美好，城乡发展差距和居民生活水平差距显著缩小，幸福广州品质更高，人的全面发展、全市人民共同富裕率先取得更为明显的实质性进展。[②]

在此背景下，广州慈善事业的发展要立足新发展阶段要求，找准新的定位，

① 何毅亭：《谈谈我国新发展阶段》，《学习时报》2021 年 1 月 4 日，第 1 版。

② 《广州市人民政府关于印发广州市国民经济和社会发展第十四个五年规划和 2035 年远景目标纲要的通知》，广州市人民政府门户网站，2021 年 5 月 19 日，http：//www. gz. gov. cn/zwgk/fggw/szfwj/content/post_ 7288094. html。

明确新的使命和任务。第一，慈善事业应在改善收入和财富分配格局、促进共同富裕中找准定位；第二，慈善事业应在健全多层次社会保障体系、创新公共服务提供方式中找准定位；第三，慈善事业应在推进市域社会治理现代化，建设人人有责、人人尽责、人人享有的社会治理共同体中找准定位；第四，慈善事业应在全面推进乡村振兴、实现城乡更高水平融合发展中找准定位；第五，慈善事业应在发展社会主义先进文化、提高社会文明程度中找准定位。基于以上思考，在新发展阶段，广州慈善事业发展的主要任务应聚焦于如下几个方面。

1. 聚焦发挥第三次分配作用，完善有利于公益慈善类社会组织充分发展的体制机制

共同富裕是社会主义的本质要求。第三次分配作为深化收入分配制度改革、改善收入和财富分配格局的一项重要制度安排，在促进共同富裕中应当发挥更大的作用。第三次分配是相对于市场机制主导的初次分配和政府主导的再分配而言的，主要是指受道德力量驱动和向上向善的社会价值理念引导，并在捐赠税收优惠等法规政策的激励和促进下，自然人、法人和其他组织基于自主自愿原则，通过捐赠财产或者提供服务等方式扶弱济困，开展各种公益活动的行为。其中，公益慈善类社会组织是慈善财产和社会多元资源整合、管理和配置的重要主体，其发育程度、发展水平在很大程度上影响到一个地区第三次分配作用的发挥程度。因此，深化社会组织改革，完善有利于公益慈善类社会组织充分发展的体制机制，培育慈善信托、社区慈善基金等新型多元慈善主体，促进慈善领域人才、技术、信息、资源等创新要素的流动融通，是新发展阶段推动广州慈善事业发展的首要任务。

2. 聚焦补齐公共服务短板，创新慈善服务模式，促进社会力量参与公共服务供给

根据第七次全国人口普查数据，广州市 2020 年常住人口数量达 1867.66 万人，位居全省首位。[①] 与 2010 年相比，十年人口增长率达到 47.05%，年

---

① 《广东省第七次全国人口普查公报（第二号）》，广东统计信息网，2021 年 5 月 15 日，http：//stats. gd. gov. cn/tjgb/content/post_ 3283428. html。

平均增长率3.93%。[①] 广州作为超大型城市，公共服务需求的数量和质量呈双增长态势，需求的多样化程度越来越高，这也为慈善事业的发展提供了广阔空间。因此，进入新发展阶段，广州在加快补齐公共服务短板、健全超大城市社会公共服务保障体系过程中，应进一步强化政策引导，支持社会力量通过公建民营、政府购买服务、政府和社会资本合作等方式参与公共服务供给，为社会力量的参与创造更好的机会和条件。其中，慈善作为一种自愿性共享机制，应重点从三个方面参与公共服务体系建设：第一，在分层分类的社会救助体系中发挥补充作用，建立政府救助与慈善救助衔接机制，从物质资金救助转向“物质+服务”的发展型救助；第二，在养老、托育、残疾人康复、困境儿童服务等供需矛盾较为突出的领域，兴办慈善服务机构和设施，创新慈善服务模式；第三，在教育、卫生健康、就业创业、科技创新、文化体育、生态环保等领域，广州应充分借鉴国内已有慈善学校、科学探索奖励基金等实践经验，创新大额慈善捐赠与资金使用模式，扩大基本公共服务有效供给。

3. 聚焦建设全国市域社会治理现代化示范城市，培育社区慈善多元主体，助力营造共建共治共享基层社会治理新格局

广州将城市治理达到新水平作为“十四五”发展规划的主要目标之一，其中特别提出加快推进市域社会治理现代化，成为超大城市现代化治理新范例。社会治理的重心在基层，健全党组织领导的自治、法治、德治相结合的城乡基层社会治理体系是城市治理的重点和关键。在基层社会治理共同体建设中，除了发挥慈善的社会服务功能外，还应特别注重慈善在促进社区成员参与和社区文化营造中的独特功能。因此，大力推动社区慈善发展成为基层社会治理创新的重要内容。进入新发展阶段，一方面需要以更大力度、更实举措培育社区志愿服务团体、社区基金（会）、社区慈善组织等社区慈善多元主体，为社区成员参与慈善提供便捷的载体和渠道；另一方面要科学总结

① 《广州市第七次全国人口普查公报［1］（第一号）——全市常住人口情况》，广州市统计局，2021年5月18日，http：//tjj. gz. gov. cn/tjgb/glpcgb/content/post_ 7286033. html。

“五社联动”等实践经验，优化社区慈善主体与社区其他主体之间的协同合作机制，为社区慈善有效融入基层社会治理体系提供制度化支持。此外，广州在推进市域社会治理现代化过程中，紧密结合城市人口结构特点，非常注重拓展来穗人员参与社区治理渠道，促进来穗人员社会融合。有鉴于此，慈善力量如何在来穗人员融合行动长效机制建设中发挥作用，也成为值得深入探索的一项新任务。

4. 聚焦全面实施乡村振兴战略，巩固拓展慈善力量参与脱贫攻坚成果，优化和创新帮扶方式

《中华人民共和国乡村振兴促进法》鼓励和支持社会组织参与乡村振兴促进相关活动。[①]《中共中央　国务院关于实现巩固拓展脱贫攻坚成果同乡村振兴有效衔接的意见》也特别强调，“广泛动员社会力量参与，形成巩固拓展脱贫攻坚成果、全面推进乡村振兴的强大合力”。[②] 在此背景下，广州市提出要当好广东省乡村振兴示范和表率。随着乡村振兴战略的全面推进，首先应基于广州慈善组织参与精准扶贫的有效经验和做法，搭建更加高效的资源和需求对接平台，为慈善组织持续深入参与贵州省东西部协作、新疆西藏对口支援、广东省内乡村振兴帮扶等提供有力支持。其次，由于乡村振兴是包括产业、人才、文化、生态、组织等多个方面的全面振兴，对慈善组织的专业能力提出很高要求。因此，应立足长远，着力构建慈善组织参与乡村振兴专业支持体系，优化和创新帮扶方式。最后，支持和培育服务性、公益性、互助性等新型乡村社会组织发展，构筑乡村振兴的基层基础。

5. 聚焦深化全域文明创建，提升慈善文化影响力，推动城市文化综合实力出新出彩

推动城市文化综合实力出新出彩是广州实现老城市新活力、“四个出新

① 《中华人民共和国乡村振兴促进法》，中国政府网，2021 年 4 月 30 日，http：//www.gov.cn/xinwen/2021 -04/30/content_ 5604050.htm。

② 《中共中央　国务院关于实现巩固拓展脱贫攻坚成果同乡村振兴有效衔接的意见》，中国政府网，2021 年 3 月 22 日，http：//www.gov.cn/zhengce/2021 -03/22/content_ 5594969.htm。

出彩”的有机组成部分。[①] 以《广州市文明行为促进条例》的颁布实施为标志，深化全域文明创建成为提高城市文明程度、增强城市文化软实力的重要方式。慈善本质上是一种文化，进入新发展阶段，应以提升慈善文化影响力为核心，把握如下四个重点方向：第一，继续加强志愿服务组织专业化建设，健全志愿服务体系，建设“志愿之城”；第二，挖掘岭南文化和广府文化内涵，结合“迎春花市”“国际龙舟邀请赛”“广府庙会”等广州大型特色文化节庆活动，营造新的慈善参与场景，多角度、全方位融入慈善元素；第三，发挥广州作为世界大都市协会（World Association of the Major Metropolises）主席城市[②]作用，适时推动城市慈善创新等相关议题嵌入全球市长论坛、广州国际城市创新奖等高端活动议程，以慈善为纽带，促进广州与粤港澳大湾区其他城市、国际友好城市之间的交流合作；第四，紧抓广州创建国家级全民运动健身模范市和建设世界体育名城的机遇，深入探索体育慈善发展模式，开发和打造具有全国影响力的体育慈善品牌项目及活动。

四 结语

2021 年是“十四五”规划的开局之年，也是中国共产党成立一百周年。习近平总书记在庆祝中国共产党成立 100 周年大会上，代表党和人民庄严宣告，经过全党全国各族人民持续奋斗，我们实现了第一个百年奋斗目标，在中华大地上全面建成了小康社会，历史性地解决了绝对贫困问题，正在意气风发向着全面建成社会主义现代化强国的第二个百年奋斗目标迈进。[③] “十

① 实现老城市新活力、“四个出新出彩”是习近平总书记对广州的重要指示要求，包括综合城市功能出新出彩、城市文化综合实力出新出彩、现代服务业出新出彩和现代化国际化营商环境出新出彩。

② 《广州首次当选世界大都市协会主席城市》，人民网，2020 年 12 月 4 日，http：//gd. people. com. cn/n2/2020/1204/c123932 - 34456073. html。

③ 《习近平：在庆祝中国共产党成立 100 周年大会上的讲话》，中国政府网，2021 年 7 月 1 日，http：//www. gov. cn/xinwen/2021 - 07/01/content_ 5621847. htm。

四五"是广州实现老城市新活力、"四个出新出彩"和巩固提升城市发展位势的关键阶段。《广州市国民经济和社会发展第十四个五年规划和2035年远景目标纲要》明确提出"深化'慈善之城'创建"①，慈善在广州城市整体发展战略中的定位和方向更加清晰。

2021年6月10日，《中共中央　国务院关于支持浙江高质量发展建设共同富裕示范区的意见》将慈善作为"深化收入分配制度改革，多渠道增加城乡居民收入"的一项重要内容，强调建立健全回报社会的激励机制，特别提出鼓励引导高收入群体和企业家参与和兴办社会公益事业、完善有利于慈善组织持续健康发展的体制机制、探索各类新型捐赠方式、提高慈善公信力和透明度、落实公益性捐赠税收优惠政策、完善慈善褒奖制度等多个方面的政策举措。② 这一文件也为粤港澳大湾区和广州慈善事业的未来发展提供了重要参照。

展望"十四五"，广州慈善事业在"十三五"时期奠定的良好基础上面临新的重大机遇，特别是在"双区"建设、"双城"联动战略引领下，慈善的活力必将得到进一步激发，"慈善之城"建设将迈上新的台阶。与此同时，也要直面慈善事业发展中的问题和短板，特别是受新冠肺炎疫情等多重因素叠加影响，慈善事业发展所面临的不确定因素增多，发展的约束条件也不断增加。为此，进入新的发展阶段，要以《广州市慈善促进条例》的实施为契机，更加坚持党对慈善事业的全面领导，以推动慈善事业高质量发展为主题，以更大力度深化慈善体制改革，畅通社会参与慈善渠道，激发慈善组织活力，在第三次分配、社会公共服务保障体系建设、市域社会治理、乡村振兴、全域文明建设等广州城市重大发展战略中贡献不可或缺的慈善力量，将广州打造成为具有全球影响力的慈善创新发展高地。

---

① 《广州市国民经济和社会发展第十四个五年规划和2035年远景目标纲要》，广州市人民政府门户网站，2021年5月19日，http://www.gz.gov.cn/zwgk/fggw/szfwj/content/post_7288094.html。

② 《中共中央　国务院关于支持浙江高质量发展建设共同富裕示范区的意见》，中国政府网，2021年6月10日，http://www.gov.cn/zhengce/2021-06/10/content_5616833.htm。

专题报告篇

Special Reports

B.2
2020年度广州市慈善组织发展状况分析报告

胡小军　陆小慧*

摘　要： 截至2020年12月31日，在广州市、区两级登记认定为慈善组织的机构数量累计达185家，较上年增加32家，增幅达20.9%。广州市慈善组织主要以基金会和社会团体两种形式为主。其中，基金会数量共有93家，占比达50.3%。整体而言，广州慈善组织发展呈现如下特征和趋势：第一，慈善组织数量增加较快，但新增的慈善组织以市级注册为主，区级及以下层面注册的数量相对较少；第二，慈善组织之间的发展差距拉大，民间性质的慈善组织发展还不充分；第三，具有公开募捐资格的组织共有15家（含5家红十字会），增速较低，网络募捐表现不及预期。对此，建议健

* 胡小军，博士，广州社会组织研究院执行院长，广州市慈善会理事；陆小慧，广州社会组织研究院兼职研究员。

全完善有利于慈善组织充分发展的体制机制；增强具有公开募捐资格的慈善组织的平台功能；将社区慈善发展纳入基层治理体系，优化“五社联动”机制；将慈善组织纳入广州市重大突发公共事件应急管理体系；创新慈善组织能力建设支持模式。

关键词： 慈善组织 公开募捐 广州市

《中华人民共和国慈善法》（以下简称《慈善法》）的颁布实施，从法律上明确了慈善组织的概念，确立了慈善组织在慈善事业发展中的主体地位。陆续出台的《慈善组织公开募捐管理办法》《慈善组织信息公开办法》《慈善组织保值增值投资活动管理暂行办法》等《慈善法》配套规定大多以慈善组织作为重点。因此，对慈善组织的发展现状、发展趋势以及募捐活动的开展情况等进行分析，有助于深入了解一个地区的慈善发展生态，为慈善领域相关地方政策的制定提供重要参考。以下基于慈善组织网络公开的数据及历年提交的财务报告信息，分析 2020 年度广州市慈善组织的发展情况及变化趋势。

一 广州市慈善组织基本情况

（一）慈善组织的数量和区域分布

截至 2020 年 12 月 31 日，广州全市登记认定的慈善组织数量累计达 185 家。其中，2020 年新登记、认定的慈善组织共 36 家，注销 4 家[①]，

① 注销的 4 家慈善组织为：广州市梧桐心助学促进会、广州市知更鸟无障碍出行公益服务促进会、广州市黄埔区艺术推广志愿者协会、广州市黄埔区阅读推广志愿者协会。

较2019年净增加32家，增幅达20.9%。2020年度新增部分主要为市级登记的慈善组织，共计30家，新增的慈善组织以基金会为主，占比72.2%。

若以慈善组织的注册层级为划分标准，截至2020年12月底，在广州市级层面注册的慈善组织共计135家，占比73.0%；在区级层面登记的慈善组织有50家，占27.0%（见图1）。在区级层面，番禺区的慈善组织数量最多，达27家，其次是黄埔区和南沙区，均有5家慈善组织。值得一提的是，2020年度越秀区新增1家慈善组织“广州市越秀区齐志社会工作服务中心”，实现越秀区慈善组织零的突破。至此，广州市各区级层面均有慈善组织。

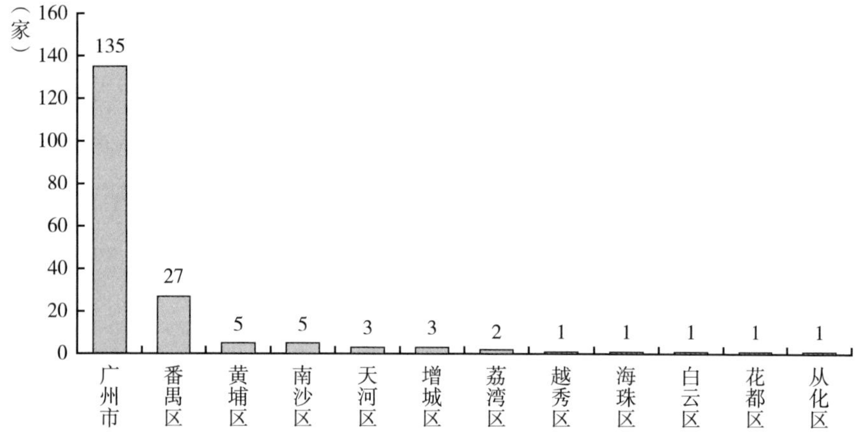

图1　2020年度广州市慈善组织登记层级分布

资料来源：广州市社会组织管理局社会组织信息公示平台，http：//mzj.gz.gov.cn/gznpo/。

从慈善组织注册地址所在区域来看，广州慈善组织主要分布在番禺区、天河区和越秀区，三个地区的慈善组织数量分别为38家、35家和27家，合计占比54.1%。分布在海珠区、白云区、荔湾区和黄埔区的组织数量均在10家以上，数量处于第二梯队。目前，南沙区、增城区、花都区、从化区四个区的慈善组织数量还比较少，南沙区和增城区有7家，花都区和从化区分别有5家和4家（见图2）。

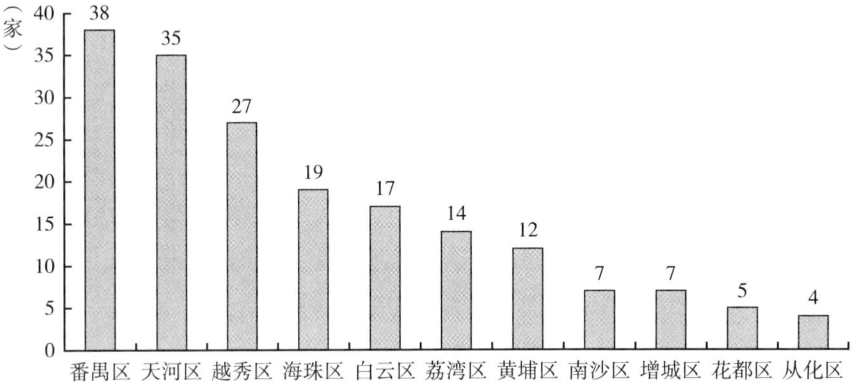

图2　2020年度广州市慈善组织注册地址所在区域

资料来源：广州市社会组织管理局社会组织信息公示平台，http：//mzj. gz. gov. cn/gznpo/。

（二）慈善组织的成立时间

从注册时间来看，广州市最早的慈善组织成立于1993年，1993～2015年度慈善组织的数量呈缓慢增长趋势。2016年《慈善法》出台后，广州市慈善组织数量得到了较快增长，大部分组织在成立之初就直接登记为慈善组织。对比图3和图4可知，2017年之后，社会组织成立年份与认定年份重合度较高，说明成立之初直接登记为慈善组织的居多，而以前年份成立的社会组织申请认定的较少。

（三）慈善组织的类型

广州市慈善组织主要以基金会和社会团体为主。截至2020年12月31日，广州全市登记认定的慈善组织共有185家。其中，基金会数量最多，共计93家，占比达50.3%，且均为非公募型的基金会。慈善会共有20家（包含市、区、镇街级、村级），占慈善组织总数的10.8%。除慈善会外的

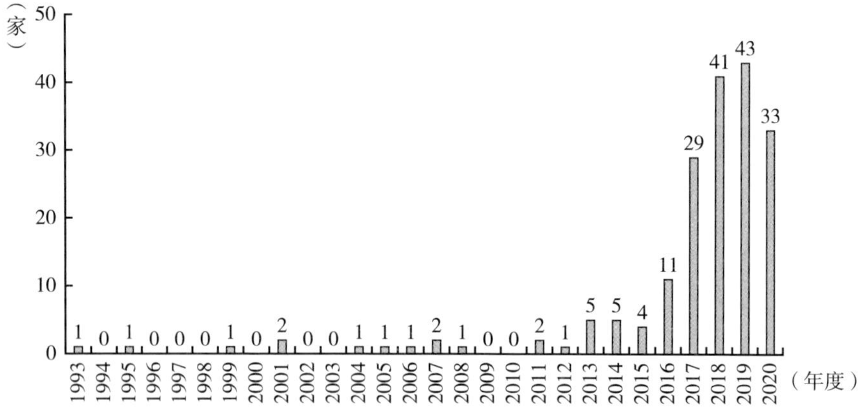

图3　广州市慈善组织注册成立时间

资料来源：广州市社会组织管理局社会组织信息公示平台，http：//mzj. gz. gov. cn/gznpo/。

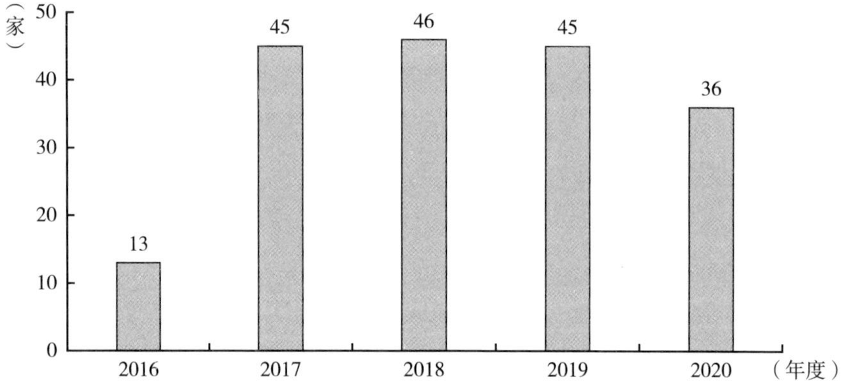

图4　广州市慈善组织登记认定时间

资料来源：广州市社会组织管理局社会组织信息公示平台，http：//mzj. gz. gov. cn/gznpo/。

其他社会团体有54家，占比29.2%，社会服务机构（民办非企业单位）有18家，占9.7%（见图5）。

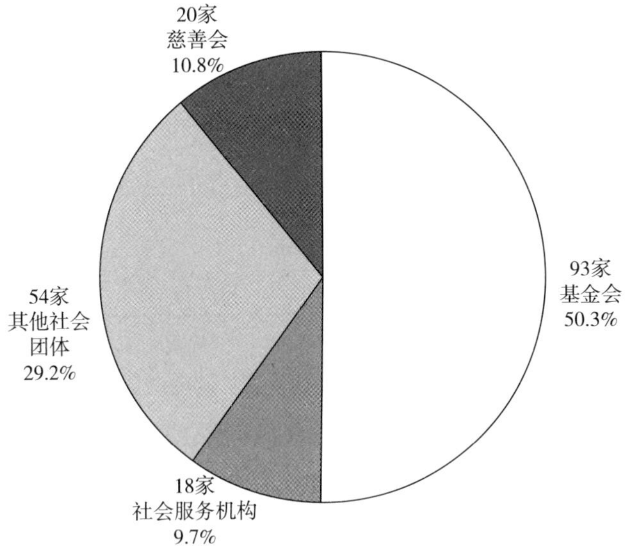

图5 2020年度广州市慈善组织的组织形式

资料来源：广州市社会组织管理局社会组织信息公示平台，http://mzj.gz.gov.cn/gznpo/。

二 广州市慈善组织的资产水平及年度收支规模

（一）慈善组织的注册资金规模

注册资金是反映慈善组织初始可调配的资金规模的重要指标之一。整体来看，广州市慈善组织的平均注册资金规模为174.2万元。其中，广州农商银行太阳公益基金会的注册资金最高，达1亿元。从类型来看，基金会的平均注册资金最高，达337.6万元，社会服务机构和社会团体分别为15.9万元和7.4万元（详见表1）。

（二）慈善组织的资产水平

通过广州市级和区级民政局社会组织信息平台数据检索，185家慈善组

表 1　广州市慈善组织的注册资金规模

类型	数量（家）	平均值（万元）	中位值（万元）	最小值（万元）	最大值（万元）
基金会	93	337.6	200	200	10000
社会服务机构	18	15.9	7.8	0	100
社会团体	74	7.4	3	0	150
全部慈善组织	185	174.2	200	0	10000

资料来源：广州市社会组织管理局社会组织信息公示平台，http：//mzj. gz. gov. cn/gznpo/。

织中，已发布 2020 年度报告的慈善组织 147 家，其余 38 家暂未查询到 2020 年度报告。[①] 因此，本报告以 147 家慈善组织为样本，分析广州市慈善组织年末资产水平、全年收支规模，以反映 2020 年度广州市慈善组织整体发展情况。

2020 年末，广州市慈善组织资产总额为 14.8 亿元，平均资产规模达 1008.6 万元（N = 147），一半以上的慈善组织资产规模不足 200 万元。对比三类慈善组织的平均资产规模，发现社会团体的平均资产规模是基金会的 4.4 倍，是社会服务机构的 49 倍。从净资产水平来看，广州市慈善组织 2020 年末净资产总额为 14.6 亿元，平均净资产规模为 993.2 万元（N = 147）。广州市慈善会的年末净资产规模居全市首位，达 5.0 亿元，占全市比重约 34.2%。对比三类慈善组织，社会团体的平均净资产规模最高，达 2089.8 万元，是基金会的 4.5 倍左右，是社会服务机构的 60 倍左右（见表 2）。与往年情况类似，社会团体高净资产规模主要是源于慈善会，慈善会平均净资产规模达 5771.4 万元。若排除慈善会，其他社会团体的平均净资产规模仅为 81.6 万元。可见，除慈善会之外，社会服务机构和其他社会团体的资产规模均较小。

① 查询截止时间为 2021 年 7 月 10 日。

表 2　广州市慈善组织资产规模（2020 年度）

类型	指标	资产	净资产
基金会	数量(家)	83	83
	平均值(万元)	478. 8	469. 5
	总额(万元)	39740. 5	38970. 8
	中位值(万元)	205. 4	201. 8
	最小值(万元)	0. 0	-8. 9
	最大值(万元)	11088. 6	10974. 5
社会服务机构	数量(家)	13	13
	平均值(万元)	43. 1	34. 4
	总额(万元)	560. 2	447. 1
	中位值(万元)	20. 3	20. 0
	最小值(万元)	2. 1	-21. 1
	最大值(万元)	293. 4	287. 3
社会团体	数量(家)	51	51
	平均值(万元)	2116. 9	2089. 8
	总额(万元)	107964. 0	106577. 6
	中位值(万元)	28. 4	14. 2
	最小值(万元)	0. 0	-30. 4
	最大值(万元)	50256. 8	50058. 5
总体	数量(家)	147	147
	平均值(万元)	1008. 6	993. 2
	总额(万元)	148264. 7	145995. 5
	中位值(万元)	194. 6	184. 6
	最小值(万元)	0. 0	-30. 4
	最大值(万元)	50256. 8	50058. 5

资料来源：广州市社会组织管理局社会组织信息公示平台，http：//mzj. gz. gov. cn/gznpo/。

根据 2020 年末净资产规模大小进行排列，净资产水平排名前十位的慈善组织以慈善会为主，共 8 家，另有 2 家基金会，无社会服务机构。净资产排名前三的分别为广州市慈善会、广州市番禺区慈善会和广州农商银行太阳公益基金会（见表 3）。

表 3　广州市慈善组织 2020 年末净资产规模前十位

排名	组织名称	净资产（万元）
1	广州市慈善会	50058.5
2	广州市番禺区慈善会	16416.2
3	广州农商银行太阳公益基金会	10974.5
4	广州市黄埔区慈善会	10367.4
5	广州市从化区慈善会	7054.4
6	广州市南沙区慈善会	4233.5
7	广州市花都区慈善会	3752.2
8	广州市增城区慈善会	3736.7
9	广州市越秀教育发展基金会	3125.7
10	广州市白云区慈善会	2968.2

资料来源：广州市社会组织管理局社会组织信息公示平台，http：//mzj. gz. gov. cn/gznpo/。

（三）慈善组织的收支规模

2020 年度，广州市慈善组织的收入总额为 11.8 亿元，平均每家慈善组织收入为 803.7 万元（N = 147）。半数以上的慈善组织年度总收入少于 47.4 万元。广州市慈善会的总收入最高，达 6.06 亿元，占全市慈善组织年度总收入的 51.3%。从收入构成来看，与往年类似，广州市慈善组织的收入主要来源于捐赠收入，占总收入比重为 97.02%，其他收入来源占比很低（见表 4）。

表 4　2020 年度广州市慈善组织收入情况（N = 147）

收入类型	总额（万元）	均值（万元）	中位值（万元）	最小值（万元）	最大值（万元）
捐赠收入	114620.1	779.7	29.5	0.0	59344.4
会费收入	98.7	0.7	0.0	0.0	31.7
提供服务收入	554.3	3.8	0.0	0.0	135.1
销售商品收入	8.2	0.1	0.0	0.0	8.2
政府补助收入	340.2	2.3	0.0	0.0	83.0
投资收益	515.6	3.5	0.0	0.0	324.3
其他收入	2116.3	14.4	0.1	-33.9	1196.2
总收入	118137.2	803.7	47.4	0.0	60587.3

资料来源：广州市社会组织管理局社会组织信息公示平台，http：//mzj. gz. gov. cn/gznpo/。

进一步分析发现，总收入排在前十位的慈善组织收入规模合计达到9.7亿元，占全市慈善组织总收入的82.3%，较2019年度80.2%的比例进一步提高。由此可见，广州市各慈善组织收入水平存在明显差异。

根据2020年度总收入规模大小排列，总收入排名前十的慈善组织以慈善会为主，共9家，其余1家为基金会（见表5）。总收入排在第一位的是广州市慈善会，第二位是广州市番禺区慈善会，第三位是广州市从化区慈善会，其总收入占全市慈善组织总收入的比重分别为51.3%、8.5%和4.4%。

表5　2020年度广州市慈善组织总收入规模前十位

排名	组织名称	总收入(万元)
1	广州市慈善会	60587.3
2	广州市番禺区慈善会	9992.2
3	广州市从化区慈善会	5185.5
4	广州市黄埔区慈善会	4875.1
5	广州市海珠区慈善会	3401.3
6	广州市南沙区慈善会	3219.1
7	广州市白云区慈善会	3145.5
8	广州市花都区慈善会	3078.6
9	广州市增城区慈善会	1965.9
10	广州市越秀教育发展基金会	1794.6

资料来源：广州市社会组织管理局社会组织信息公示平台，http://mzj.gz.gov.cn/gznpo/。

2020年度，147家广州市慈善组织共支出近10.1亿元，平均每家慈善组织支出总额为684.8万元。其中，广州市慈善会的总支出水平最高，达4.8亿元，占全市慈善组织总支出的47.7%。从支出构成来看，慈善组织的支出主要由业务活动成本构成，147家慈善组织在2020年度发生的业务活动成本总额为9.8亿元，占总支出的比重约为97.4%（见表6）。

表 6　2020 年度广州市慈善组织支出情况（N＝147）

类型	总额（万元）	平均值（万元）	中位值（万元）	最小值（万元）	最大值（万元）
业务活动成本	98082.2	667.2	34.6	0.0	47170.9
管理费用	2488.6	16.9	3.7	0.0	852.4
筹资费用	－200.7	－1.4	0.0	－250.8	25.0
其他费用	293.9	2.0	0.0	－0.2	176.8
总费用	100663.9	684.8	46.1	0.0	48027.4

资料来源：广州市社会组织管理局社会组织信息公示平台，http：//mzj.gz.gov.cn/gznpo/。

业务活动支出规模前十位的慈善组织全部为慈善会，支出合计为 8.3 亿元，占全市慈善组织的 84.7%（见表 7）。排在前三位的分别为广州市慈善会、广州市番禺区慈善会和广州市从化区慈善会，业务活动成本占全市慈善组织业务活动成本的比重分别为 48.1%、8.9% 和 5.8%。

表 7　2020 年度广州市慈善组织业务活动支出规模前十位

排名	组织名称	业务活动成本（万元）	占比（%）
1	广州市慈善会	47170.9	48.1
2	广州市番禺区慈善会	8763.5	8.9
3	广州市从化区慈善会	5721.9	5.8
4	广州市黄埔区慈善会	4758.9	4.9
5	广州市海珠区慈善会	4099.9	4.2
6	广州市南沙区慈善会	3152.5	3.2
7	广州市白云区慈善会	3070.5	3.1
8	广州市花都区慈善会	3025.0	3.1
9	广州市天河区慈善会	1771.5	1.8
10	广州市增城区慈善会	1516.5	1.5
合　计		83051.1	84.7

资料来源：广州市社会组织管理局社会组织信息公示平台，http：//mzj.gz.gov.cn/gznpo/。

三　广州市慈善组织公开募捐情况

（一）慈善组织公开募捐资格获得情况

广州市、区两级具有公开募捐资格的组织共有15家（含5家红十字会）。其中，市级3家，区级13家。与上一年度相比，海珠区新增1家具有公开募捐资格的组织，即海珠区慈善会，实现了零的突破。荔湾区和越秀区暂无具有公开募捐资格的组织（见表8）。15家已获得公开募捐资格的组织中，慈善会有9家，占60.0%；红十字会有5家，占33.3%；其他社会团体有1家，占6.7%（见图6）。无论是存量还是增量，具有公开募捐资格的组织仍以慈善会和红十字会为主。

表8　2020年度广州市具有公开募捐资格的组织区域分布

地区	慈善组织数量(家)	拥有公开募捐资格的组织数量(家)
市级	136	3
番禺区	28	2
增城区	4	2
白云区	2	2
从化区	2	2
黄埔区	5	1
天河区	3	1
海珠区	1	1
花都区	1	1
南沙区	5	0
荔湾区	2	0
越秀区	1	0
合　计	190	15

注：这里所统计的慈善组织数量按照慈善中国官网统计口径，包含红十字会。

资料来源：慈善中国官网，https：//cszg. mca. gov. cn/platform/login. html。

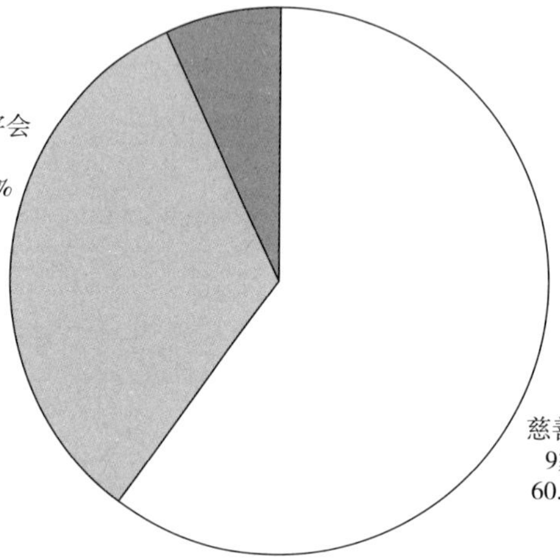

图6　2020年度广州市具有公开募捐资格的组织类型

资料来源：慈善中国官网，https：//cszg. mca. gov. cn/platform/login. html。

（二）公开募捐项目数量及类型

2020年度，15家具备公开募捐资格的慈善组织中，有4家未开展任何公开募捐活动，其余12家组织共开展198个公开募捐项目。[①] 其中，广州市慈善会开展的公开募捐项目最多，共计开展了91个项目，占全市比例达46. 0%。广州市天河区慈善会开展的公开募捐活动数量仅次于广州市慈善会，共计开展了42个项目，是区级慈善组织中开展募捐活动最多的组织（见表9）。此外，在2018年度和2019年度，广州市、区级红十字会未开展任何公开募捐活动。2020年度，由于新冠肺炎疫情的暴发，广州市红十字会以及白云区、增城区的红十字会均开展了与新冠肺炎疫情防控相关的公开募捐活动。

① 本报告所涉及的公开募捐项目包含所有募捐截止时间为2020年12月31日且在慈善中国备案的项目。

表9 2020年度广州市已完结的公开募捐项目数量

组织名称	公开募捐项目(个)	数量占比(%)
广州市慈善会	91	46.0
广州市天河区慈善会	42	21.2
广州市增城区慈善会	29	14.6
广州市花都区慈善会	8	4.0
广州市番禺区慈善会	7	3.5
广州市乐善助学促进会	6	3.0
广州市从化区慈善会	6	3.0
广州市黄埔区慈善会	3	1.5
广州市红十字会	2	1.0
广州市白云区慈善会	2	1.0
广州市增城区红十字会办公室	1	0.5
广州市番禺区红十字会	1	0.5
合　计	198	100

资料来源：慈善中国官网，https：//cszg.mca.gov.cn/platform/login.html。

198个于2020年度完成公开募捐的项目中，针对扶贫济困开展的募捐项目数量最多，达70个，占比达35.4%，项目以资助社会弱势群体或贫困人群为主。其次是教育类募捐项目，共计49个，占比24.7%。扶老类募捐项目数量居第三位，共计42个，占比21.2%。医疗卫生类项目有32个，占比16.2%；助残类项目共计18个，占比9.1%。2020年较往年新增心理健康类募捐项目，以围绕妇女和儿童开展相关的心理健康建设和产后抑郁恢复为主（见图7）。①

对公开募捐项目服务的人群展开分析，发现在198个募捐项目中，针对儿童或青少年开展的募捐项目最多，共73个，占比36.9%。其次，服务于贫困人群的募捐项目46个，占比23.2%；针对长者募捐的项目有42个，占比21.2%；针对残疾人开展的项目有22个，占比11.1%；针对疾病患者开展的项目有15个，占比7.6%；针对某类特殊群体（单亲家庭、戒毒者

① 由于部分公开募捐项目内容涵盖多个领域和人群，因此针对各领域或各类人群开展的公开募捐项目数量之和大于198项。

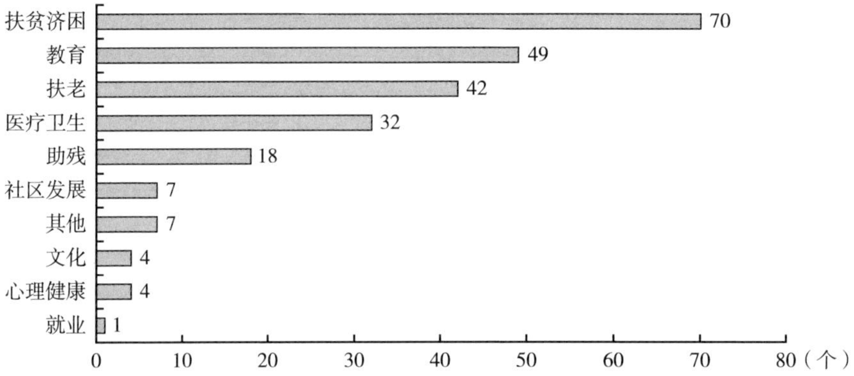

图7　2020 年度广州市公开募捐项目涵盖的服务领域

资料来源：慈善中国官网，https：//cszg. mca. gov. cn/platform/login. html。

等）募捐的项目有 7 个，占比 3. 5%；服务于妇女的募捐项目有 6 个，占比 3. 0%（见图 8）。

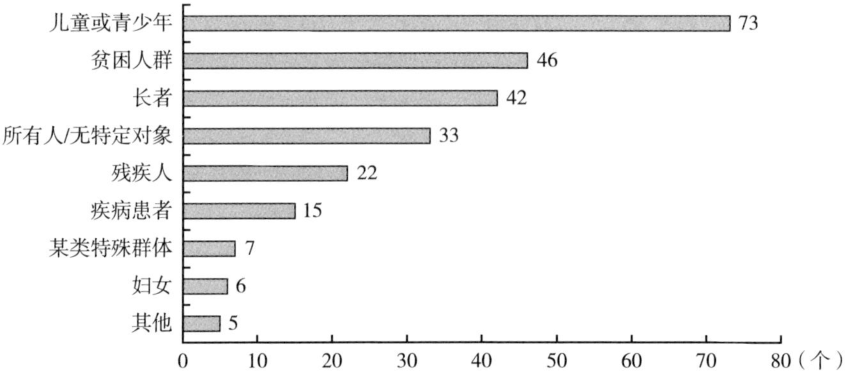

图8　2020 年度广州市公开募捐项目关注和服务人群类型

资料来源：慈善中国官网，https：//cszg. mca. gov. cn/platform/login. html。

据统计，开展互联网募捐的项目中，有 188 个项目在广益联募平台上进行募捐信息发布，比例高达 94. 9%，是广州市公开募捐项目使用最多的互联网平台。另外，有 48 个项目在腾讯公益平台上发布募捐信息，在其他平台发布募捐信息的项目较少。可见，广州市慈善组织开展互联网公开募捐以本土募捐平台为主。

（三）公开募捐成效分析

1. 募捐目标达成率

在198个公开募捐项目中，募集到款项的项目数量共计118个，占比59.6%。此外，176个项目设定了筹款目标，但不足1/10的项目完成了预设的筹款目标，仅17个。67个项目未募集到任何款项，70个项目募集完成率不足50%，22个项目完成率为50%～100%（含50%，不含100%）。可见，广州市慈善组织公开募捐项目的筹款目标达成率尚不理想，需进一步提高（见图9）。

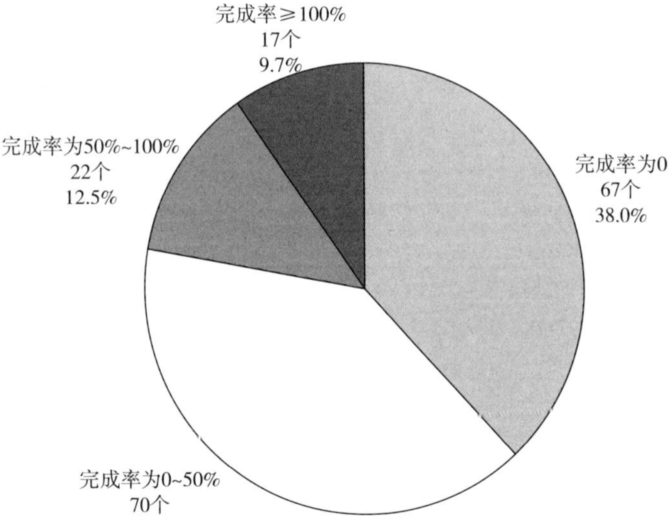

图9　2020年度广州市公开募捐项目筹款目标完成率

资料来源：慈善中国官网，https：//cszg. mca. gov. cn/platform/login. html。

在实现筹款目标的17个公开募捐项目中，广州市增城区慈善会开展的“增城区疫情应急援助项目”的目标完成率最高，达681.9%，共筹集到109.4万元（见表10）。

表 10　2020 年度广州市公开募捐项目完成筹款目标的项目

序号	募捐项目名称	发起组织	筹款目标（万元）	募集金额（万元）	筹款目标完成率(%)
1	增城区疫情应急援助项目	广州市增城区慈善会	16.1	109.4	681.9
2	2019 春节困难群众慰问	广州市增城区慈善会	10.0	21.7	217.2
3	品牌塑造助农脱贫	广州市慈善会	18.5	39.2	211.7
4	爱莎公益基金三期	广州市慈善会	20.0	38.5	192.5
5	荔城街困难群众救助　重燃生命希望·援助弱势家庭计划	广州市增城区慈善会	30.0	54.3	181.0
6	山区幼儿音乐传播	广州市慈善会	15.0	24.4	162.3
7	荔城街困难群众房屋修缮慈善捐款	广州市增城区慈善会	40.0	60.0	150.0
8	增江街贵州扶贫项目	广州市增城区慈善会	50.0	68.0	136.0
9	居家安全护耆行动	广州市慈善会	20.0	26.0	129.6
10	从化革命老区儿童教育发展	广州市慈善会	30.0	38.3	127.5
11	红种子的守望	广州市慈善会	55.0	68.6	124.8
12	七彩阳光助老计划	广州市慈善会	7.1	8.0	112.4
13	书山加油站图书角	广州市慈善会	10.0	10.5	105.5
14	2021 慈阳会光明行	广州市慈善会	18.6	18.8	101.1
15	长者安全如厕微改造	广州市花都区慈善会	0.9	0.9	100.6
16	2020 情系高原光明玉树	广州市慈善会	25.9	25.9	100.0
17	正果镇冬令救济物资和应急救济物资	广州市增城区慈善会	10.0	10.0	100.0

注：为了简便直观，表中以“万元”为单位标注数据，但完成率是用以“元”为单位的原始数据计算的，故与以“万元”为单位计算出来的完成率会存在差异。

资料来源：慈善中国官网，https：//cszg. mca. gov. cn/platform/login. html。

2. 募集资金数额及渠道

2020 年度，广州市慈善组织公开募捐项目共筹集 5692.7 万元（见表 11）。其中，广州市白云区慈善会开展的“广州市白云区防控新型冠状病毒感染的肺炎疫情项目”募集到 1761.3 万元，占全市全年度公开募捐款项的 30.9%，为该年度广州市募集额度最大的项目，该项目全部款项均为线下募捐所得。

表 11　2020 年度广州市公开募捐项目募集资金情况

类型	总额（万元）	平均值（万元）	中位值（万元）	最小值（万元）	最大值（万元）
公开募捐总额	5692.7	28.8	0.4	0.0	1761.3
其中:互联网募捐总额	764.1	3.9	0.0	0.0	133.5

资料来源：慈善中国官网，https://cszg.mca.gov.cn/platform/login.html。

2020 年度，广州市慈善组织通过互联网募捐共募款 764.1 万元，占公开募捐总额的 13.4%。其中，广州市慈善会开展的“2020 善城汇爱”募捐活动获得的互联网募捐金额最多，共募集到 133.5 万元。其余 4928.6 万元均通过线下募捐方式获得，占比 86.6%。

具体来看，在 118 个募集到资金的项目中，30 个项目的募捐收入只来源于线下渠道，78 个项目募捐收入全部来源于互联网渠道，项目数量占比 66.1%。但从募捐的款项来看，30 个线下募捐项目共募集到 4820.9 万元，平均每个项目募捐到 160.7 万元；而 78 个互联网募捐项目共募集到 715.5 万元，平均每个项目募集到 9.2 万元。可见，互联网是大部分公开募捐项目的资金筹集渠道，但以小额募捐为主，大额资金主要来源于线下渠道。

3. 募捐款项流向领域

2020 年度，广州市公开募捐活动共募捐到 5692.7 万元，其中 4379.2 万元流向医疗卫生领域，占比 76.9%，平均每个医疗卫生项目募集金额为 136.8 万元。流向扶贫济困领域的款项为 851.8 万元，占比 15%；流向扶老领域的款项达 334.3 万元，占比 5.9%，平均每个扶老项目募集金额为 8.0 万元；流向教育领域的款项达 306.3 万元，占比 5.4%，平均每个教育领域项目募集金额为 6.3 万元；助残、社区发展、心理健康、文化、就业等领域募集资金较少（见图 10）。

（四）2020年度公开募捐呈现的特点

2020 年是特殊的一年，突如其来的新冠肺炎疫情，对经济社会发展带

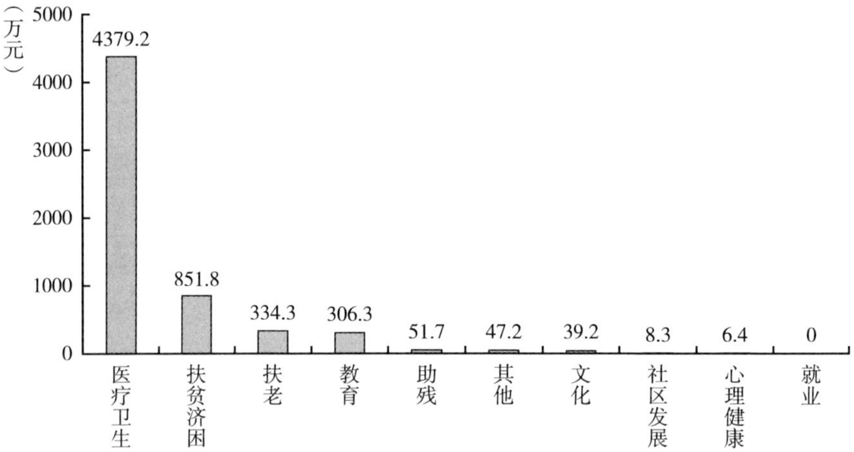

图 10　2020 年度广州市公开募捐款项流向领域分布

资料来源：慈善中国官网，https：//cszg. mca. gov. cn/platform/login. html。

来严重冲击。在此背景下，慈善组织发起公募项目，募集社会资源，积极参与疫情防控工作。2020 年度，广州市共有 11 家组织针对新冠肺炎疫情防控开展了 15 个公开募捐项目（见表 12），共计募捐到 18089. 5 万元，主要来源于广州市慈善会募捐所得。①

针对疫情开展的公开募捐表现出以下特征：第一，募集金额大，2020 年启动的疫情相关公开募捐活动最高筹集金额达 13403. 8 万元，而其他领域最高筹集金额仅为 133. 5 万元，差异明显。第二，针对疫情开展公开募捐的组织主要为慈善会和红十字会，分别有 8 家和 3 家。第三，各组织募捐成效差异较大，其中，广州市慈善会开展的“新冠肺炎紧急驰援”项目，公开募捐金额超亿元，共计 13403. 8 万元；另外，广州市白云区慈善会和广州市黄埔区慈善会的募捐效果也较好，募捐总金额均在千万元以上。第四，互联网募捐对疫情相关项目的贡献不大，除了“新冠肺炎紧急驰援”项目外，

① 此处为更准确反映 2020 年度开展的与疫情相关的公开募捐项目，纳入启动时间为 2020 年，截止时间为 2021 年的疫情相关募捐项目，共计 4 个，见表 12。

表 12　广州市与疫情相关的公开募捐项目情况

序号	募捐项目名称	发起组织	募捐总金额（万元）	互联网募捐金额（万元）	募捐开始时间	募捐截止时间
1	众志从城抗击新冠肺炎	广州市从化区慈善会	541.0	0.0	2020-1-22	2021-12-31
2	新冠肺炎紧急驰援	广州市慈善会	13403.8	725.6	2020-1-25	2021-1-24
3	关于募集医疗队有关防护物资的公告	广州市红十字会	0.0	0.0	2020-1-25	2020-3-31
4	广州市白云区防控新型冠状病毒感染的肺炎疫情项目	广州市白云区慈善会	1761.3	0.0	2020-1-27	2020-12-31
5	新型冠状病毒肺炎疫情防控	广州市天河区慈善会	339.1	0.0	2020-1-28	2020-6-30
6	为新型冠状病毒感染的肺炎疫情防控募集款物	广州市增城区红十字会办公室	0.0	0.0	2020-1-28	2020-3-31
7	抗击新型冠状病毒肺炎	广州市花都区慈善会	502.2	0.0	2020-1-29	2020-7-31
8	广州市番禺区慈善会新型冠状病毒疫情防控募捐活动	广州市番禺区慈善会	0.0	0.0	2020-1-30	2020-3-31
9	增城区疫情应急援助项目	广州市增城区慈善会	109.4	0.0	2020-1-31	2020-12-31
10	新型肺炎紧急驰援	广州市黄埔区慈善会	1432.7	0.0	2020-1-31	2020-5-31
11	广州市番禺区红十字会新型冠状病毒疫情防控募捐活动	广州市番禺区红十字会	0.0	0.0	2020-1-31	2020-12-31
12	春来"疫"去,全城接荔	广州市从化区慈善会	0.0	0.0	2020-4-8	2021-4-8
13	广州市红十字会救助受新冠肺炎疫情影响的盲人按摩从业人员	广州市红十字会	0.0	0.0	2020-5-17	2020-7-30
14	抗击新型冠状病毒肺炎(二期)	广州市花都区慈善会	0.0	0.0	2020-8-1	2020-12-31
15	暖城露宿者防疫行动	广州市慈善会	0.0	0.0	2020-8-1	2021-7-31
合计			18089.5			

资料来源：慈善中国官网，https：//cszg. mca. gov. cn/platform/login. html。

其余 6 个与疫情相关的公开募捐项目中没有一个是通过互联网渠道获得募捐款项的。第五，从募捐开始的时间来看，广州市慈善组织开展的疫情相关公开募捐基本上都于 1 月底前启动，响应速度快。

四　广州市慈善组织发展趋势和特点

（一）慈善组织数量及分布的变化趋势

整体而言，广州市慈善组织数量增加较快。从 2018 年至 2020 年，广州市净增加了 80 家慈善组织。从登记层级来看，广州市新增的慈善组织以市级注册为主，区级层面注册的数量相对较少（见图 11）。其次，从历年新增慈善组织的成立时间来看，新增的慈善组织以当年登记成立为主，2016 年之前注册成立的慈善组织数量很少。

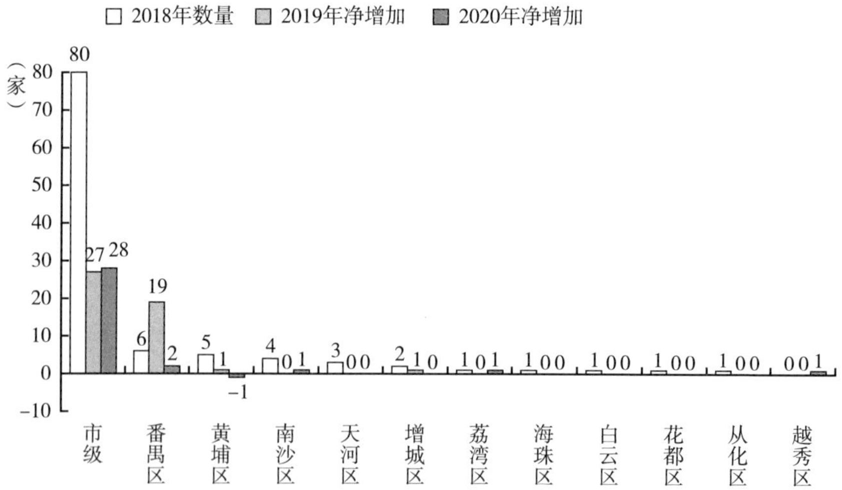

图 11　广州市级及各区慈善组织增加情况

资料来源：广州市社会组织管理局社会组织信息公示平台，http：//mzj.gz.gov.cn/gznpo/。

（二）获得3A及以上等级的慈善组织数量较少

2020年度185家慈善组织中仅25家获得评估等级，其余160家均无评级，占比86.5%（见图12）。获得5A的慈善组织有4家，获得4A的慈善组织有5家，获得3A的慈善组织有12家。由此可见，广州市慈善组织获得3A以上评估等级的慈善组织较少，组织的规范化建设水平需要进一步强化。

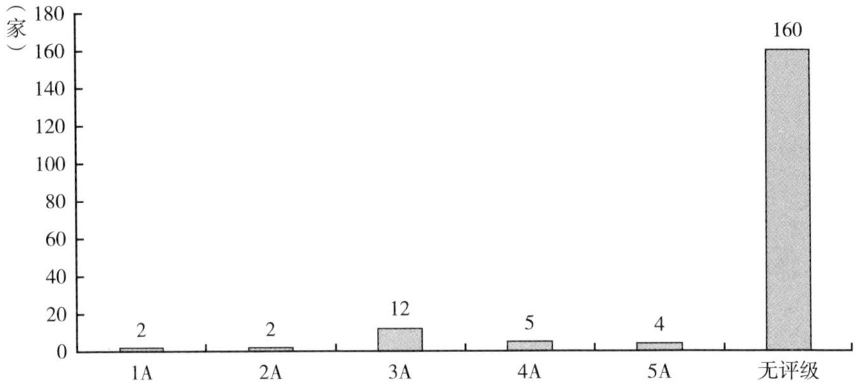

图12　2020年度广州市慈善组织等级评估情况

资料来源：广州市社会组织管理局社会组织信息公示平台，http://mzj.gz.gov.cn/gznpo/。

（三）慈善组织之间的发展差距拉大

对此分析规模排在前十的慈善组织的净资产规模、总收入水平及业务活动成本均值与总体均值水平，可以发现，2018～2020年度，排在前十位的慈善组织的规模超出平均水平的程度在加剧，慈善组织之间的差距呈明显扩大趋势。此外，若按照慈善组织的类型进行比较，可以发现，2018～2020年度，慈善会的平均收入水平与其他三类组织的平均收入水平差距明显扩大。

（四）具有公开募捐资格的慈善组织增速较低，社会资源聚合力较弱

2018～2020年度，广州市慈善组织数量以较快的速度增加，但具备公开募捐资格的组织每年新增较少，2019年度和2020年度仅分别增加4家和

2 家。此外，发起公开募捐项目的组织新增数量也较少，2019 年度未增加，2020 年度增加 4 家，以发起应对疫情的募捐项目为主。

（五）公开募捐项目成效稳步提升，项目领域有所拓展

2018 ~2020 年度，广州慈善组织发起的公开募捐项目数量呈下降趋势，2018 ~2019 年度，公开募捐项目数量由 215 个减少至 213 个，2020 年度再减少至 198 个。但整体上，募捐成效有所提升：一是筹款总金额为零的项目数量逐年减少，2019 年度占比由 62.8% 下降至 44.1%，2020 年度进一步下降至 40.4%（见表 13）；其次，从筹款目标完成率来看，完成率在 50% 以上的项目数量占比逐年升高，2018 ~2019 年度，增长 2.2 个百分点，2020 年度增长 4 个百分点（见图 13）。此外，广州市公开募捐有一个明显的发展趋势，顺应社会的变化，开拓新的公开募捐领域，如 2019 年度新增了社会组织发展领域，2020 年度新增了心理健康领域（见图 14）。

表 13　2018 ~2020 年度广州市公开募捐项目数量及筹款情况

年度	募捐项目(个)	募集总金额(万元)	筹款为零的项目(个)	筹款为零的项目数量占比(%)
2018 年	215	8511.7	135	62.8
2019 年	213	3996.8	94	44.1
2020 年	198	5692.7	80	40.4

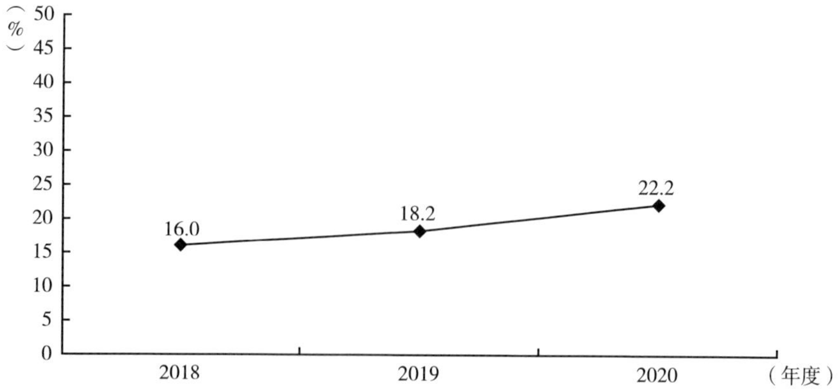

图 13　2018 ~2020 年度广州市筹款目标完成率在 50% 以上的公开募捐项目占比

资料来源：慈善中国官网，https：//cszg. mca. gov. cn/platform/login. html。

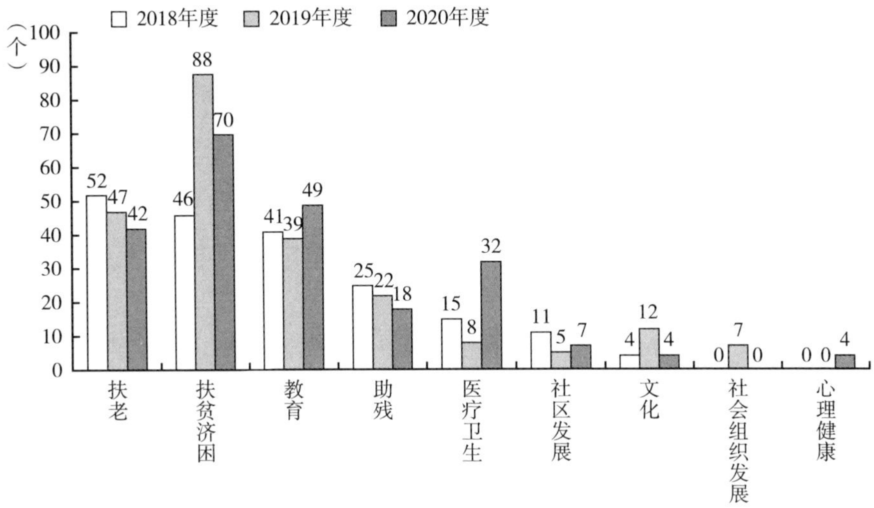

图14　2018～2020年度广州市公开募捐项目领域分布

资料来源：慈善中国官网，https：//cszg. mca. gov. cn/platform/login. html。

（六）网络募捐金额逐年提升，但作用发挥仍不及预期

2018～2020年度，互联网募捐的贡献度整体呈上升趋势，但仍不超过20%。通过互联网募捐的款项逐年增加，2020年度达到764.1万元（见图15）。此外，

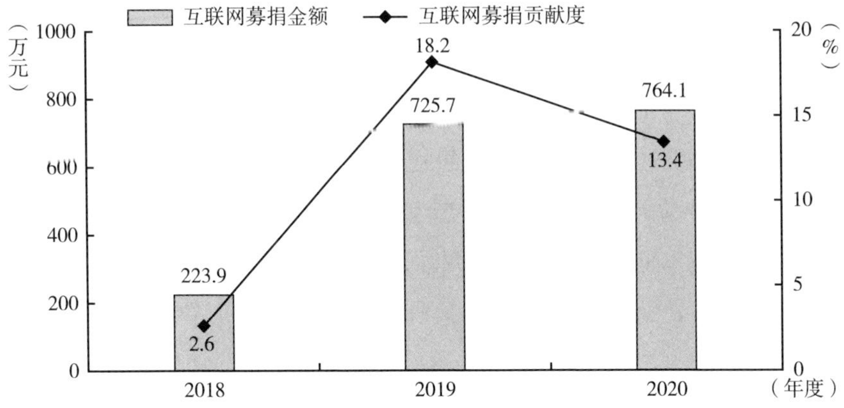

图15　2018～2020年度广州市互联网募捐金额及贡献度

资料来源：慈善中国官网，https：//cszg. mca. gov. cn/platform/login. html。

2018～2020年度，广州市慈善组织公开募捐项目信息发布平台较集中，广益联募是慈善组织最常用的发布平台。其他平台中，腾讯公益使用度较广。从三年的变化趋势来看，腾讯公益的影响力逐年上升，2018年度采用该渠道的项目数量占比7%，2019年度上升至14.6%，2020年度上升至24.2%。

五　促进广州市慈善组织创新发展的对策建议

2020年8月，为发挥慈善事业作为第三次分配的作用，巩固提升“慈善之城”创建成效，广州市人民政府印发了《广州市推动慈善事业高质量发展行动方案》，将“培育慈善主体”作为一项重点任务予以推进。其中，特别强调大力推动全市慈善组织登记认定工作，加大培育发展不同类型的慈善组织，加大对慈善组织资金和能力建设支持力度。①

《慈善法》实施以来，广州市慈善组织的数量持续增长，但与北京、上海和深圳等城市相比，总体数量仍旧偏低。因此，促进慈善组织更加充分发展是推动广州慈善事业高质量发展的前提和首要任务。与此同时，也要特别关注慈善组织内在结构、区域分布、资产水平的不平衡问题，这些问题事关慈善组织的发展活力与慈善事业发展基础的构建。此外，广州慈善组织在“99公益日”等大型募捐活动中的表现不及预期，也暴露出具有公开募捐资格的慈善组织结构单一、募捐平台功能发挥不足、运作模式缺乏创新等诸多方面的问题，需要引起足够的重视。对此，本文提出如下几点建议，供民政等相关部门决策参考。

第一，健全完善有利于慈善组织充分发展的体制机制。结合《广州市慈善促进条例》的颁布实施，巩固慈善组织直接登记制度，为申请人提供简化手续、缩短审批时限等便利。同时，深入落实财政部、税务总局、民政部关于新设立或新认定的慈善组织获取公益性捐赠税前扣除资格的相关政

① 《广州市人民政府关于印发推动慈善事业高质量发展行动方案的通知》，广州市人民政府门户网站，2020年8月11日，http：//www.gz.gov.cn/gkmlpt/content/6/6492/post_6492769.html#12624。

策，加强对慈善组织的制度激励。①

第二，增强具有公开募捐资格的慈善组织的平台功能，提升网络募款能力。广州当前具有公开募捐资格的慈善组织数量少，加之这些组织发起开展联合劝募的专业能力有限，相应的支持体系建设滞后，与国内其他先进城市相比，广州慈善组织在互联网募捐方面的表现一般。因此，应不断增强公募型慈善组织对其他社会组织的募款支持功能。与此同时，鼓励和支持基金会申请公开募捐资格，发挥民间公募型基金会的独特作用。

第三，将社区慈善发展纳入基层治理体系，优化“五社联动”机制。紧抓国家和各地大力培育支持社区社会组织发展的契机，落实《广州市社区社会组织管理办法（试行）》。一方面，各区政府应把社区慈善发展纳入基层治理体系，为社区慈善组织的发展创设良好的条件；另一方面，不断创新社区、社会组织、社会工作者、社区志愿者、社区慈善基金（社会慈善资源）的联动机制，有效整合社区多元资源，促进社区治理创新。

第四，逐步将慈善组织纳入广州市重大突发公共事件应急管理体系。结合广州市慈善组织参与新冠肺炎疫情防控实践经验，发挥广州市慈善服务中心、广州市公益慈善联合会、广州市慈善会等单位和枢纽型慈善组织的协调功能，制定广州市慈善组织参与重大突发事件应急预案。此外，鼓励和支持慈善组织发挥专业优势，参与事后恢复与重建工作，特别是在心理疏导、救助帮扶、生活安置等方面发挥积极作用。

第五，创新慈善组织能力建设支持模式。专业能力不足是慈善组织面临的普遍问题，在慈善领域对人才的整体吸引能力短期内难以提升的现实情况下，加强现有人才的培养就显得尤为重要。除了继续开设多种形式的慈善组织培训班等活动外，应基于慈善组织的不同类型和特征，开发能力建设指南，开展更具针对性的慈善人才培养计划，特别是在网络募捐、品牌慈善项目开发与打造、企业战略慈善等方面予以更大的能力建设支持。

① 《广州市慈善促进条例》，广州市民政局官网，2021 年 6 月 11 日，http：//mzj. gz. gov. cn/zwgk/zfxxgkml/zfxxgkml/bmwj/qtwj/content/post_ 7328494. html。

B.3
2020年度“广州慈善榜”捐赠分析报告

张 伟　蓝广雨*

摘　要：　自2017年广州市启动深化“羊城慈善为民”行动，创建全国“慈善之城”以来，慈善捐赠数额逐年上升。根据“广州慈善榜”发布的慈善捐赠数据，2020年度慈善捐赠额达到14.81亿元。其中，机构慈善捐赠总额达14.38亿元，占比97.1%；个人慈善捐赠总额为0.43亿元，占比2.9%。本文就如何进一步加强广州慈善捐赠体系建设提出以下建议：加强社区慈善捐赠平台建设，积极动员本土慈善资源；创新慈善捐赠模式，为个人捐赠提供更加多元化的选择；推行战略慈善理念和模式，增强企业慈善捐赠的持续性；鼓励非货币性资产捐赠实践，构筑慈善长远发展的资源基础；积极吸引国内和国际大型慈善组织项目或慈善服务落地广州；优化重大突发公共事件应急响应中的慈善捐赠协同机制，促进慈善资源供需有效对接。

关键词：　慈善捐赠　广州慈善榜　疫情防控

按照《中华人民共和国慈善法》的界定，慈善捐赠是指“自然人、法人和其他组织基于慈善目的，自愿、无偿赠与财产的活动”①。其中，捐赠

* 张伟，广州市慈善服务中心主任、广州市慈善会执行副会长兼秘书长；蓝广雨，“善城广州”公众号编辑，自媒体“共益资本论”联合创始人。

① 《中华人民共和国慈善法》，中华人民共和国民政部官网，2016年3月21日，http://xxgk.mca.gov.cn:8011/gdnps/pc/content.jsp?id=12779&mtype=1。

人既可以通过慈善组织捐赠，也可以直接向受益人捐赠。近年来，随着广州“慈善之城”创建工作的深入推进，慈善捐赠总体规模稳步增长，特别是在2020年度，由于新冠肺炎疫情的暴发，社会各界的捐赠数额出现较大幅度增长。本报告以“广州慈善榜”① 发布的捐赠数据为观察样本，对2020年度广州市慈善捐赠情况及近五年发展动态进行梳理，分析广州市慈善捐赠的特点及变化趋势。

一 2020年度广州慈善捐赠的主要特点

（一）“广州慈善榜”收录的机构及个人捐赠情况

对于一个地区年度慈善捐赠数据的精准统计，当前还面临来自技术、方法、标准等方面的较大困难。在此情况下，各地区每年发布的慈善捐赠榜单虽不能全面反映当地的慈善捐赠总体情况，但对于观察和分析当地慈善捐赠趋势仍具有很强的参考价值。根据“广州慈善榜”发布的慈善捐赠数据，2020年度慈善捐赠额达到14.81亿元，来源于机构和个人。其中，机构慈善捐赠总额达14.38亿元，占比97.1%；个人慈善捐赠总额为0.43亿元，占比2.9%。由此可见，机构仍是慈善捐赠的主体。

（二）“广州慈善榜”机构慈善捐赠情况

1. 上榜机构历年捐赠总额总体呈递增趋势，2020年度机构慈善捐赠额突破10亿元

2020年度，“广州慈善榜”上榜捐赠机构（捐赠额大于10万元）共有546家，捐赠总额14.38亿元，平均每家机构捐赠额达263.3万元。其中，最大捐赠额为2.19亿元，由星河湾集团有限公司捐赠（见表1）。

① “广州慈善榜”活动由广州市民政局、广州市慈善服务中心指导，广州市慈善会、广州市公益慈善联合会联合主办，该榜单包括“慈善捐赠榜”“慈善影响力榜”“年度慈善致敬榜”三大榜单。本报告除特别说明外，图表资料来源均为“广州慈善榜”数据库。

表1　2020 年度广州市机构慈善捐赠情况

上榜机构数（家）	捐赠总额（万元）	平均捐赠额（万元）	捐赠中位值（万元）	捐赠最大值（万元）	最小值（万元）
546	143753.5	263.3	30	21947.4	10

2020 年度捐赠额排名前十的机构合计捐赠 88653.2 万元，占机构捐赠总额的 61.67%。由此可见，广州市慈善捐赠主要来源于头部几家捐赠机构，捐赠集中度较高（见表 2）。

表2　2020 年度广州市捐赠额排名前十位的机构

排名	机构名称	捐赠额(万元)
1	星河湾集团有限公司	21947.4
2	广州立白企业集团有限公司	21461.0
3	广东省钟南山医学基金会	14133.1
4	广州市时代控股集团有限公司	9163.9
5	雪松控股集团有限公司	5719.2
6	广州汽车集团股份有限公司	4849.8
7	广州富力地产股份有限公司	3558.0
8	广东海大集团股份有限公司	2978.0
9	广州越秀集团股份有限公司	2732.7
10	唯品会(中国)有限公司	2110.0

“广州慈善榜”将机构捐赠额度划分为一星至五星：一星为“10 万元（含）~50 万元”，二星为“50 万元（含）~100 万元”，三星为“100 万元（含）~500 万元”，四星为“500 万元（含）~1000 万元”，五星为“1000 万元（含）以上”。数据分析结果显示，一星机构数量最多，共计 341 家，占总数的 62.45%；五星（捐赠额为 1000 万元以上）机构数量有 25 家，占总数的 4.58%（见图 1）。

2. 企业是慈善捐赠的主要来源

2020 年度参与慈善捐赠的机构中 432 家为企业，占总数的 79.12%；企业共捐赠 11.67 亿元，占机构捐赠总金额的 81.17%。2020 年度来源于基金

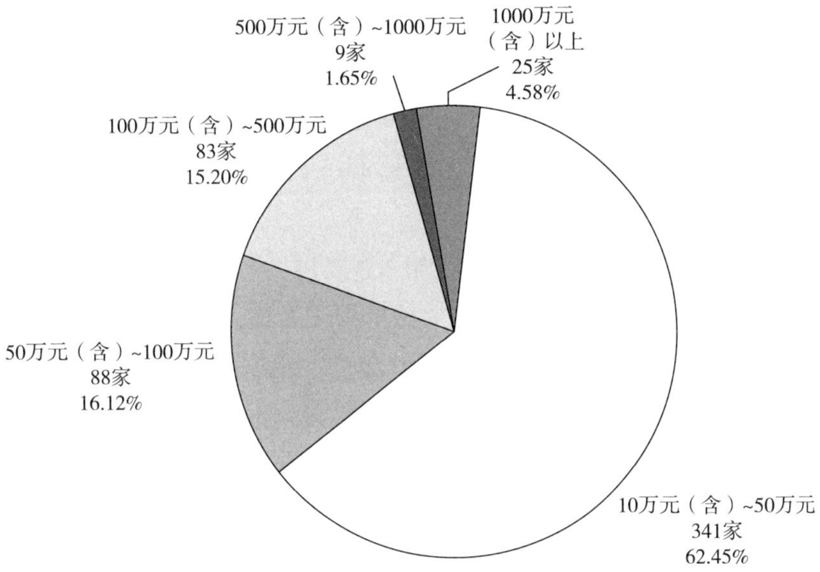

图1　2020年度“广州慈善榜”上榜机构捐赠额分布

会等公益慈善类社会组织的慈善捐赠额达2.39亿元，占比16.62%。可见，除企业外，公益慈善类社会组织也是广州慈善捐赠的主要来源之一，且该类组织平均捐赠额高于其他类型机构，达628.88万元（见图2）。

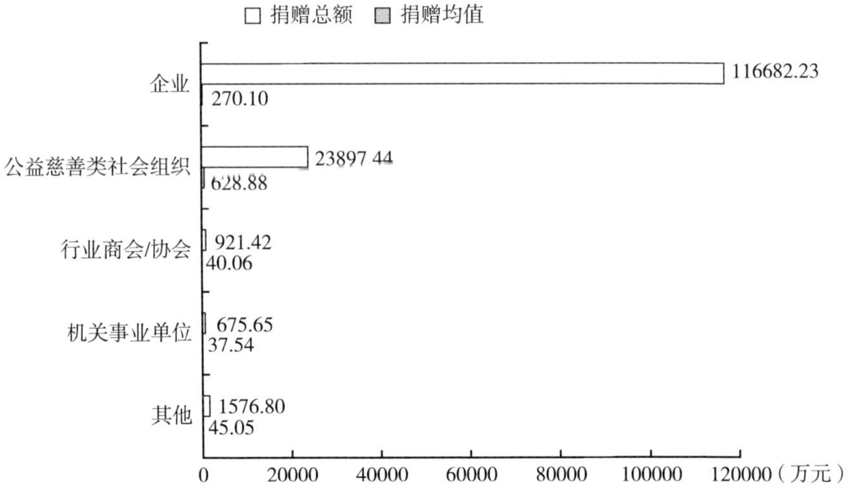

图2　2020年度广州市各类型机构慈善捐赠情况

3. 上榜频次越多的机构，平均捐赠额也越高

“广州慈善榜”从2016年开始评选，至2020年已评选5年。2020年度参与慈善捐赠的546家机构中，365家属于第一次参与，数量占比66.85%。连续5年均上榜的机构有29家，数量占比5.31%，但贡献的捐赠额占比30.26%。

4. 在地机构的捐赠是广州慈善捐赠主要来源

根据“天眼查”网站查询到的上榜机构注册地，划分为在地机构（注册地在广州）和外地机构两大类。2020年度，504家上榜机构为广州在地机构，数量占比92.31%，捐赠额达13.86亿元，占总金额比重达96.38%。可见，广州慈善捐赠主要来源于广州本地机构。

（三）“广州慈善榜”个人慈善捐赠情况

1. 个人捐赠以小规模捐赠为主

2020年度，“广州慈善榜”上榜个人①人数达294人，捐赠总额达4325.45万元，平均每人捐赠额为14.71万元（见表3）。其中，一半以上的上榜个人捐赠额小于1.97万元；最大一笔个人捐赠额为2255万元，占个人捐赠总额的52.13%。

表3　2020年度“广州慈善榜”个人捐赠情况

上榜人数（个）	捐赠总额（万元）	捐赠平均值（万元）	捐赠中位值（万元）	捐赠最大值（万元）	捐赠最小值（万元）
294	4325.45	14.71	1.97	2255	1

“广州慈善榜”将个人捐赠额度划分一星至五星：一星为“1万元（含）~5万元”，二星为“5万元（含）~20万元”，三星为“20万元（含）~50万元”，四星为“50万元（含）~100万元”，五星为“100万元（含）以上”。数据分析结果显示：一星捐赠达人最多，共224人，占总人数的76.19%；二

① “广州慈善榜”个人上榜条件是：个人捐赠1万元（含物资折款）及以上。

星捐赠达人有54人，占总人数的18.37%；捐赠额为100万元以上的有6人，占总人数的2.04%；近95%的人捐赠额在20万元以下（见图3）。

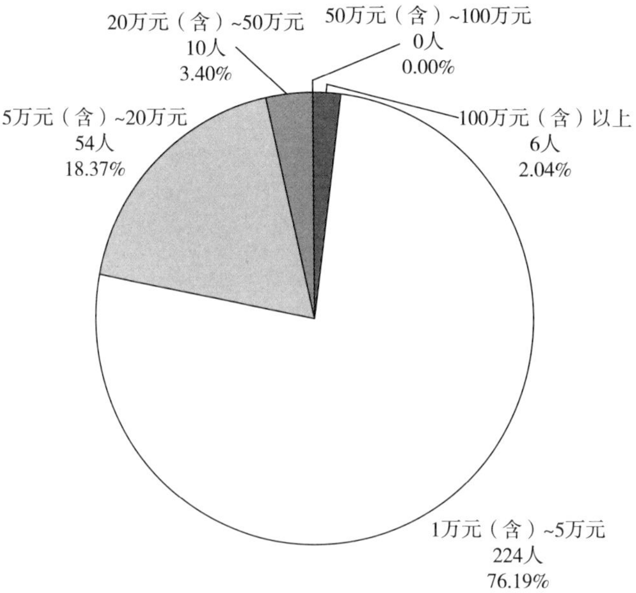

图3 2020年度“广州慈善榜”上榜个人捐赠额分布

2. 个人捐赠黏性不高

2020年度294个上榜个人中，250人属于第一次上榜，仅有2人连续5年上榜。另外，分别有26人、13人和3人在过去五年中上榜2次、3次和4次（见图4）。通过这一数据可以发现，多年持续捐赠1万元及以上的个人数量较少。

（四）2020年度广州市慈善捐赠特点

通过以上数据分析可以看到，2020年度广州慈善捐赠收入大幅增加，主要来源于机构的慈善捐赠。新冠肺炎疫情的暴发，激发了机构和个人的捐赠热情。2016~2019年度，“广州慈善榜”上榜机构数量维持在300家左右，于2020年度出现明显增长，达到547家。上榜个人数量由285人减少至162人，2020年度又增至294人。此外，机构慈善捐赠集中度高，头部

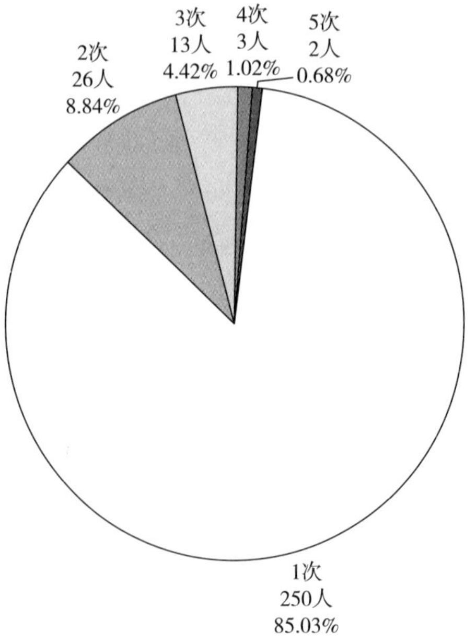

图 4　2020 年度“广州慈善榜”个人上榜次数分布

10 家慈善机构的捐赠额贡献了六成以上的捐赠额。个人捐赠以一次性捐赠为主，上榜个人以捐赠 1 万～5 万元的为主，占总人数的 3/4 左右。另外，2020 年度上榜个人中，250 人属于第一次上榜，有 44 人为重复上榜。

二　广州市慈善捐赠的发展趋势

（一）广州市慈善捐赠整体发展趋势

1. 五年累计慈善捐赠总额超38.65亿元，连续三年增长率超50%

近五年来，“广州慈善榜”捐赠总额除 2017 年度较上一年出现小幅下跌外，其余各年均实现较大幅度提升，2018～2020 年度增长率均超 50%。新冠肺炎疫情暴发后，社会各界积极捐赠，支持疫情防控，捐赠总额增长幅度达到 52.05%，捐赠总额由 2016 年度的 4.71 亿元增长到 2020 年度的 14.81 亿元（见图 5）。

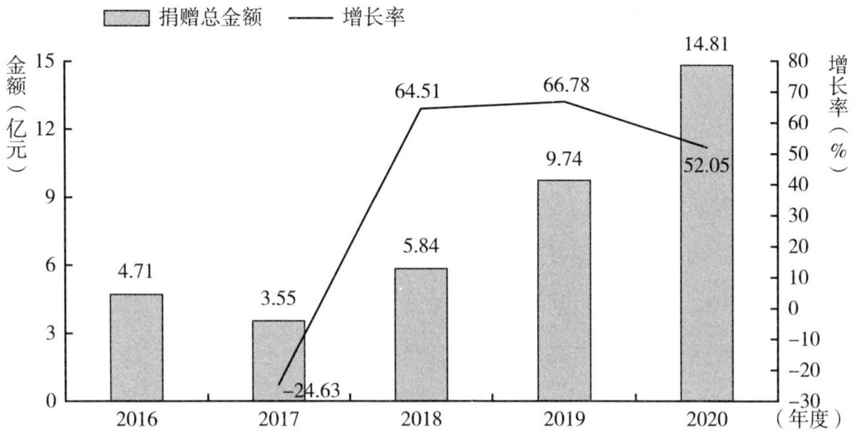

图5　2016～2020年度“广州慈善榜”上榜机构和个人捐赠总金额变化

2. 机构捐赠是慈善捐赠的主要来源

2016～2020年度，“广州慈善榜”上榜机构累计捐赠37.09亿元，占比95.96%；上榜个人累计捐赠1.56亿元，占比4.04%。从历年数据来看，机构捐赠额占比基本处于95%左右的水平，个人捐赠比例相对偏低，机构捐赠占绝对的主导（见图6）。从捐赠笔数的角度看，“广州慈善榜”收录机构捐赠数据1851条，个人捐赠数据1140条。

图6　2016～2020年度机构捐赠和个人捐赠贡献度情况

（二）机构捐赠发展趋势

1. 上榜机构数量和机构平均捐赠额双增长

机构作为慈善捐赠的主要力量，对广州市慈善事业的发展起到重要作用。从“广州慈善榜”上榜机构数量来看，2017～2020 年度，连续三年广州机构慈善捐赠额呈高速增长趋势，2018 年度增长幅度达 58.77%，2019 年度达 69.70%，2020 年度达 54.57%。历经三年高速增长，2020 年度机构慈善捐赠总额已达 2016 年度的 3.2 倍（见图 7）。

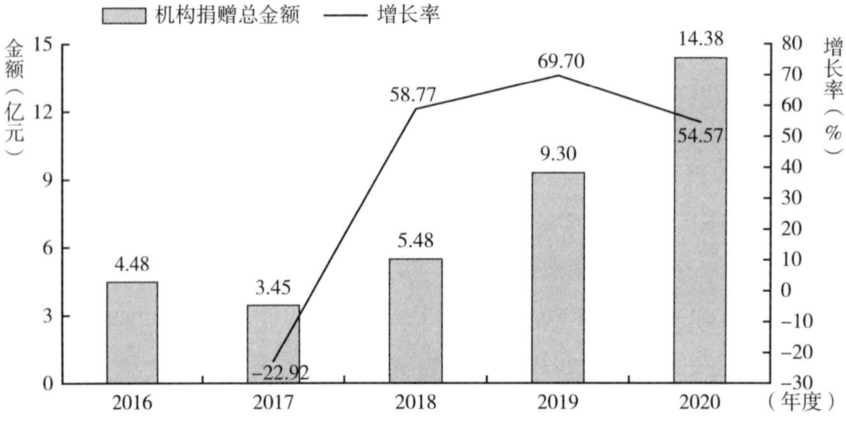

图 7　2016～2020 年度“广州慈善榜”机构慈善捐赠额变化情况

近三年来，广州机构捐赠额大幅增长来自两个方面：一是上榜机构数量呈明显增加趋势；二是机构平均捐赠额也在不断提高（见图 8）。具体来看，2016～2019 年度，“广州慈善榜”上榜机构数量一直维持在 300 家左右，但是由于新冠肺炎疫情的发生，2020 年度达到 546 家，增幅明显。另外，上榜机构的平均捐赠额呈逐年上升趋势，2016 年度平均每家机构捐赠额为 139.50 万元，2020 年度增加至 263.28 万元，表明不仅参与慈善捐赠的机构数量在增加，且机构捐赠力度也在增强，共同推动广州慈善捐赠额逐年增高。

2. 机构捐赠以企业为主，贡献度近九成

“广州慈善榜”上榜机构包含企业、公益慈善类社会组织和其他机构（包括机关事业单位、行业协会商会、学校、医院和宗教团体等）三大类。经统

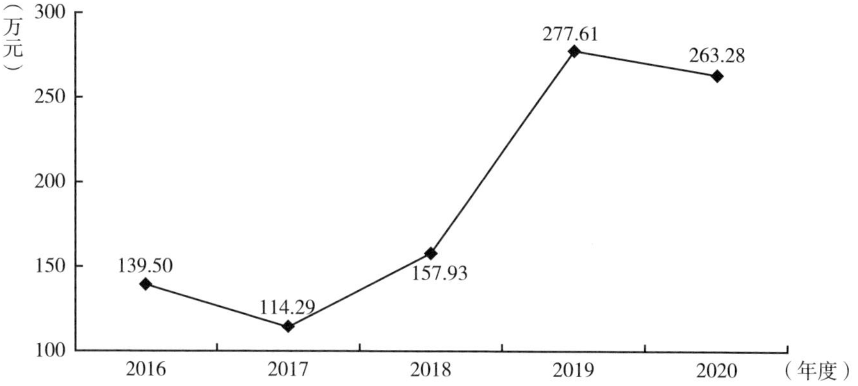

图8　2016～2020年“广州慈善榜”上榜机构平均捐赠额

计，在各类型机构中，企业捐赠最多，五年来累计捐赠32.66亿元，占比88.08%，其次是公益慈善类社会组织，占比10.00%。从年度发展趋势来看，除2020年度外，企业的贡献度呈不断增强趋势。2016年度企业贡献度为87.42%，2017年度增长至90.62%，2019年度增长至95.95%（见图9）。可见，企业是机构捐赠的主要力量，且贡献力度在逐年增强。

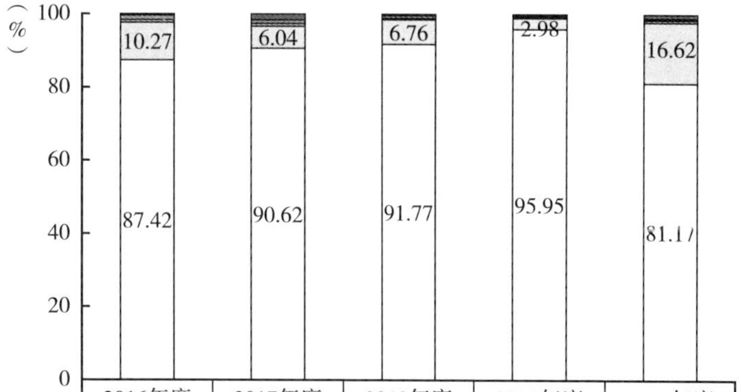

	2016年度	2017年度	2018年度	2019年度	2020年度
其他	0.39	1.59	0.41	0.43	1.10
机关事业单位	1.23	0.98	0.71	0.27	0.47
行业协会商会	0.70	0.76	0.35	0.37	0.64
公益慈善类社会组织	10.27	6.04	6.76	2.98	16.62
企业	87.42	90.62	91.77	95.95	81.17

图9　2016～2020年度各类型捐赠机构贡献度

3. 五星机构数量少，但捐赠总额占比最大

如前所述，“广州慈善榜”按照机构捐赠额高低将其分为五个等级，从一星至五星，星级越高，捐赠额越高。数据分析结果显示，广州慈善捐赠主要来源于机构的大额捐赠。具体来看，五星机构数量仅占 4.00%，共有 74 次捐赠记录，但贡献了近 70% 的捐赠额；一星机构数量最多，占比达到 65.48%，共有 1212 次捐赠记录，贡献了 6.13% 的捐赠额（见图 10、图 11）。

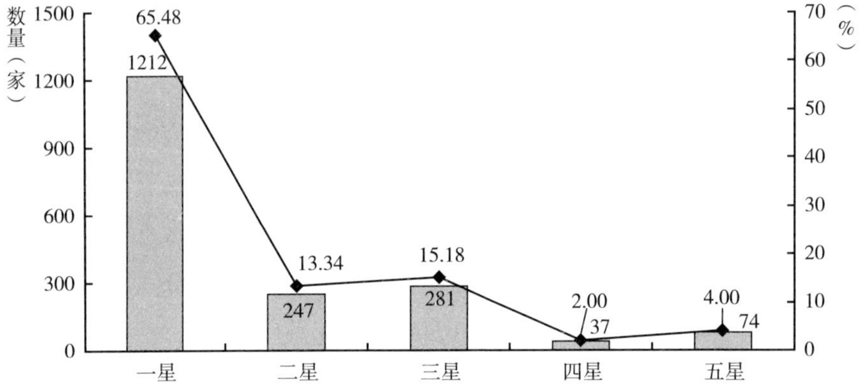

图 10　各类星级捐赠机构数量及占比

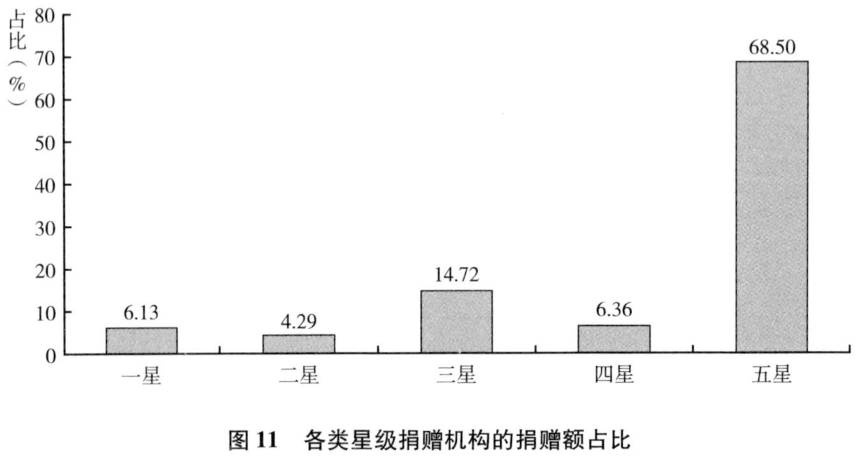

图 11　各类星级捐赠机构的捐赠额占比

2016～2020年度，五星捐赠机构数量逐年增加，从8家增加至25家，五年累计有74次记录，主要是企业和公益慈善类社会组织两类机构。其中企业68次，以房地产企业为主，公益慈善类社会组织6次。整体上，五星机构的捐赠额占比也呈现逐年提高趋势，由52.26%提高至76.07%。数据表明，随着经济的发展，具备大额捐赠能力和意愿的机构数量随之增加，该类机构在慈善捐赠领域发挥的作用逐年提升。

4. 广州慈善捐赠以本地机构为主，且贡献度逐年提升

五年来，广州在地机构捐赠总额达到34.47亿元，占比92.96%；外地机构捐赠总额2.61亿元，占比7.04%。从历年发展趋势来看，整体上在地机构数量和捐赠额占比均呈现小幅上升趋势，贡献度逐年提升。

（三）个人捐赠发展趋势

1. 个人慈善捐赠总额逐年增加

个人慈善捐赠情况是衡量一个地区慈善活力的重要指标之一。从“广州慈善榜”上榜个人数量来看，2016～2019年度，上榜人数呈下降趋势，由285人减少至162人。2020年度上榜人数明显增加，达历年之最，共计294人（见图12）。

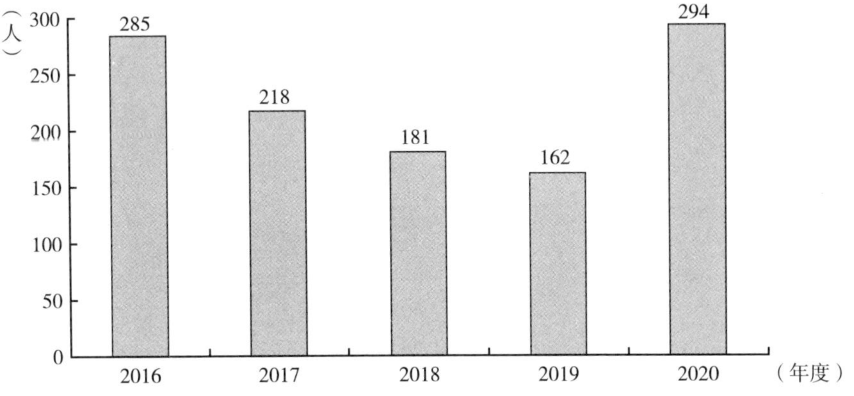

图12　2016～2020年度“广州慈善榜”上榜个人数量

从上榜个人捐赠总额来看，2016 年度个人捐赠总额为 2326. 14 万元，2020 年度为 4325. 45 万元，增长 85. 95%（见图 13）。

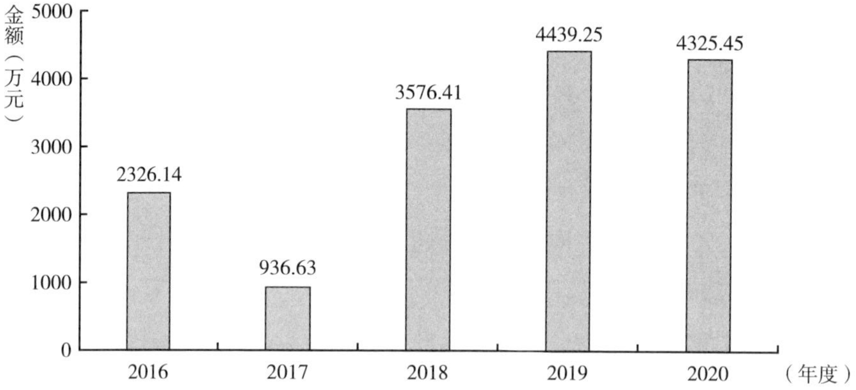

图 13 “广州慈善榜”上榜个人慈善捐赠总额

2. 个人慈善捐赠主要来源于少数个人的大额捐赠，且贡献度不断提升

“广州慈善榜”按照个人捐赠额高低将其分为五个等级，从一星至五星，星级越高，捐赠额越高。五年来，年捐赠在 1 万 ~5 万元（一星）的小额捐赠人数最多，占比超过 3/4，但捐赠总额仅占 9. 76%。捐赠超 100 万元（五星）的人数占比不到 2%，但捐赠额占比 68. 02%（见图 14）。由此可

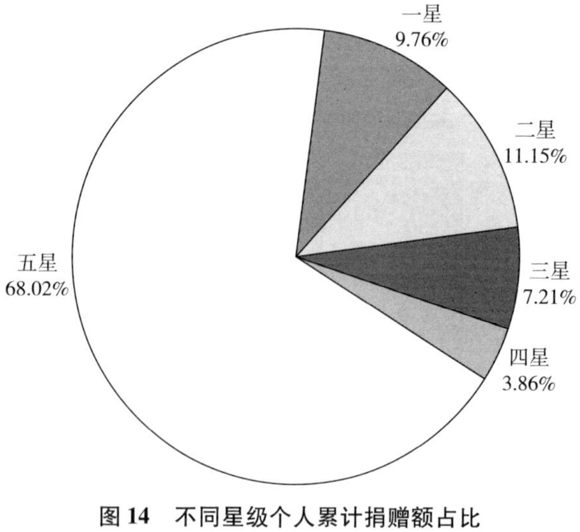

图 14 不同星级个人累计捐赠额占比

见，个人慈善捐赠主要来源于少数个人的大额捐赠。此外，从历年趋势来看，五星捐赠个人的贡献度逐年提升。其中，2016 年度的贡献度为 28.46%，2017 年度为 23.49%，2018 ~ 2020 年度贡献度均超过 70%，分别为 82.29%、83.33%、71.43%。

3. 个人慈善捐赠主要来源于一次性捐赠，同时上榜两年及以上的个人数量较少

2016 ~ 2020 年度，累计 1140 人[①]（次）进入“广州慈善榜”。1 次上榜个人的捐赠额占比 64.75%，是个人慈善捐赠的主要来源（见图 15）。

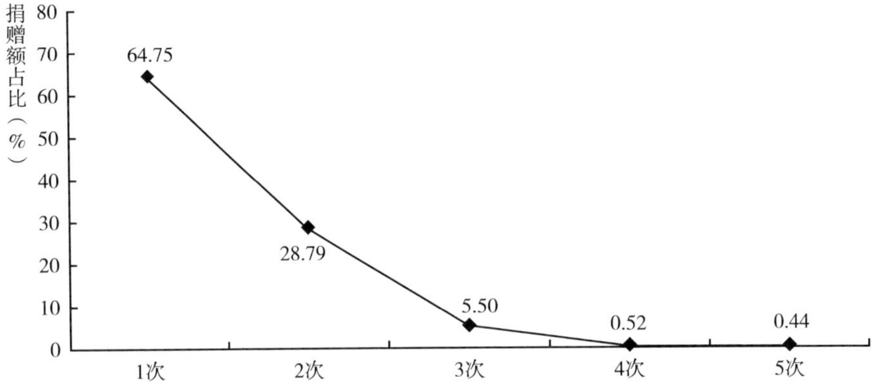

图 15　上榜次数与对应个人的捐赠总额占比

综上所述，2016 ~ 2020 年度，广州慈善捐赠主要呈现以下趋势：第一，机构捐赠是广州慈善捐赠的主要来源。机构捐赠无论是数额还是活跃度（上榜数），都比个人捐赠要高。机构中又以企业为主，其中大额捐赠主要来源于房地产企业。第二，“广州慈善榜”上榜机构数量呈明显增加趋势，且机构平均捐赠额也呈逐年升高趋势。个别头部捐赠机构构成广州慈善捐赠的“基本盘”，五年内多次上榜的机构平均捐赠额相对更高。进行大额捐赠（1000 万元及以上）的机构数量逐年增加，贡献度也逐年提升。第三，广州

① 同一个人在同一年度多次捐赠，榜单仅记录一次总额，这意味着个人多次捐赠的实际比例更高。

慈善捐赠地域性不断强化，捐赠主要来源于在地机构的贡献，九成以上捐赠来源于广州本地。且从历年发展趋势来看，整体上在地机构数量和捐赠额占比均呈现小幅上升趋势，贡献度逐年提升。第四，2016～2019年度，“广州慈善榜”上榜人数逐年下降，但由于疫情的暴发，2020年度上榜人数由降转增。其中，个人慈善捐赠主要为一次性捐赠。整体而言，过去五年个人捐赠总额逐年增加，呈现良好的发展趋势。

三 加强广州市慈善捐赠体系建设的建议

2016～2020年度“广州慈善榜”捐赠数据分析结果表明，2017年广州市启动深化“羊城慈善为民”行动、创建全国“慈善之城”以来，慈善捐赠数额逐年上升，面对新冠肺炎疫情防控，企业、公益慈善类社会组织、行业协会商会、宗教界以及公众等踊跃捐赠，积极支持疫情防控工作，充分体现了广州企业和社会各界的担当精神。

《中华人民共和国国民经济和社会发展第十四个五年规划和2035年远景目标纲要》提出：“鼓励民营企业积极履行社会责任、参与社会公益和慈善事业。”[①]《广州市推动慈善事业高质量发展行动方案》也提出了丰富捐赠形式的若干举措。进入新发展阶段，进一步健全和完善慈善捐赠体系，激发社会捐赠积极性，是推动广州慈善事业高质量发展的必然要求。[②] 基于以上研究分析结果，本报告提出如下建议。

（一）加强社区慈善捐赠平台建设，积极动员本土慈善资源

透过“广州慈善榜”五年捐赠数据可知，个人捐赠比例相对偏低，占

① 《中华人民共和国国民经济和社会发展第十四个五年规划和2035年远景目标纲要》，新华网，2021年3月13日，http：//www.xinhuanet.com/2021－03/13/c_1127205564.htm。

② 《广州市人民政府关于印发推动慈善事业高质量发展行动方案的通知》，广州市人民政府门户网站，2020年8月11日，http：//www.gz.gov.cn/gkmlpt/content/6/6492/post_6492769.html#12624。

比不足5%。因此，建议进一步畅通社会公众捐赠渠道，特别是发挥具有公开募捐资格慈善组织的平台功能，鼓励具有公开募捐资格的基金会开展联合劝募等活动，提升网络募捐效能。与此同时，充分借鉴国内其他城市慈善超市、“食物银行”等有效模式和实践经验，优化社区慈善捐赠站点运作模式，建立常态化的慈善捐赠平台，创新慈善救助帮扶方式。

（二）创新慈善捐赠模式，为个人捐赠提供更加多元化的选择

除了注重个人小额网络捐赠外，还应特别关注到日趋增长的个人大额捐赠需求。在个税汇算清缴制度以及电子捐赠票据全面实施的背景下，慈善捐赠个人所得税抵扣办理更加便捷化。广州慈善组织应主动适应这一趋势，勇于探索“捐赠人建议基金”“捐赠圈”“月捐”等创新模式的应用，为个人捐赠提供更加多元的选择。

（三）推行战略慈善理念和模式，增强企业慈善捐赠的持续性

过去五年，不管是从捐赠总额还是捐赠频次来看，房地产业、制造业和服务业等领域的企业都是广州慈善捐赠的主力。因此，应继续巩固和扩大广州慈善捐赠的“基本盘”。与此同时，近年来企业慈善理念和模式也在发生深刻转变：一方面，越来越多的企业在开展公益慈善项目及活动时，注重与自身产品和服务优势进行整合；另一方面，企业的公益慈善行为日趋重视社会效益和经济效益、环境效益的统一。上述转变也被称为从CSR（Corporate Social Responsibility，企业社会责任）战略迈向CSV（Creating Shared Value，创造共享价值）战略。因此，应大力推行企业战略慈善理念和模式的应用，增强企业慈善行为的持续性，创造更大的社会价值。

（四）鼓励非货币性资产捐赠实践，构筑慈善长远发展的资源基础

虽然《中华人民共和国慈善法》鼓励货币、实物、房屋、有价证券、股权、知识产权等有形和无形财产的捐赠，并专章就慈善信托进行了规定，但是由于一些配套规定还未出台，相应的实践在广州还未形成规模。进入

“十四五”，广州应充分发挥金融资源、创新资源相对集聚的城市优势，鼓励金融机构基于捐赠人、慈善组织等需求，创新金融产品和服务，为慈善组织资产管理和捐赠人大额捐赠提供更加良好的服务支持。

（五）积极吸引国内和国际大型慈善组织项目或慈善服务落地广州

广州作为超大型城市，在养老、特殊群体服务等诸多领域社会服务需求巨大，为慈善服务的创新探索提供了广阔的发展空间。在粤港澳大湾区建设快速推进的背景下，应搭建开放、共享的慈善合作平台，吸引国内和国际大型慈善组织项目落地广州，一方面引进慈善资源，另一方面也引进先进慈善理念和社会服务模式、技术，带动本地慈善组织的创新发展。

（六）优化重大突发公共事件应急响应中的慈善捐赠协同机制

在抗击新冠肺炎疫情过程中，广州慈善力量发挥了积极作用，获得政府和社会各界的充分肯定和认可。在此过程中，广州市民政局、广州市社会组织管理局制定出台了《关于在新冠肺炎疫情防控工作中进一步加强慈善管理工作的紧急通知》《关于做好社会组织疫情防控捐赠工作的通知》等系列政策，引导社会力量依法有序开展慈善募捐等相关工作。经过疫情的考验，广州慈善组织在面对重大突发公共事件方面积累了一定的参与经验。应在已有实践经验的基础上，进一步优化慈善组织之间、慈善组织与政府部门之间的协同配合，促进慈善资源供需有效对接。

B.4

2020年度广州慈善组织透明度评价报告

广州市慈善组织社会监督委员会*

摘　要： 在创建全国“慈善之城”过程中，广州一直将慈善组织公信力建设作为一项基础性工作予以推进。广州市慈善组织社会监督委员会对2020年度广州慈善组织透明度开展评价。结果显示，186家参评的慈善组织透明度平均得分为110.45分（满分为150分），得分率为73.63%。有超过一半的慈善组织透明度得分在113分及以上。其中，透明度为A等级的有61家（透明度得分≥120分），占比32.8%；获得B等级的有105家（90分≤透明度得分<120），占比56.45%。在B等级及以上的组织占比超过89%，慈善组织透明度整体表现良好。

关键词： 慈善组织　透明度　广州市

一　慈善组织透明度评价的目的和意义

2020年是极不平凡的一年，面对新冠肺炎疫情严重冲击，在党中央、国务院的坚强领导下，疫情防控取得重大战略成果，脱贫攻坚战取得全面胜利，决胜全面建成小康社会取得决定性成就。[①] 2020年也是“十三五”规划的收官之

* 广州市慈善组织社会监督委员会，成立于2014年1月27日，在广州市民政局登记注册的慈善组织第三方社会监督机构。

① 《政府工作报告——2021年3月5日在第十三届全国人民代表大会第四次会议上》，中国政府网，2021年3月12日，http://www.gov.cn/premier/2021-03/12/content_5592671.htm。

年，在这一年，广州慈善组织主动作为，积极参与脱贫攻坚、疫情防控和粤港澳大湾区建设等国家重大战略，彰显了慈善组织的责任和使命担当。经历疫情的考验，广州慈善组织在重大突发事件中的应急响应能力和社会资源动员能力得到明显提升，慈善组织的透明度建设和公信力水平也迈上新的台阶。

2020 年 8 月，为深入实施《广东省推动慈善事业高质量发展若干措施》，发挥慈善事业作为第三次分配的作用，巩固提升“慈善之城”创建成效，广州市人民政府印发了《广州市推动慈善事业高质量发展行动方案》。其中，特别提出“推进慈善领域社会信用体系建设”“全面推动慈善组织参与透明度评价工作”“充分发挥社会第三方机构广州市慈善组织社会监督委员会的作用”[①] 等一系列任务和要求，为下一阶段推动慈善组织建设和发展提供了新的方向和指引。

截至 2020 年 12 月 31 日，广州全市登记和认定的慈善组织共有 185 家，较 2019 年度增加 32 家，呈较快增长态势。2021 年，在广州市民政局的指导下，广州市慈善组织社会监督委员会持续开展广州 2020 年度慈善组织透明度评价工作，发布透明度评价报告，期望通过科学、客观的评价，进一步引导广大慈善组织加强透明度建设，践行“阳光公益”“有效公益”的价值理念，为“十四五”时期广州慈善事业的高质量发展奠定更加坚实的组织基础。

二　广州慈善组织透明度评价方法

（一）评价指标体系

2020 年度慈善组织透明度评价指标体系包含“基础指标”和“进阶指标”两大指标，两者总分分别为 100 分和 50 分，共计 150 分。其中，基础指标包含“基本信息”“治理信息”“业务信息”“财务信息”四类一级指

① 《广州市推动慈善事业高质量发展行动方案》，广州市人民政府门户网站，2020 年 8 月 11 日，http：//www. gz. gov. cn/zwgk/fggw/szfwj/content/post_ 6492770. html。

标。对于进阶指标，考虑到基金会、社会团体和社会服务机构的不同特点，评价体系在内容设置上存在差异，均包含“财务信息”“社会互动反馈”“其他”，社会团体和社会服务机构还包含“基本信息”指标。

对比2019年度，2020年度的评价指标体系有以下几个方面的调整：一是“进阶指标－治理信息”的总分提升，其中“机构运营”的评价总分提高11分；二是“进阶指标－社会互动反馈”总分降低，表现在“与捐赠人、信托委托人互动及反馈情况”评价总分由20分降低至7分，并增设“新闻发言人情况”的评价指标。其余指标基本上延续了2019年度评价指标体系中的设定。

（二）数据收集方法

根据基金会、社会团体及社会服务机构的透明度评价指标体系，通过大数据挖掘分析等方法，对参与2020年度透明度评价的广州186家[①]慈善组织开展指标信息的抓取，形成2020年度慈善组织各项指标得分。在此基础上，计算各慈善组织透明度总得分、得分率（实际得分/总分）和得分差异指数等。

（三）统计分析方法

本报告主要从以下几个方面对慈善组织的透明度进行统计分析：一是统计慈善组织平均得分情况，反映慈善组织透明度整体水平；二是计算透明度得分率，反映各项指标的达标情况；三是分析三类慈善组织的一级指标和二级指标得分率情况，剖析不同类型慈善组织信息披露较好和不足的领域；四是计算慈善组织之间的透明度得分差异指数；五是对慈善组织的透明度得分进行分类分析，将透明度得分在120分及以上的慈善组织划分为A等级，将90分（含）~120分的慈善组织划分为B等级，将90分以下的慈善组织划分为C等级；六是根据透明度总得分情况，对慈善组织进行排名，并发布透明度榜单。

---

① 截至2020年12月31日，广州全市有185家慈善组织，但广州市慈善组织社会监督委员会开展的透明度评价是针对2021年还存续的慈善组织2020年度透明度情况，因185家慈善组织中有2家于2021年注销，剩余183家，另外有3家在广东省民政厅登记注册的慈善组织，本文亦纳入统计范围，故此处为186家慈善组织。

三　广州慈善组织透明度评价结果

（一）参评慈善组织的基本概况

2020 年度，广州共有 186 家慈善组织参与透明度评价。其中，在广州市、区两级登记注册的慈善组织 183 家，占全部参评慈善组织数量的 98.39%。[①] 参评慈善组织的类型包括 95 家基金会、73 家社会团体和 18 家社会服务机构（见图 1）。从参评组织的登记层级来看，广州市级层面登记的慈善组织是主要构成部分，共有 133 家，占比 71.5%；区级层面上，在番禺区登记的慈善组织数量最多，共有 27 家，占参评慈善组织总数的 14.5%（见图 2）。

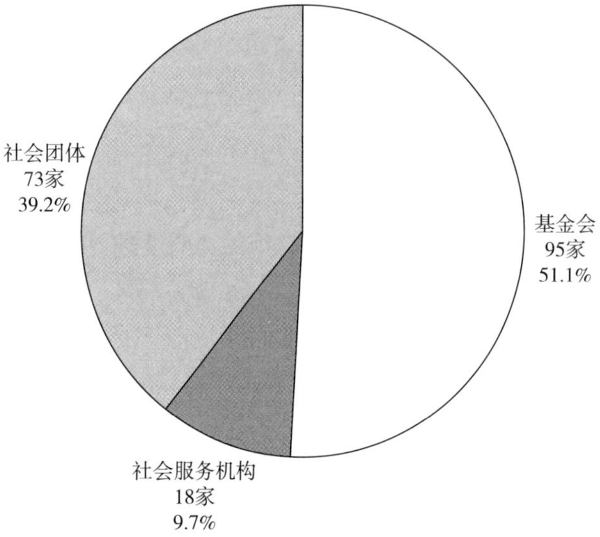

图 1　2020 年度参评慈善组织类型

① 在参评的 186 家慈善组织中，有 183 家在广州市、区两级民政部门登记注册，3 家在广东省级民政部门登记注册。广州市慈善组织社会监督委员会每年开展透明度评价，除了广州市登记的慈善组织参加外，也欢迎省级登记的慈善组织自愿参评。每年都有省级的慈善组织自愿参评。本文尊重并沿用这种评价惯例。

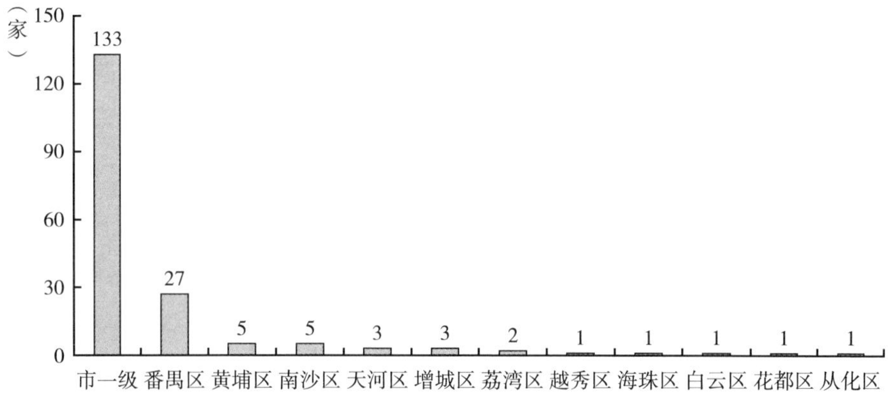

图2　2020年度广州市、区两级参评慈善组织数量分布

（二）慈善组织透明度整体表现

从表1可见，2020年度，186家慈善组织的透明度平均得分为110.45分（满分为150分），得分率为73.63%，较上年度得分率（68.19%）明显提高。超过一半的慈善组织透明度得分在113分及以上，较上年度分数（97分）提升明显。

表1　2020年度慈善组织透明度总体情况

指标	平均值	中位值	最小值	最大值
分数	110.45	113.00	14.75	148.00
得分率(%)	73.63	75.33	9.83	98.67

从组织类型来看，慈善组织中基金会的透明度得分最高，达到114.90分；社会服务机构的透明度平均得分为113.36分，社会团体的透明度平均得分为103.94分。从差异度指标来看，社会服务机构之间的得分差异最小，为14.55分；社会团体的得分差异最大，为31.69分（见图3）。

根据透明度等级划分标准，由高到低将透明度划分为A、B、C三个等级。在全部参评慈善组织中，透明度为A等级的61家，占比32.80%；获

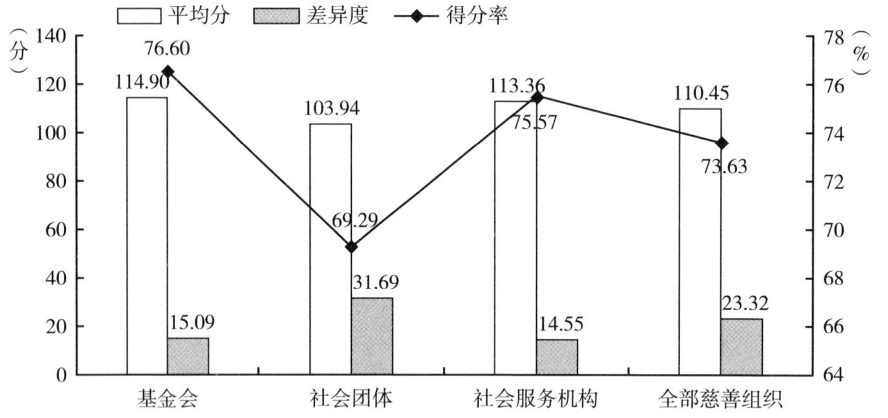

图3　2020年度慈善组织透明度整体表现

得B等级的105家，占比56.45%；获得C等级的有20家，占比10.75%。由此可见，慈善组织透明度得分整体较高，在B等级及以上的组织占比为89.25%。进一步分析不同类型的慈善组织得分情况，结果显示，97.89%的基金会透明度在B等级及以上；社会团体中透明度属于C等级的组织数量占比较高，为23.29%，高于基金会和社会服务机构处于该等级的比例；社会服务机构中，获得A等级的组织占比55.56%，超过一半且高于基金会和社会团体这一比例（见图4）。

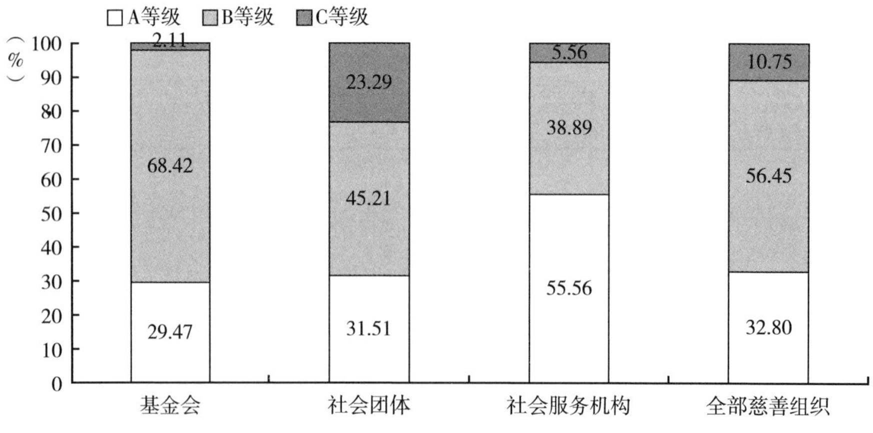

图4　2020年度慈善组织透明度评价等级分布

慈善组织透明度评价体系包括“基础指标”和“进阶指标”两大指标，满分分别为100分和50分。其中，基金会的基础指标得分率为89.45%，进阶指标得分率为50.90%。社会团体的基础指标和进阶指标得分率分别为77.84%和52.20%；另外，其透明度得分差异指数均高于基金会和社会服务机构，说明社会团体之间的得分差异较大，造成平均得分率不高。社会服务机构的基础指标和进阶指标得分率分别为85.56%和55.62%，且两类指标得分差异指数均为同指标中的最小值。整体而言，2020年度基金会和社会服务机构的基础指标平均得分率较高，但进阶指标得分率均在50%左右，还有待进一步提高；社会团体无论是基础指标得分率还是进阶指标得分率，都需进一步提高（见表2）。

表2　2020年度慈善组织基础指标和进阶指标得分情况

组织类型	基础指标得分（100分）			进阶指标得分（50分）		
	平均分	得分率(%)	透明度得分差异指数	平均分	得分率(%)	透明度得分差异指数
基金会	89.45	89.45	9.20	25.45	50.90	7.93
社会团体	77.84	77.84	21.16	26.10	52.20	11.48
社会服务机构	85.56	85.56	8.42	27.81	55.62	7.22

（三）慈善组织透明度一级指标得分情况

慈善组织透明度评价指标体系中的基础指标包含“基本信息”“治理信息”“业务信息”“财务信息”四类一级指标。在进阶指标中，对三类慈善组织的评价略有差异，均包含“治理信息”“社会互动反馈”“其他”三大类，社会团体和社会服务机构还包含“基本信息”得分。由于三类慈善组织本身的特点，评价体系在各项的分值上存在差异，基金会业务信息指标所占比重比其他两类低，财务信息指标所占比重更高。以下按照组织类型，分别分析三种类型慈善组织一级指标得分情况。

1. 基金会一级指标得分情况

表3数据显示，95家基金会的基础指标得分率较高，进阶指标的得分率还有待进一步提升。具体来看，基础指标中“基本信息”、“业务信息”和“财务信息”分别实现89.38%、95.52%、96.70%的得分率，且三个指标的透明度得分差异较低，说明各个基金会在这三个方面的公开透明程度较高。与2019年度相比，基础指标中“业务信息”的得分率显著提高，由84.30%提高至95.52%。其余三个指标始终保持在较高的水平。进阶指标方面，“治理信息”得分率为62.82%，低于2019年度的79.60%，而“社会互动反馈”较2019年度有所提高，达到52.52%。

表3 2020年度基金会一级指标得分情况

指标类型		基金会版(满分150分)	
一级指标	平均分	得分率(%)	透明度得分差异指数
基础指标(100分)			
A基本信息(16分)	14.30	89.38	1.52
B治理信息(30分)	23.25	77.50	3.67
C业务信息(27分)	25.79	95.52	2.71
D财务信息(27分)	26.11	96.70	2.78
进阶指标(50分)			
B治理信息(17分)	10.68	62.82	1.65
E社会互动反馈(27分)	14.18	52.52	6.24
F其他(6分)	0.59	9.83	1.17

总体而言，2020年度广州基金会在推进透明度建设过程中主要呈现如下特点：第一，基金会在数量上构成广州慈善组织的主体，其信息公开情况很大程度上影响整个慈善组织的透明度水平，应予以更大的重视；第二，基金会的“基本信息”“业务信息”“财务信息”透明度较高，且差异度较小，说明基金会的信息公开机制已日趋完善，并保持较为稳定的状态；第三，“社会互动反馈”的公开情况与上年度相比虽有提升，但得分率仍相对较低，这要求基金会进一步加强与捐赠人、受益人以及社会公众的沟通交流，积极拓展信息公开多元化渠道。

2. 社会团体一级指标得分情况

表4数据显示，社会团体这一组织形式的慈善组织在“基本信息”“业务信息”“财务信息”方面的公开程度较高，但“治理信息”的公开程度还有待进一步提高，基础指标和进阶指标中的治理信息得分率仅为59.07%和57.73%。另外，社会团体的“社会互动反馈”得分率为54.56%，透明度得分差异指数为7.35，反映了该项信息的公开程度不足且机构之间公开程度差异较大。

表4　2020年度社会团体一级指标得分情况

指标类型		社会团体版(满分150分)	
一级指标	平均分	得分率(%)	透明度得分差异指数
基础指标(100分)			
A 基本信息(16分)	13.81	86.31	1.62
B 治理信息(30分)	17.72	59.07	7.88
C 业务信息(29分)	23.99	82.72	6.94
D 财务信息(25分)	22.32	89.28	6.70
进阶指标(50分)			
A 基本信息(2分)	1.84	92.00	0.55
B 治理信息(15分)	8.66	57.73	3.34
E 社会互动反馈(27分)	14.73	54.56	7.35
F 其他(6分)	0.88	14.67	1.60

总体而言，2020年度社会团体类慈善组织在推进透明度建设过程中主要呈现以下几个方面的特点：第一，基础指标中“基本信息”“业务信息”“财务信息”的透明度已达到相对较高的水平，但整体上低于基金会的透明度水平。考察透明度得分差异指数可知，主要是由于部分社会团体的披露信息不充分，拉低了整体水平。第二，与基金会相类似，进阶指标中的“治理信息”和“社会互动反馈”这两项得分均不高，社会团体的治理信息、社会互动反馈信息公开仍显不足，存在较大短板。

3. 社会服务机构一级指标得分情况

社会服务机构这一组织形式的慈善组织一级指标得分情况如表5所示。

在基础指标方面，“基本信息”和“财务信息”透明度得分率均在90%以上，继续保持较高的透明度水平，并且各组织之间透明度差异极小。由此可见，社会服务机构类慈善组织在这两个方面已建立了较为完善的信息公开机制。“治理信息”透明度得分率为71.66%，有较大的改进空间。在进阶指标方面，除“基本信息”外，各级指标得分率均低于60%，但较上年度均有所提高。

表5　2020年度社会服务机构一级指标得分情况

指标类型		社会服务机构版(满分150分)	
一级指标	平均分	得分率(%)	透明度得分差异指数
基础指标(100分)			
A基本信息(16分)	14.61	91.31	1.49
B治理信息(29分)	20.78	71.66	4.87
C业务信息(30分)	25.78	85.93	3.15
D财务信息(25分)	24.39	97.56	0.59
进阶指标(50分)			
A基本信息(2分)	2.00	100.00	0.00
B治理信息(15分)	8.28	55.20	1.85
E社会互动反馈(27分)	15.03	55.67	4.97
F其他(6分)	1.06	17.67	1.08

总体而言，2020年度社会服务机构类慈善组织在推进透明度建设过程中主要呈现以下几个方面的特点：第一，基础指标中“基本信息”和“财务信息”的透明度普遍较高，且差异度极小；第二，“治理信息”公开程度不高，是未来社会服务机构类慈善组织提升公开透明度需主要关注的方面；第三，“社会互动反馈”透明度低，差异指数较高，说明大部分社会服务机构在“动态更新”“与捐赠人、信托委托人互动及反馈情况”“与受益对象、社会公众互动及反馈情况”等方面仍有较大的提升空间。

（四）慈善组织透明度二级指标得分情况

1. 基金会二级指标得分情况

2020年度，基金会透明度二级指标得分情况如表6所示。

表 6　2020 年度基金会二级指标得分情况

	指标内容	平均分	得分率(%)	透明度得分差异指数
基础指标				
基本信息(16 分)	A1 基础信息(10 分)	9.13	91.30	1.33
	A2 联系方式(2 分)	1.19	59.50	0.35
	A3 年度报告(2 分)	1.99	99.50	0.10
	A4 慈善组织认定(1 分)	1.00	100.00	0.00
	A5 基本信息一致(1 分)	1.00	100.00	0.00
治理信息(30 分)	B1 党组织(5 分)	0.63	12.60	1.58
	B2 理事会(3 分)	2.84	94.67	0.48
	B3 秘书处(2 分)	1.92	96.00	0.26
	B4 监事会(2 分)	1.89	94.50	0.33
	B5 人力资源(2 分)	1.98	99.00	0.20
	B6 重要关联方(2 分)	1.96	98.00	0.29
	B7 机构运营(3 分)	2.96	98.67	0.32
	B8 制度建设(5 分)	3.15	63.00	1.48
	B9 重大事项报告及公开(6 分)	5.91	98.50	0.63
业务信息(27 分)	C1 募捐活动(12 分)	11.85	98.75	1.24
	C2 慈善项目(11 分)	10.57	96.09	1.23
	C3 慈善信托(2 分)	1.98	99.00	0.20
	C4 利益相关方(2 分)	1.39	69.50	0.58
财务信息(27 分)	D1 财务管理(3 分)	2.39	79.67	0.73
	D2 投资活动和资产风险防范(8 分)	7.92	99.00	0.82
	D3 财务报告(14 分)	13.82	98.71	1.44
	D4 审计报告(2 分)	1.98	99.00	0.20
进阶指标				
治理信息(17 分)	B10 公开受益人资助信息(2 分)	0.85	42.50	0.97
	B7 机构运营(15 分)	9.83	65.53	1.18
社会互动反馈(27 分)	E1 动态更新(6 分)	3.85	64.17	1.98
	E2 新闻发言人情况(4 分)	1.85	46.25	1.30
	E3 与捐赠人、信托委托人互动及反馈情况(7 分)	2.47	35.29	2.05
	E4 与受益对象、社会公众互动及反馈情况(6 分)	2.02	33.67	2.43
	E5 监督问题跟进情况(4 分)	3.98	99.50	0.20
其他(6 分)	F1 其他(6 分)	0.59	9.83	1.17
	F2 不得公开的信息(0 分)	0.00	—	—

从基本信息公开程度来看，除了“联系方式”外，各类二级指标均获得了较高的得分率，且差异指数较小。其中，“慈善组织认定”和“基本信息一致”得分率均为100%；“基础信息”和“年度报告”信息的公开程度也很高，分别达到91.30%和99.50%。基本信息透明度高，主要得益于广州市民政局和广州市社会组织管理局有力推进社会组织信息平台建设工作，为社会组织信息公示提供有效渠道。基金会的“联系方式”透明度得分率仍有待提升，未公布联系方式或联系方式失效是基金会存在的主要问题。

关于治理信息的公开情况，各类二级指标透明度得分率差异较大。其中，“理事会”“秘书处”“监事会”“人力资源”“重要关联方”“机构运营”“重大事项报告及公开”方面的透明度较高，得分率在90%以上。此外，“党组织”信息披露相对不足，得分率仅为12.60%，需要予以强化。

关于业务信息的公开情况，基金会整体表现良好。其中，“募捐活动”“慈善项目”“慈善信托”信息的透明度得分率都在90%以上，但“利益相关方”方面的信息公开程度还较低，得分率为69.50%，是下一阶段需加强的环节之一。

财务信息透明度方面，除“财务管理”部分外，基金会的“投资活动和资产风险防范”“财务报告”“审计报告”信息公开方面已基本实现全透明化，相关财务信息易于查询，但发布的时效性还有待提高。

从社会互动反馈信息公开程度来看，除“监督问题跟进情况”得分率为99.50%外，“动态更新”“新闻发言人情况”“与捐赠人、信托委托人互动及反馈情况”“与受益对象、社会公众互动及反馈情况”都是未来基金会信息公开需要重点加强的环节。

整体而言，基金会信息公开当前主要依赖于政府信息平台及相关法律法规要求，自发公开信息和及时发布信息的动力仍显不足，这应成为下一阶段推动基金会信息化、数字化建设的重点。

2. 社会团体二级指标得分情况

2020年度，社会团体透明度二级指标得分情况如表7所示。

表 7　2020 年度社会团体二级指标得分情况

	指标内容	平均分	得分率(%)	透明度得分差异指数
基础指标				
基础信息(16 分)	A1 基础信息(10 分)	8.71	87.10	1.22
	A2 联系方式(2 分)	1.19	59.50	0.43
	A3 年度报告(2 分)	1.92	96.00	0.27
	A4 慈善组织认定(1 分)	1.00	100.00	0.00
	A5 基本信息一致(1 分)	1.00	100.00	0.00
治理信息(30 分)	B1 党组织(5 分)	1.04	20.80	1.99
	B2 理事会(3 分)	1.92	64.00	0.89
	B3 秘书处(1 分)	0.91	91.00	0.28
	B4 监事会(2 分)	0.73	36.50	0.83
	B5 人力资源(2 分)	1.84	92.00	0.55
	B6 重要关联方(2 分)	1.78	89.00	0.62
	B7 机构运营(1 分)	0.68	68.00	0.32
	B8 制度建设(4 分)	1.79	44.75	1.50
	B9 重大事项报告及公开(6 分)	4.79	79.83	1.60
	B10 会员管理(4 分)	2.23	55.75	1.52
业务信息(29 分)	C1 募捐活动(13 分)	12.08	92.92	3.28
	C2 慈善项目(10 分)	7.86	78.60	2.55
	C3 慈善信托(2 分)	1.81	90.50	0.59
	C4 利益相关方(4 分)	2.25	56.25	1.58
财务信息(25 分)	D1 财务管理(3 分)	2.15	71.67	0.82
	D2 投资活动和资产风险防范(8 分)	7.34	91.75	2.20
	D3 财务报告(12 分)	10.99	91.58	3.29
	D4 审计报告(2 分)	1.84	92.00	0.55
进阶指标				
基本信息(2 分)	A1 基础信息(2 分)	1.84	92.00	0.55
治理信息(15 分)	B11 公开受益人资助信息(2 分)	0.74	37.00	0.97
	B7 机构运营(13 分)	7.92	60.92	2.79
社会互动反馈(27 分)	E1 动态更新(6 分)	3.48	58.00	2.43
	E2 新闻发言人情况(4 分)	1.89	47.25	1.48
	E3 与捐赠人、信托委托人互动及反馈情况(7 分)	2.54	36.29	2.41
	E4 与受益对象、社会公众互动及反馈情况(6 分)	2.85	47.50	2.34
	E5 监督问题跟进情况(4 分)	3.97	99.25	0.23
其他(6 分)	F1 其他(6 分)	0.88	14.67	1.60
	F2 不得公开的信息(0 分)	0.00	—	—

从基本信息公开程度来看，“慈善组织认定”和“基本信息一致”已达到100%的公开率；“基础信息”和“年度报告”得分率也高达87.10%和96.00%；与基金会相类似，社会团体的“联系方式”公开程度也较低，得分率仅为59.50%。因此，社会团体联系人及相关信息的公开是未来透明度建设的重点工作之一。

从治理信息公开程度来看，各类二级指标透明度得分率差异明显。其中“秘书处”“人力资源”“重要关联方”透明度较高，分别为91.00%、92.00%和89.00%。“理事会”“监事会”“机构运营”“制度建设”“会员管理”等方面的公开程度还有待提高。此外，“党组织”和“公开受益人资助信息”是社会团体信息公开程度相对较低的两项内容。

在业务信息公开程度方面，“募捐活动”和“慈善信托”得分率均在90%以上，但“利益相关方”得分率较低，仅为56.25%。

在财务信息公开方面，“投资活动和资产风险防范”“财务报告”“审计报告”信息公开已经较完善，得分率均在90%以上，但“财务管理”透明度还需进一步提升。

在社会互动反馈信息公开方面，除“监督问题跟进情况”得分率为99.25%之外，“动态更新”“新闻发言人情况”“与捐赠人、信托委托人互动及反馈情况”“与受益对象、社会公众互动及反馈情况”都是未来社会团体信息公开需要重点突破的环节。整体而言，2019年度透明度得分较高的指标，2020年度仍保持较高的得分率，但2019年度得分率较低的指标改善程度仍旧较小。

3. 社会服务机构二级指标得分情况

2020年度，社会服务机构透明度二级指标得分情况如表8所示。

从基本信息公开程度来看，除了“联系方式”外，其余指标透明度得分率普遍较高。“年度报告”“慈善组织认定”“基本信息一致”方面的信息透明度得分率均已达到100%。

从治理信息公开程度来看，各类二级指标透明度差异明显。其中，“理事会”“执行团队”“人力资源”“重要关联方”“重大事项报告及公开”得分率已达到较高水平，得分率均在85%以上，但“监事会”“机构运营”“制度建设”“公开受益人信息”方面的透明度还有待提升。目前，“党组织”信息公开是相对薄弱的环节，得分率仅为27.80%。

表8　2020年度社会服务机构二级指标得分情况

	指标内容	平均分	得分率(%)	透明度得分差异指数
基础指标				
基本信息(16分)	A1 基础信息(10分)	9.22	92.20	1.27
	A2 联系方式(2分)	1.39	69.50	0.46
	A3 年度报告(2分)	2.00	100.00	0.00
	A4 慈善组织认定(1分)	1.00	100.00	0.00
	A5 基本信息一致(1分)	1.00	100.00	0.00
治理信息(29分)	B1 党组织(5分)	1.39	27.80	2.24
	B2 理事会(3分)	2.72	90.67	0.30
	B3 执行团队(2分)	2.00	100.00	0.00
	B4 监事会(2分)	1.50	75.00	0.50
	B5 人力资源(2分)	2.00	100.00	0.00
	B6 重要关联方(2分)	2.00	100.00	0.00
	B7 机构运营(1分)	0.67	67.00	0.47
	B8 制度建设(6分)	3.25	54.17	1.97
	B9 重大事项报告及公开(6分)	5.25	87.50	0.75
业务信息(30分)	C1 募捐活动(11分)	11.00	100.00	0.00
	C2 慈善项目(13分)	9.67	74.38	2.62
	C3 慈善信托(2分)	2.00	100.00	0.00
	C4 利益相关方(4分)	3.11	77.75	1.10
财务信息(25分)	D1 财务管理(3分)	2.44	81.33	0.50
	D2 投资活动和资产风险防范(8分)	8.00	100.00	0.00
	D3 财务报告(12分)	11.94	99.50	0.23
	D4 审计报告(2分)	2.00	100.00	0.00
进阶指标				
基本信息(2分)	A1 基础信息(2分)	2.00	100.00	0.00
治理信息(15分)	B10 公开受益人资助信息(2分)	1.22	61.00	0.97
	B7 机构运营(13分)	7.06	54.31	1.22

续表

	指标内容	平均分	得分率(%)	透明度得分差异指数
社会互动反馈(27分)	E1 动态更新(6分)	4.33	72.17	1.97
	E2 新闻发言人情况(4分)	1.44	36.00	1.46
	E3 与捐赠人、信托委托人互动及反馈情况(7分)	2.75	39.29	2.02
	E4 与受益对象、社会公众互动及反馈情况(6分)	4.06	67.67	1.78
	E5 监督问题跟进情况(4分)	3.89	97.25	0.46
其他(6分)	F1 其他(6分)	1.06	17.67	1.08
	F2 不得公开的信息(0分)	0.00	—	—

在业务信息公开程度方面，“募捐活动”和“慈善信托”的透明度得分率已经达到100%，信息公开程度高。“慈善项目”和“利益相关方”得分率不到80%，还需进一步改善。

从财务信息公开程度来看，除“财务管理”的透明度得分率为81.33%外，“投资活动和资产风险防范”“财务报告”“审计报告”信息公开已经较为完善，得分率接近或达到100%。

从社会互动反馈信息公开程度来看，除“监督问题跟进情况”得分率为97.25%外，“动态更新”“与受益对象、社会公众互动及反馈情况”方面的信息公开程度还需进一步提升。此外，“新闻发言人情况”及“与捐赠人、信托委托人互动及反馈情况”得分率均在40%以下，是社会服务机构今后重点提升透明度水平的领域。

（五）慈善组织透明度历年变化趋势

2017～2020年度，广州慈善组织透明度呈现稳步提升趋势，平均分提升19.25分，得分率由60.80%提升至73.63%（见图5）。透明度得分率的提高主要得益于连续参评慈善组织信息公开程度的不断提升，充分体现了透明度评价在推动慈善组织透明度建设中所发挥的持续改进作用和价值。

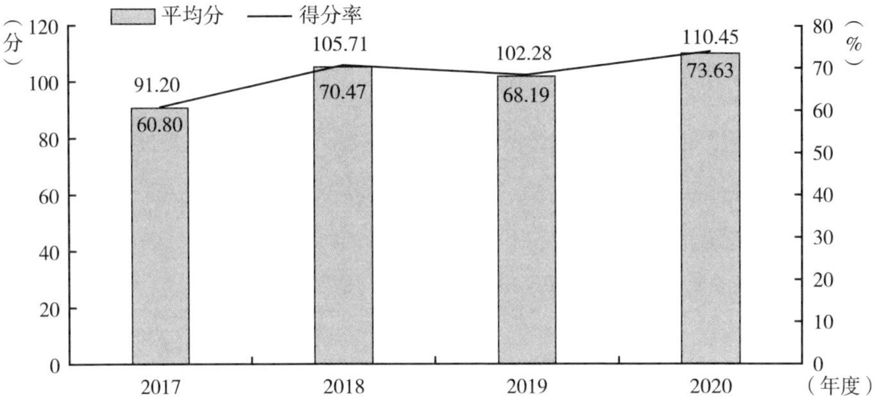

图5　2017～2020 年度慈善组织透明度变化

此外，2017～2020 年度，广州市慈善组织中透明度评价获得 A 等级的慈善组织数量逐年增加，占比累计提升 10.39 个百分点（见图 6）。同样，获评 A 等级组织比例的提高，主要得益于连续参评慈善组织信息公开程度的提升。

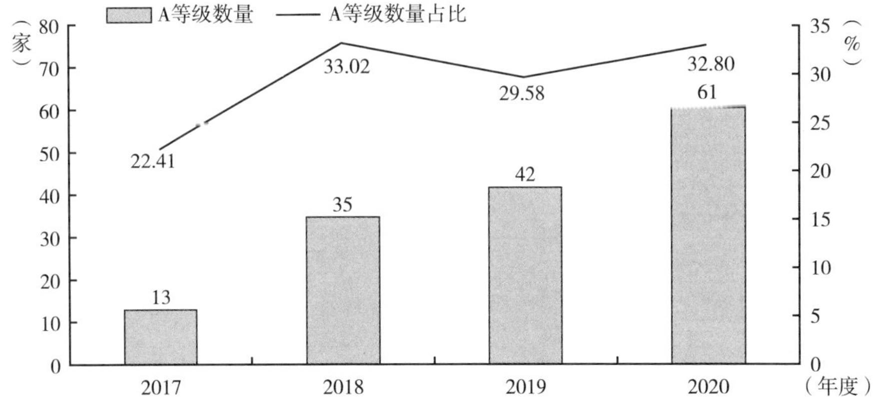

图6　2017～2020 年度获得透明度评价 A 等级的慈善组织数量变化

四 广州慈善组织透明度排行榜

（一）慈善组织透明度排行榜

2020 年度，广州 186 家慈善组织中透明度评价为 A 等级的有 61 家，B 等级有 105 家，C 等级有 20 家，详见表 9、表 10、表 11。

表 9 2020 年度广州慈善组织透明度排行榜（A 级）

序号	机构名称	组织类型	2020 年度等级	分数	与 2019 年度相比变动情况
1	广州市慈善会	社会团体	A	148.00	↑
2	广东公益恤孤助学促进会	社会团体	A	148.00	↑
3	广州市从化区慈善会	社会团体	A	147.00	—
4	广州市番禺区慈善会	社会团体	A	146.50	↑
5	广州市海珠区慈善会	社会团体	A	145.00	↑
6	广州市利世慈善基金会	基金会	A	143.00	↓
7	广州市妇女儿童福利会	社会团体	A	143.00	↑
8	广州法泽社区公益基金会	基金会	A	142.00	↓
9	广州市志鲲公益慈善基金会	基金会	A	142.00	↑
10	广州市黄埔区慈善会	社会团体	A	142.00	↑
11	广州市欢聚时代公益慈善基金会	基金会	A	141.50	↑
12	广州市乐善助学促进会	社会团体	A	140.00	↓
13	广州市华新公益基金会	基金会	A	139.50	↑
14	广州市仁信慈善基金会	基金会	A	137.50	↑
15	广州市花都区慈善会	社会团体	A	137.00	↑
16	广州市伟博儿童福利基金会	基金会	A	136.50	↑
17	广州市特殊儿童发展促进会	社会团体	A	135.50	↑
18	广州市阳光关爱脑卒中患者康复志愿者协会	社会团体	A	135.00	↑
19	广州市善爱老年人协会	社会团体	A	134.00	↑
20	广州市益蕊慈善基金会	基金会	A	134.00	↑
21	广州市白云区慈善会	社会团体	A	134.00	↑
22	广州市红棉肿瘤和罕见病公益基金会	基金会	A	133.50	新增
23	广州市慧基金慈善基金会	基金会	A	133.00	↑

续表

序号	机构名称	组织类型	2020 年度等级	分数	与 2019 年度相比变动情况
24	广州市暨海慈善基金会	基金会	A	133.00	↑
25	广州农商银行太阳公益基金会	基金会	A	133.00	↑
26	广州市善城社区公益基金会	基金会	A	132.50	↑
27	广州社联困境儿童关爱中心	社会服务机构	A	132.00	↑
28	广州市增城区慈善会	社会团体	A	131.50	↑
29	广州市亚商善行公益促进会	社会团体	A	130.50	↑
30	广州欧初文化教育基金会	基金会	A	129.00	↓
31	广州市合木残障公益创新中心	社会服务机构	A	128.00	↑
32	广州市残疾人福利基金会	基金会	A	127.50	新增
33	广州国际交流合作基金会	基金会	A	127.50	↓
34	广州市天河区慈善会	社会团体	A	127.50	↑
35	广州悦尔公益基金会	基金会	A	127.00	新增
36	广州市黄埔区社会建设促进会	社会团体	A	127.00	新增
37	广州市生命绿洲公益服务中心	社会服务机构	A	126.50	↑
38	广州市广益联合募捐发展中心	社会服务机构	A	126.00	↓
39	广州市增城区爱心公社社区志愿中心	社会服务机构	A	125.50	新增
40	广州市为本社会心理慈善服务中心	社会服务机构	A	125.00	↑
41	广州市励善公益基金会	基金会	A	125.00	↑
42	广州市天河区小匡艺术促进中心	社会服务机构	A	125.00	↑
43	广州市信诚公益基金会	基金会	A	124.50	新增
44	广州市新新济困公益基金会	基金会	A	124.00	↑
45	广州市新禾助学促进会	社会团体	A	124.00	↑
46	广州市金丝带特殊儿童家长互助中心	社会服务机构	A	124.00	新增
47	广州市东升实业慈善基金会	基金会	A	123.00	↑
48	广州市白云公安民警基金会	基金会	A	123.00	↑
49	广州市长鹿六脉慈善基金会	基金会	A	123.00	↑
50	广州市正佳慈善基金会	基金会	A	122.50	新增
51	广州万江文化公益促进会	社会团体	A	122.50	↑
52	广州市苗圃行动公益基金会	基金会	A	122.50	↑
53	广州市素食慈善协会	社会团体	A	122.00	↑
54	广州市黄埔区互助公益协会	社会团体	A	122.00	↑
55	广州市见义勇为基金会	基金会	A	121.50	新增
56	广州市菁华园艺疗法公益发展中心	社会服务机构	A	121.00	新增

续表

序号	机构名称	组织类型	2020 年度等级	分数	与 2019 年度相比变动情况
57	广州市婷美小屋公益基金会	基金会	A	120.50	↓
58	广州市福缘公益慈善基金会	基金会	A	120.50	↓
59	广州市南沙区慈善会	社会团体	A	120.00	—
60	广州市越秀区齐志社会工作服务中心	社会服务机构	A	120.00	新增
61	广州市春草助学促进会	社会团体	A	120.00	↑

表 10　2020 年度广州慈善组织透明度排行榜（B 级）

序号	机构名称	组织类型	2020 年度等级	分数	与 2019 年度相比变动情况
1	广州市海珠公安民警基金会	基金会	B	119.50	↑
2	广州市益路同行慈善基金会	基金会	B	119.00	新增
3	广州市羊城暖蓉公益基金会	基金会	B	119.00	新增
4	广州市春芽公益基金会	基金会	B	119.00	↑
5	广州市广州医科大学南山教育发展基金会	基金会	B	119.00	↑
6	广州市候鸟慈善基金会	基金会	B	119.00	↑
7	广州市正心慈善基金会	基金会	B	118.50	新增
8	广州市心和塾公益基金会	基金会	B	118.50	新增
9	广州市祥云公益基金会	基金会	B	118.25	新增
10	广州镇泰慈善基金会	基金会	B	118.00	↑
11	广州市思迪玛维公益基金会	基金会	B	118.00	新增
12	广州市增城实验中学教育发展基金会	基金会	B	116.50	新增
13	广州市中大情教育基金会	基金会	B	116.50	新增
14	广州市黄埔公安民警基金会	基金会	B	116.00	↑
15	广州市中食安泓爱心公益基金会	基金会	B	116.00	新增
16	广州尚贤慈善基金会	基金会	B	115.50	新增
17	广州市黎民公益慈善基金会	基金会	B	115.50	↑
18	广州市大树下助学促进会	社会团体	B	115.50	↑
19	广州市番禺区化龙镇慈善会	社会团体	B	115.00	↑
20	广州市羊城军民融合发展基金会	基金会	B	115.00	↓

续表

序号	机构名称	组织类型	2020 年度等级	分数	与 2019 年度相比变动情况
21	广州市番禺区大石街社区社会组织联合会	社会团体	B	114.75	↑
22	广州市欧派公益基金会	基金会	B	114.00	新增
23	广州市番禺公安民警基金会	基金会	B	114.00	↑
24	广州市花都公安民警基金会	基金会	B	114.00	↑
25	广州市厚德教育慈善基金会	基金会	B	114.00	↑
26	广州市阳光青藤爱心促进会	社会团体	B	113.50	新增
27	广州大源公益基金会	基金会	B	113.50	新增
28	广州六中教育发展基金会	基金会	B	113.50	新增
29	广州市常行敬老志愿服务协会	社会团体	B	113.50	新增
30	广州市美赞臣公益基金会	基金会	B	113.00	新增
31	广州市越秀教育发展基金会	基金会	B	113.00	↑
32	广州市艺助春雨慈善基金会	基金会	B	113.00	↑
33	广州市天河公安民警基金会	基金会	B	113.00	↑
34	广州一百零八度公益基金会	基金会	B	112.75	↑
35	广州市三十七度公益促进会	社会团体	B	112.50	↓
36	广州市南海中学致远教育基金会	基金会	B	112.00	↑
37	广州市越秀公安民警基金会	基金会	B	112.00	↑
38	广州市健佳慈善基金会	基金会	B	112.00	↑
39	广州市真光教育慈善基金会	基金会	B	112.00	↑
40	广州市拾光公益基金会	基金会	B	111.50	新增
41	广州市蜜的未来公益服务中心	社会服务机构	B	111.50	新增
42	广州市普康慈善基金会	基金会	B	111.50	↑
43	广州市狮王教育慈善基金会	基金会	B	111.00	↑
44	广州市番禺区石楼镇社区社会组织联合会	社会团体	B	111.00	↑
45	广州市荔湾区泓伟慈善促进会	社会团体	B	111.00	新增
46	广州市侨银慈善基金会	基金会	B	110.50	新增
47	广州市荔湾公安民警基金会	基金会	B	110.50	↑
48	广州南沙国际金融论坛基金会	基金会	B	109.50	新增
49	广州市番禺区南村镇慈善会	社会团体	B	109.00	新增
50	广州市珠光霭德公益基金会	基金会	B	109.00	新增
51	广州市流溪中学教育基金会	基金会	B	109.00	新增

续表

序号	机构名称	组织类型	2020 年度等级	分数	与 2019 年度相比变动情况
52	广州市天省教育发展基金会	基金会	B	108. 50	↑
53	广州市番禺区南村镇社区社会组织联合会	社会团体	B	108. 50	新增
54	广州市天河区米公益服务中心	社会服务机构	B	108. 00	↑
55	广州市番禺区沙头街慈善会	社会团体	B	107. 75	↓
56	广州市金宏利慈善基金会	基金会	B	107. 50	↑
57	广州市增城公安民警基金会	基金会	B	107. 50	↑
58	广州市加泰慈善基金会	基金会	B	107. 50	↑
59	广州市龙星慈善基金会	基金会	B	107. 00	↑
60	广州市暖加公益促进会	社会团体	B	107. 00	↑
61	广州市慈航慈善基金会	基金会	B	106. 50	↑
62	广州市海星公益基金会	基金会	B	106. 00	↑
63	广州市黄埔区长乐公益协会	社会团体	B	106. 00	↓
64	广州市番禺区桥南街慈善会	社会团体	B	106. 00	↓
65	广州市从化公安民警基金会	基金会	B	105. 75	新增
66	广州市振成慈善基金会	基金会	B	105. 50	新增
67	广州大自然社区健康公益协会	社会团体	B	105. 50	↓
68	广州市恒天下球迷公益促进会	社会团体	B	105. 00	↑
69	广州协和教育发展基金会	基金会	B	104. 50	↑
70	广州市中弘慈善基金会	基金会	B	104. 00	新增
71	广州市启文教育基金会	基金会	B	104. 00	↑
72	广州市番禺区石碁镇慈善会	社会团体	B	104. 00	↓
73	广州市雪松公益基金会	基金会	B	103. 50	新增
74	广州市黄埔区善行慈爱会	社会团体	B	103. 50	↑
75	广州市番禺区化龙镇社区社会组织联合会	社会团体	B	103. 50	↓
76	广州市番禺区祈福爱心助学促进会	社会团体	B	103. 50	↑
77	广州市番禺区大学城联合助学促进会	社会团体	B	102. 25	新增
78	广州市丰硕乡村助学促进会	社会团体	B	102. 25	↑
79	广州市金珂扶持传统文化发展基金会	基金会	B	102. 00	↑
80	广州市番禺区市桥街社区社会组织联合会	社会团体	B	101. 50	↑

续表

序号	机构名称	组织类型	2020 年度等级	分数	与 2019 年度相比变动情况
81	广州市基盛慈善基金会	基金会	B	101.00	↑
82	广州市荔湾区众爱骑行公益发展中心	社会服务机构	B	101.00	↑
83	广州市医事助医公益促进会	社会团体	B	100.50	↑
84	广州市高然慈善基金会	基金会	B	100.50	↑
85	广州市船说少儿文化基金会	基金会	B	100.00	↑
86	广州市合汇教育基金会	基金会	B	100.00	新增
87	广州市易娱公益基金会	基金会	B	99.50	↑
88	广州市同心圆慈善促进会	社会团体	B	99.50	↑
89	广州市番禺区桥南街社区社会组织联合会	社会团体	B	99.50	↑
90	广州市万孚公益基金会	基金会	B	99.25	↑
91	广州市童行公益志愿服务中心	社会服务机构	B	99.00	↑
92	广州市南景公安民警基金会	基金会	B	98.50	↑
93	广州市善动力慈善基金会	基金会	B	97.75	↑
94	广州市视源公益慈善基金会	基金会	B	97.50	—
95	广州市羊城足球基金会	基金会	B	97.50	↑
96	广州市番禺区石碁镇社区社会组织联合会	社会团体	B	97.50	↑
97	广州市南沙区黄阁镇慈善会	社会团体	B	96.50	↑
98	广州市慈界助学扶困公益中心	社会服务机构	B	95.50	↑
99	广州市蓝海豚志愿服务协会	社会团体	B	95.50	↑
100	广州市联合公益发展中心	社会服务机构	B	94.50	↓
101	广州市大鸽饭公益助学中心	社会服务机构	B	93.00	↑
102	广州市德洋恩普为老服务公益促进会	社会团体	B	92.50	↓
103	广州市番禺区沙湾社区社会组织联合会	社会团体	B	91.50	↑
104	广州市星悦自闭症爱心协会	社会团体	B	90.50	↑
105	广州市番禺区新造镇社区社会组织联合会	社会团体	B	90.00	↑

表 11　2020 年度广州慈善组织透明度排行榜（C 级）

序号	机构名称	组织类型	2020 年度等级	与 2019 年度相比变动情况
1	广州市番禺区新造镇慈善会	社会团体	C	↑
2	广州市少年儿童发展研究会	社会团体	C	↑
3	广州市番禺区小谷围街慈善会	社会团体	C	↑
4	广州市番禺区沙头街社区社会组织联合会	社会团体	C	↑
5	广州市番禺区洛浦街社区社会组织联合会	社会团体	C	↓
6	广州市增城区区益链公益慈善协会	社会团体	C	↑
7	广州市南沙区东涌镇志愿者联合会	社会团体	C	↓
8	广州市尚品助学基金会	基金会	C	↓
9	广州市番禺区小谷围街社区社会组织联合会	社会团体	C	↓
10	广州市番禺区钟村街社区社会组织联合会	社会团体	C	↓
11	广州市爱达公益服务中心	社会服务机构	C	新增
12	广州市番禺区大龙街社区社会组织联合会	社会团体	C	↑
13	广州市南沙区南沙街芦湾村慈善会	社会团体	C	↑
14	广州市番禺区东环街社区社会组织联合会	社会团体	C	↓
15	广州市斑消宝公益基金会	基金会	C	新增
16	广州市国爱公益助学促进会	社会团体	C	↓
17	广州市悦善扶贫促进会	社会团体	C	新增
18	广州市风马扶贫济困促进会	社会团体	C	↓
19	广州市番禺区石壁街社区社会组织联合会	社会团体	C	↓
20	广州市番禺区东环街慈善会	社会团体	C	↓

（二）透明度前十位慈善组织名单

表 12 为 2020 年度透明度排名前十位的慈善组织名单，包含组织类型、年度得分和评价等级。前十位慈善组织包含 7 家社会团体和 3 家基金会。对比 2019 年度透明度前十位慈善组织情况，2020 年度前十榜单的组织中社会团体增加 1 家，社会服务机构减少 1 家。

表 12　2020 年度透明度前十位慈善组织名单

排名	机构名称	组织类型	2020 年度分数	2020 年度等级
1	广州市慈善会	社会团体	148.00	A
2	广东公益恤孤助学促进会	社会团体	148.00	A
3	广州市从化区慈善会	社会团体	147.00	A
4	广州市番禺区慈善会	社会团体	146.50	A
5	广州市海珠区慈善会	社会团体	145.00	A
6	广州市利世慈善基金会	基金会	143.00	A
7	广州市妇女儿童福利会	社会团体	143.00	A
8	广州法泽社区公益基金会	基金会	142.00	A
9	广州市志鲲公益慈善基金会	基金会	142.00	A
10	广州市黄埔区慈善会	社会团体	142.00	A

（三）透明度前十位基金会名单

表 13 为 2020 年度透明度排名前十位的基金会名单。前十名最低得分值为 133 分，较 2019 年度提高了 4 分。广州市利世慈善基金会继续位列榜首，透明度分数为 143 分。对比 2019 年度透明度前十位基金会情况，广州市利世慈善基金会、广州法泽社区公益基金会、广州市志鲲公益慈善基金会、广州市华新公益基金会、广州市伟博儿童福利基金会、广州市暨海慈善基金会继续蝉联榜首前十名。

表 13　2020 年度透明度前十位基金会名单

排名	机构名称	2020 年度分数	2020 年度等级
1	广州市利世慈善基金会	143.00	A
2	广州法泽社区公益基金会	142.00	A
3	广州市志鲲公益慈善基金会	142.00	A
4	广州市欢聚时代公益慈善基金会	141.50	A
5	广州市华新公益基金会	139.50	A
6	广州市仁信慈善基金会	137.50	A

续表

排名	机构名称	2020 年度分数	2020 年度等级
7	广州市伟博儿童福利基金会	136.50	A
8	广州市益蕊慈善基金会	134.00	A
9	广州市红棉肿瘤和罕见病公益基金会	133.50	A
10	广州市慧基金慈善基金会	133.00	A
10	广州市暨海慈善基金会	133.00	A

（四）透明度前十位社会团体名单

表 14 为 2020 年度透明度排名前十位的社会团体类慈善组织名单。广州市慈善会、广东公益恤孤助学促进会位列榜首，透明度分数为 148 分，较 2019 年度的榜首得分提高 1 分。对比 2019 年度透明度前十位社会团体情况，2020 年度位列前十的社会团体未变，榜单中的 10 家慈善组织始终保持较高的透明度。

表 14　2020 年度透明度前十位社会团体名单

排名	机构名称	2020 年度分数	2020 年度等级
1	广州市慈善会	148.00	A
2	广东公益恤孤助学促进会	148.00	A
3	广州市从化区慈善会	147.00	A
4	广州市番禺区慈善会	146.50	A
5	广州市海珠区慈善会	145.00	A
6	广州市妇女儿童福利会	143.00	A
7	广州市黄埔区慈善会	142.00	A
8	广州市乐善助学促进会	140.00	A
9	广州市花都区慈善会	137.00	A
10	广州市特殊儿童发展促进会	135.50	A

（五）透明度前五位[①]社会服务机构名单

表15为2020年度透明度排名前五位的社会服务机构类慈善组织名单。广州社联困境儿童关爱中心位列榜首，透明度分数为132分。前五名最低得分值由2019年度104分上升至125.50分，上涨幅度明显。对比2019年度情况，广州市合木残障公益创新中心、广州市生命绿洲公益服务中心和广州市广益联合募捐发展中心继续保持前五，新增广州社联困境儿童关爱中心和广州市增城区爱心公社社区志愿中心。

表15　2020年度透明度前五位社会服务机构名单

排名	机构名称	2020年度分数	2020年度等级情况
1	广州社联困境儿童关爱中心	132.00	A
2	广州市合木残障公益创新中心	128.00	A
3	广州市生命绿洲公益服务中心	126.50	A
4	广州市广益联合募捐发展中心	126.00	A
5	广州市增城区爱心公社社区志愿中心	125.50	A

（六）透明度进步前十名慈善组织名单

2020年度透明度进步前十名的慈善组织名单如表16所示。

表16　2020年度透明度进步前十名慈善组织名单

进步排名	机构名称	组织类型	2020年度分数	2019年度分数	增长分数
1	广州市善爱老年人协会	社会团体	134.00	99.00	35.00
2	广州市励善公益基金会	基金会	125.00	95.00	30.00
3	广州市春芽公益基金会	基金会	119.00	90.00	29.00
4	广州社联困境儿童关爱中心	社会服务机构	132.00	103.50	28.50
5	广州市候鸟慈善基金会	基金会	119.00	91.00	28.00

① 社会服务机构类慈善组织数量仅18家，因此取前五名。

续表

进步排名	机构名称	组织类型	2020年度分数	2019年度分数	增长分数
6	广州镇泰慈善基金会	基金会	118.00	91.00	27.00
7	广州市大树下助学促进会	社会团体	115.50	91.50	24.00
8	广州市生命绿洲公益服务中心	社会服务机构	126.50	104.00	22.50
9	广州市越秀教育发展基金会	基金会	113.00	90.50	22.50
10	广州市番禺公安民警基金会	基金会	114.00	92.00	22.00

2020年度透明度进步前十名慈善组织中，广州市善爱老年人协会进步最大，透明度评价得分提升35分，从B级升至A级。

（七）2017～2020年度连续获得A等级的慈善组织名单

2017～2020年度，共有10家慈善组织在连续四年透明度评价中均获得A等级，包含8家社会团体、1家基金会和1家社会服务机构（见表17）。

表17　2017～2020年度透明度均获得A等级的慈善组织名单

序号	机构名称	组织类型
1	广州市慈善会	社会团体
2	广州市从化区慈善会	社会团体
3	广州市番禺区慈善会	社会团体
4	广州市白云区慈善会	社会团体
5	广州市黄埔区慈善会	社会团体
6	广州市乐善助学促进会	社会团体
7	广东公益恤孤助学促进会	社会团体
8	广州市妇女儿童福利会	社会团体
9	广州市伟博儿童福利基金会	基金会
10	广州市广益联合募捐发展中心	社会服务机构

五　透明度评价主要结论及发展建议

（一）主要结论

2020年，面对突如其来的新冠肺炎疫情，广州慈善组织主动作为，积极参与疫情防控，彰显了慈善组织的使命和责任。经历疫情的考验，广州慈善组织不仅在重大突发事件中的应急响应能力得到明显提升，而且慈善组织的整体透明度水平较2019年度进一步提升，展现出良好的公信力，为新发展阶段持续推动广州慈善事业高质量发展奠定了坚实基础。

1. 慈善组织透明度平均分明显提升

2020年度，186家参评慈善组织的透明度平均得分为110.45分（满分为150分），得分率为73.63%，较2019年度的得分率（68.19%）明显提高。超过一半的慈善组织透明度得分在113分及以上，较上年度分数（97分）提升明显。

2. 慈善组织中基金会的透明度得分最高

基金会的透明度平均分达到114.90分；社会服务机构的透明度平均得分为113.36分，社会团体的透明度平均得分为103.94分。从差异度指标来看，社会服务机构之间的得分差异最小，为14.55分；社会团体的得分差异最大，为31.69分，反映出不同社会团体之间的透明度建设存在较大差距。

3. 慈善组织透明度得分整体较高

2020年度，在186家参评慈善组织中，透明度为A等级的有61家（透明度得分≥120分），占比32.80%；获得B等级的105家（90分≤透明度得分<120分），占比56.45%；获得C等级的有20家（透明度得分<90分），占比10.75%。慈善组织透明度得分整体较高，在B等级及以上的组织占比将近九成。

4. “基础指标”“进阶指标”差异明显

广州慈善组织透明度评价体系包括“基础指标”和“进阶指标”两大指标，满分分值分别为100分和50分。2020年度，基金会的基础指标得分率为89.45%，进阶指标得分率为50.90%；社会团体的基础指标和进阶指标得分率分别为77.84%和52.20%；社会服务机构的基础指标和进阶指标得分率分别为85.56%和55.62%。整体而言，2020年度基金会和社会服务机构的基础指标平均得分率较高，但进阶指标得分率均不足60%，还有待进一步提高；社会团体无论是基础指标得分率还是进阶指标得分率，都需进一步提高。此外，在基础指标中，基金会、社会服务机构和社会团体党组织建设情况的信息披露仍需加强。广州正在深入推进社会组织党的组织和党的工作从“有形覆盖”向“有效覆盖”转化，打造“党建强、服务强”社会组织创新发展共同体。可以预见，党组织建设的信息披露将得到很大改进，以高质量党建引领慈善组织高质量发展。

5. 慈善组织透明度连续4年稳步提升

2017～2020年度，广州慈善组织透明度呈现稳步提升趋势，平均分提升幅度达到19.25分，得分率由60.80%提升至73.64%。此外，2017～2020年度，透明度评价获得A等级的慈善组织数量逐年增加，占比提升10.39个百分点。慈善组织透明度得分率和A等级数量的提高主要得益于连续参评慈善组织信息公开程度的不断提升，充分体现了透明度评价在推动慈善组织透明度建设中所发挥的持续改进作用和价值。

（二）发展建议

“十四五”时期是广州实现老城市新活力、“四个出新出彩”，巩固提升城市发展位势的关键阶段。《广州市国民经济和社会发展第十四个五年规划和2035年远景目标纲要》明确提出“深化‘慈善之城’创建”①，慈善在广州城市整体发展战略中的定位和方向更加清晰和明确。本报告结合2020年度透明度评价结果及主要发现，提出如下几点发展建议。

1. 深入贯彻落实《广州市慈善促进条例》，增强慈善组织信息公开实效

2021年9月1日，《广州市慈善促进条例》正式施行，其中明确规定“慈善组织应当依法履行信息公开义务，并对公开信息的真实性负责”。与此同时，《广州市慈善促进条例》还作出了“鼓励和支持成立慈善行业社会监督机构”“民政部门应当建立开展慈善活动的社会组织评估制度，鼓励和

---

① 《广州市人民政府关于印发广州市国民经济和社会发展第十四个五年规划和2035年远景目标纲要的通知》，广州市人民政府门户网站，2021年5月19日，http：//www.gz.gov.cn/zwgk/fggw/szfwj/content/post_ 7288094.html。

支持第三方机构对该组织进行评估，并向社会公布评估结果”等一系列规定。[①] 因此，建议将慈善组织透明度评价工作与《广州市慈善促进条例》的贯彻落实紧密结合起来，全面提升慈善组织信息公开质量，构建与新发展阶段相适应的慈善组织透明度与公信力建设机制。

2. 鼓励和支持慈善组织依法开展募捐活动，在实践中持续提升透明度水平

2020 年度广州慈善组织透明度评价结果显示，慈善组织在“社会互动反馈”这一指标上的得分率相对偏低。其中，基金会的得分率为 52.52%，社会团体的得分率为 54.56%，社会服务机构的得分率为 55.67%，三类慈善组织得分率均未超过 60%。这一现状也说明广州慈善组织与捐赠人、受益对象、社会公众之间的互动和反馈机制还未有效建立。与北京、上海、深圳等超大型城市相比，广州当前具有公开募捐资格的慈善组织数量相对较少，并且尚没有具有公开募捐资格的基金会。绝大多数慈善组织没有直接发起和开展过面向社会公众的募捐活动，相应的捐赠人维护管理体系建设滞后，实践经验也较为缺乏。因此，在互联网时代，建议积极鼓励具备条件的慈善组织申请公开募捐资格，并发挥公募型慈善组织的平台作用，提升慈善组织社会多元资源动员能力，在具体实践中实现透明度的持续改进。

3. 以透明度建设为切入，全面支持基层慈善组织提升发展能力

在广州慈善组织体系中，主要在镇街地域范围内开展工作的慈善组织，如镇街慈善会、社区社会组织联合会等，其透明度评价等级大多处于 C 级和 B 级，仅有广州市增城区爱心公社社区志愿中心等个别组织获得 A 级。从这一状况也可以看出，基层慈善组织整体发展水平和管理能力仍处在较低阶段。迈入新发展阶段，大力推动社区慈善发展是基层治理创新的重要内容，《中共中央　国务院关于加强基层治理体系和治理能力现代化建设的意

① 《广州市慈善促进条例》，广州市民政局官网，2021 年 6 月 11 日，http://mzj.gz.gov.cn/zwgk/zfxxgkml/zfxxgkml/bmwj/qtwj/content/post_7328494.html。

见》特别强调“发展公益慈善事业”，并提出创新社区与社会组织、社会工作者、社区志愿者、社会慈善资源的联动机制。[①] 在此背景下，建议以透明度建设为切入，全面支持基层慈善组织提升管理能力，增强内在发展动力，不断夯实广州“慈善之城”创建的社会基础。

4. 探索开发慈善信托透明度评价指数，将慈善信托纳入透明度评价范畴

《中华人民共和国慈善法》实施以来，作为一种新的慈善模式，在广州市民政局备案的慈善信托单数逐年增加。截至2020年12月底，广州已备案慈善信托14单。[②] 根据《慈善信托管理办法》规定，民政部门和银行业监督管理机构应当及时向社会公开慈善信托备案事项、终止事项以及对慈善信托检查、评估的结果和对慈善信托受托人的行政处罚与监管措施的结果等信息。此外，受托人也应当在民政部门提供的信息平台上发布慈善信托设立情况说明、信托事务处理情况报告、财产状况报告以及慈善信托变更、终止事由等信息，并对信息的真实性负责。[③] 建议在慈善组织透明度评价实践的基础上，准确把握公益信托的发展特点，探索开发慈善信托透明度评价指标体系，将慈善信托逐步纳入透明度评价范畴，促进慈善信托的健康发展，推动其在广州慈善生态建设中发挥更加独特和重要的作用。

5. 加强慈善组织数字化能力建设，赋能慈善事业高质量发展

慈善组织的透明度水平一定程度上反映了组织自身的数字化能力。在数字化转型的大背景下，慈善组织难以置身事外。虽然目前就慈善组织的整体数量、资源体量等而言，谈论数字化这一主题略显宏大，但是在网络化、数字化、智能化已经成为经济社会发展必然趋势的情境下，慈善行业应充分重视数字化能力建设。与其他行业相比，慈善行业的数字化程度较低，对慈善组织的工作效率、创新能力、社会资源动员等均带来很大影响。2021年5

① 《中共中央 国务院关于加强基层治理体系和治理能力现代化建设的意见》，中国政府网，2021年4月28日，http：//www. gov. cn/xinwen/2021－07/11/content_ 5624201. htm。

② 参见慈善中国官网，https：//cszg. mca. gov. cn/platform/login. html。

③ 《慈善信托管理办法》，中国政府网，http：//www. gov. cn/gongbao/content/2017/content_ 5248242. htm。

月，广州市政府专门印发《广州市进一步加快智慧城市建设　全面推进数字化发展工作方案》，提出高标准打造数字政府、数字经济和数字社会三位一体的广州智慧城市。[①] 有鉴于此，慈善行业应抓住这一重大机遇，立足长远，积极适应数字化时代要求，不断提升慈善组织数字化能力，推动组织创新发展。

① 《广州建设“智慧之城”：数字政府、数字经济、数字社会三位一体》，广州市人民政府门户网站，http：//www. gz. gov. cn/xw/jrgz/content/post_ 7295188. html。

B.5

地方慈善立法创新的广州实践

——《广州市慈善促进条例》解读

丁 锋 张艺馨*

摘 要： 《广州市慈善促进条例》2021年9月1日起施行。条例的主要亮点和创新之处体现在8个方面：进一步明确适用范围；建立慈善工作联动机制；加大慈善组织培育扶持力度；全方位鼓励慈善活动参与主体；多渠道拓宽慈善活动参与平台；强化慈善人才队伍建设；鼓励和支持成立慈善行业社会监督机构；加大个人求助监管力度。本文就如何推动条例有效实施提出以下措施：加强法规宣传培训力度，形成依法兴善、依法治善的良好氛围；完善条例配套建设，统筹协调推进法规得到有效落实；积极配合做好《慈善法》修订工作，为《慈善法》的修订贡献广州力量。

关键词： 地方慈善立法 慈善法 广州市

党的十八大以来，以习近平同志为核心的党中央高度重视慈善事业发展，着力推动慈善法治化进程。2016 年 3 月，十二届全国人大四次会议审议通过了《中华人民共和国慈善法》（以下简称《慈善法》）[①]。党的十九大

---

* 丁锋，广州市民政局慈善事业促进和社会工作处处长；张艺馨，广州市民政局慈善事业促进和社会工作处一级主任科员。

① 《中华人民共和国慈善法》，中国政府网，2016 年 3 月 19 日，http：//www. gov. cn/zhengce/2016 －03/19/content_ 5055467. htm。

报告指出："要完善社会救助、社会福利、慈善事业、优抚安置等制度，健全农村留守儿童和妇女、老年人关爱服务体系。"① 十九届四中全会提出，"要统筹完善社会救助、社会福利、慈善事业、优抚安置等制度"，"重视发挥第三次分配作用，发展慈善等社会公益事业"。② 十九届五中全会进一步明确："发挥第三次分配作用，发展慈善事业，改善收入和财富分配格局。"③ 近年来，为深入落实《慈善法》，地方慈善立法进程明显加快。江苏、湖北、山东、山西等省份先后颁布实施地方慈善条例，浙江、安徽、江西、陕西等地也先后制定颁布实施相关办法。

为全面贯彻落实党的十八大、十九大、十九届四中全会、十九届五中全会精神，充分发挥慈善事业作为第三次分配的作用，推动广州市慈善事业高质量发展，广州积极推进慈善领域立法，并取得了重大突破，《广州市慈善促进条例》（以下酌情简称《条例》）经 2021 年 3 月 30 日广州市第十五届人民代表大会常务委员会第四十七次会议通过，2021 年 5 月 26 日广东省第十三届人民代表大会常务委员会第三十二次会议批准，于 2021 年 9 月 1 日起施行。④

一 《广州市慈善促进条例》出台背景

（一）完善慈善事业法律法规制度的需要

《广州市募捐条例》自 2012 年 5 月 1 日起施行，至今已 9 年。在《慈善法》正式施行前，《广州市募捐条例》对推动广州市慈善事业的发展起到

① 《习近平：决胜全面建成小康社会　夺取新时代中国特色社会主义伟大胜利》，央广网，2017 年 10 月 29 日，http：//military. cnr. cn/zgjq/20171029/t20171029_ 524004021. html。

② 《中共中央关于坚持和完善中国特色社会主义制度　推进国家治理体系和治理能力现代化若干重大问题的决定》，人民网，2019 年 11 月 6 日，http：//cpc. people. com. cn/n1/2019/1106/c64094 –31439558. html。

③ 《中共中央关于制定国民经济和社会发展第十四个五年规划和二〇三五年远景目标的建议》，中国政府网，2020 年 11 月 3 日，http：//www. gov. cn/zhengce/2020 –11/03/content_ 5556991. htm。

④ 《广州市慈善促进条例》，广州市民政局官网，2021 年 6 月 11 日，http：//mzj. gz. gov. cn/zwgk/zfxxgkml/zfxxgkml/bmwj/qtwj/content/post_ 7328494. html。

了重要作用，并成为国内其他省市地方慈善立法的重要参照，同时也为国家慈善立法部门提供了先进经验和重要借鉴。2016 年国家正式出台了《慈善法》，这是我国首部慈善制度建设的基础性、综合性法律。① 随之，还颁布了《慈善组织公开募捐管理办法》《公开募捐平台服务管理办法》《慈善组织信息公开办法》等一系列配套制度。《广州市募捐条例》作为地方性法规，存在与上位法冲突、重复的内容，无法沿用，个别领域可能会限制广州慈善事业的发展。《慈善法》施行以来，广州市慈善事业得到了快速发展，出现了很多创新的慈善运营、服务促进等模式和做法，为此，有必要将慈善信托、慈善财产、慈善服务、慈善促进等慈善领域事项一并完善规范。

（二）建立公平健康的慈善事业发展环境的需要

《慈善法》的实施为广州市慈善事业的发展带来了新的发展机遇，但由于《慈善法》更多是规范慈善组织，对因无法或未申请慈善组织认定的其他组织、个人损害慈善事业的行为缺少监管依据和手段，导致慈善组织与没有认定为慈善组织的其他组织、个人处在不公平的发展环境。实践中存在不少由于各种原因无法或未申请慈善组织认定的其他组织，这些组织的宗旨、章程或活动范围都与慈善相关，却被排除在《慈善法》调整范围之外，无法形成统一的监管制度。为了维护广州市慈善事业健康发展，保障开展慈善活动的组织、个人在公平透明的环境下发展，有必要在立法上将自愿开展慈善活动的组织、个人所开展的慈善活动纳入统一规范管理。

（三）全面推动广州慈善事业高质量发展的需要

2016 年，广州市首倡“人人慈善为人人”理念，提出“羊城慈善为民”行动系列。② 2017 年，广州市创新提出创建“慈善之城”，着力打造

① 《〈广州市慈善促进条例〉政策解读》，广州市民政局官网，2021 年 6 月 15 日，http：//mzj. gz. gov. cn/zwgk/zfxxgkml/zfxxgkml/bmwj/zcjd/content/post_ 7332150. html。

② 秦松、廖培金：《广州打造“人人慈善为人人”城市慈善发展样本》，人民政协网，2018 年 11 月 8 日，http：//csgy. rmzxb. com. cn/c/2018 - 11 - 08/2212040. shtml。

"人人慈善为人人"的广州慈善发展样本。2016 年以来，广州市通过"广东扶贫济困日"暨"羊城慈善为民"行动共筹集款物 26.55 亿元，慈善捐赠和慈善活动的年增长率都超过 10%，慈善信息公开达标率为 100%，广州城市"爱心 GDP"指数从 2014 年全国第六升至 2016 年全国第四、2018 年全国第二，"羊城慈善为民行动"项目荣获 2018 年第十届"中华慈善奖"及 2021 年"中华慈善品牌项目"，多个慈善项目和企业荣获"中华慈善奖"、"中华慈善品牌项目"和广东省红棉杯奖项，"人人慈善为人人"氛围更加浓厚①。为发挥慈善事业作为第三次分配的作用，巩固提升"慈善之城"创建成效，推动广州市慈善事业高质量发展，《条例》在指引、促进、支持、保障慈善行业发展方面作了一系列具有广州特色、有效管用的制度设计，顶层设计更加完善，"创建慈善之城"以立法的形式确定，将进一步推动广州慈善事业出新出彩，走在全国、全省前列。

二 《广州市慈善促进条例》立法过程

2017 年，广州市民政局正式启动慈善促进立法起草工作。2019 年 1 月，广州市民政局向市法制办报送《广州市慈善促进条例（草案）》后，市法制办组织开展征求相关部门和各区政府意见、公众参与、基层调研等工作，并根据各方面意见对草案作了修改完善。2019 年，十五届第九十四次市政府常务会议审议通过《广州市慈善促进条例（草案）》。2019 年 12 月，广州市政府正式提请市人大常委会审议《广州市慈善促进条例（草案）》，2020 年 5 月，广州市第十五届人民代表大会常务委员会第三十六次会议对《广州市慈善促进条例（草案）》进行了第一次审议。2020 年 11 月，广州市第十五届人民代表大会常务委员会第四十三次会议对《广州市慈善促进条例（草案修改稿）》进行了第二次审议。2021 年 3 月 30 日，《广州市慈善促进条例》经广州市第十

① 杨欣：《法治手段引领慈善发展！〈广州市慈善促进条例〉今起施行》，广州日报大洋网，2021 年 9 月 1 日，https://news.dayoo.com/gzrbrmt/202109/01/158543_54037655.htm。

五届人民代表大会常务委员会第四十七次会议通过，2021 年 5 月 26 日广东省第十三届人民代表大会常务委员会第三十二次会议批准。

三 《广州市慈善促进条例》创新亮点

《条例》以问题为导向，总结特色经验，结合广州实际，从“促进”这一小切口入手。《条例》共三十九条，不分章节，在健全慈善工作机制、加快慈善组织培育、加强慈善人才队伍建设、强化慈善活动促进措施等方面对《慈善法》作了补充和细化，创新亮点主要体现在以下方面。

（一）进一步明确适用范围

《慈善法》更多是规范慈善组织，实践中存在不少由于各种原因无法或未申请慈善组织认定的其他组织，这些组织宗旨、章程或活动范围都是与慈善相关。为了进一步提高社会组织申请慈善组织认定的积极性，《条例》第一条立法目的就明确，为了保护慈善活动参与者的合法权益，不局限于慈善组织。在第四条部门职责、第五条工作机制、第七条公众参与、第十四条联合公开募捐、第十八条慈善捐赠促进措施、第十九条遗赠及设立遗赠财产执行监督人指引、第二十条捐赠财产评估指引、第二十二条冠名捐赠指引、第二十三条捐赠财产查询指引、第二十四条变更捐赠财产用途指引、第二十八条优待慈善活动参与者、第二十九条表彰和设立慈善月、第三十条信用记录和组织评估制度、第三十三条关联交易、第三十六条其他组织的法律责任等方面对慈善组织或开展慈善活动的其他组织均做出了统一的规范要求，全面规范广州市慈善活动健康有序依法依规开展。

（二）建立慈善工作联动机制

促进慈善事业发展，需要建立相关部门和单位既各司其职、各负其责，又密切配合、加强联动的工作机制。为更好地促进广州市慈善事业发展，《条例》在健全慈善工作机制方面作了以下规定：一是建立慈善工作组织协调、信息沟通共享和信用信息披露等机制，进一步加强慈善工作的组织协调力度，提升工作效率。二是建立慈善应急救助机制和与慈善组织之间的衔接机制，在发生疫情等紧急状况下，加强与慈善组织之间的信息共享，提高捐赠款物处置的效率，加大对慈善服务的统筹力度。三是建立协助配合机制，明确镇人民政府、街道办事处协助政府相关部门做好慈善相关工作的职责。四是完善参与机制，要求相关群团组织动员社会力量积极参与广州市慈善事业，倡导社会各界依法开展慈善活动，在全社会形成推动慈善事业发展的强大合力。

（三）加大慈善组织培育扶持力度

慈善组织是开展慈善活动的主力军，慈善组织的数量和质量是评价一个城市慈善事业发展水平的重要指标。目前，广州市慈善组织的数量，尤其是具备公开募捐资格的慈善组织总数与北京、上海、深圳相比还有一定的差距。为加快培育慈善组织，《条例》作了以下规定：一是鼓励设立或者认定慈善组织，并要求民政部门为申请人提供简化手续、缩短审批时限等便利。二是要求民政部门通过购买服务、孵化培育、项目指导、公益创投等方式，培育发展各类慈善组织。三是支持慈善组织开办公益性医疗、教育、养老、应急救助、环保、助残等社会服务，并要求政府相关部门在租赁场地、使用配套设施等方面提供便利。四是鼓励慈善组织依法成立慈善行业组织，并要求民政部门为慈善行业组织开展相关工作提供业务指导。

（四）全方位鼓励慈善活动参与主体

为广泛动员社会力量积极参与广州市慈善事业，《条例》作了以下规定：一是加大精神激励。规定市、区人民政府对在慈善事业发展中做出突出贡献的自然人、法人和其他组织给予表彰，要求慈善组织向捐赠人颁发捐赠证书、荣誉徽标，在全社会营造行善光荣的良好氛围。[①] 二是建立优待机

---

① 《广州市慈善促进条例》，广州市民政局官网，2021 年 6 月 11 日，http：//mzj. gz. gov. cn/zwgk/zfxxgkml/zfxxgkml/bmwj/qtwj/content/post_ 7328494. html。

制。民政部门会同有关部门建立慈善行为记录制度，对自然人、法人和其他组织开展慈善活动的信息进行记录。鼓励用人单位在同等条件下优先聘用有良好慈善行为记录的应聘者。[①] 对慈善事业发展做出较大贡献的个人，其本人或者家庭成员生活遇到困难提出救助申请的，慈善组织和开展慈善活动的其他组织应当优先予以救助。三是加大慈善宣传。为进一步营造人人参与慈善的良好社会氛围，发挥榜样的引领作用，《条例》规定，每年9月为“羊城慈善月”。民政部门应当组织开展慈善活动，推介慈善项目，宣传慈善文化，普及慈善知识，推广使用慈善标志、慈善吉祥物，以及开展慈善家庭、慈善榜征集评选活动。

（五）多渠道拓宽慈善活动参与平台

一是鼓励发展互联网慈善。为进一步打造慈善资源流通对接平台和公众触手可及的慈善参与平台，《条例》规定，支持具有公开募捐资格的慈善组织与广播、电视、报刊以及网络服务提供者、电信运营商合作开发、运营具有慈善项目、个人求助等综合信息发布、推介、转载功能的公开募捐网络平台。民政部门会同有关部门为公开募捐网络平台的开发、运营提供指导和帮助，并依法对平台发布公开募捐信息、开展公开募捐等行为进行监管。二是大力发展社区慈善。随着广州市共建共治共享社会治理格局营造工作的深入推进，社区慈善在推进基层治理创新中的独特作用和功能更加凸显。为进一步撬动慈善资源下沉社区，营造共建共治共享的社区治理格局，《条例》规定，镇人民政府、街道办事处负责协助民政部门和其他有关部门做好慈善相关工作，支持开展社区慈善活动。镇人民政府、街道办事处应当依托各类公共服务平台，为开展社区慈善活动提供场地和其他便利。镇人民政府、街道办事处可以与社会工作服务机构、志愿服务组织、具有公开募捐资格的慈善组织等单位合作，采取在社区依法设立慈善捐赠站点和社区慈善基金、组织

① 《广州市慈善促进条例》，广州市民政局官网，2021年6月11日，http：//mzj. gz. gov. cn/zwgk/zfxxgkml/zfxxgkml/bmwj/qtwj/content/post_ 7328494. html。

社区居民参与互助互济活动等方式，开展社区慈善活动。鼓励城乡社区组织、单位在本社区、单位内部开展群众性互助互济活动。开展群众性互助互济活动的，可以依法委托慈善组织进行财产和项目管理或者依法设立慈善信托。三是鼓励发展慈善空间。近几年，广州大力发展慈善空间，鼓励商业广场、图书馆、连锁门店、游客中心等设置慈善空间，用于慈善项目宣传、慈善活动开展、慈善文化传播等。① 为进一步打造传播慈善理念、展示慈善组织和开展慈善服务等功能的阵地，《条例》鼓励会展场所、体育场馆、车站、码头、机场、地铁、公园、商场等为开展慈善活动提供场地和其他便利，并减免相关费用。

（六）强化慈善人才队伍建设

为了进一步加强广州市慈善人才队伍建设，《条例》作了专门规定：一是制定人才培养和引进政策。民政部门应当会同人力资源和社会保障部门制定慈善人才培养和引进政策，建立慈善人才库，培养和引进慈善事业发展所需的理论研究、资金劝募、项目实施、专业服务和宣传推广人才等。② 二是加强从业人员培训。民政部门应当会同教育、人力资源和社会保障部门加强对慈善从业人员的职业教育和技能培训，每年为本市的慈善从业人员提供一定学时的免费教育和培训。三是建立人才培养基地。鼓励高等学校、中职学校和科研机构建立慈善人才培养和培训基地。

（七）鼓励和支持成立慈善行业社会监督机构

广州在全国率先成立第三方慈善组织社会专业监督机构——广州市慈善组织社会监督委员会，发布全国首个《广州市慈善组织监督审计指引》，开展慈善资金使用专项审计，自 2017 年起每年发布广州慈善组织透明度年度

---

① 《广州市慈善促进条例》，广州市民政局官网，2021 年 6 月 11 日，http：//mzj. gz. gov. cn/zwgk/zfxxgkml/zfxxgkml/bmwj/qtwj/content/post_ 7328494. html。

② 《广州市慈善促进条例》，广州市民政局官网，2021 年 6 月 11 日，http：//mzj. gz. gov. cn/zwgk/zfxxgkml/zfxxgkml/bmwj/qtwj/content/post_ 7328494. html。

排行榜，由广州市慈善组织社会监督委员会通过大数据透视分析等方法，对慈善组织开展指标信息的抓取与分析，推动慈善组织进行信息公开，提升公众对慈善的信任度。[①] 为进一步发挥第三方慈善组织社会专业监督机构的作用，《条例》规定，鼓励和支持成立慈善行业社会监督机构。民政部门应当为慈善行业社会监督机构对慈善组织、慈善活动进行评价和监督提供指导。

（八）加大个人求助监管力度

为维护正常的求助秩序，《条例》对个人求助行为进行了严格规范：一是明确了求助人的义务。要求其对求助信息的真实性负责，不得虚构事实、夸大困难骗取他人捐赠。二是明确了平台在指引求助人、风险防范提示、资金监管等方面的义务。要求平台在发布求助信息前，指引求助人向慈善组织或者开展慈善活动的其他组织求助；要求平台在为求助人发布求助信息时，在显著位置或者以其他显著方式向公众进行风险防范提示，告知该信息不属于慈善公开募捐信息；发现求助人涉嫌骗取捐赠的，应当立即停止发布求助信息，并向公安、民政等有关部门报告；要求平台应当对求助获得款物的使用进行监督，超出求助人实际需要或者无法按照原用途使用的，应当要求求助人退还捐赠人或者按照捐赠人意愿用于其他用途。

四 《广州市慈善促进条例》贯彻落实措施

随着《广州市慈善促进条例》的颁布实施，广州市慈善事业发展进入新的阶段。为了有效促进《条例》的落地实施，进而为广州慈善事业的健康、持续发展提供良好的法治保障，特提出如下三点贯彻落实举措。

（一）进一步加大法规宣传培训力度

《条例》正式出台以来，广州市民政局第一时间与广州市人大常委会

---

① 《广州市慈善促进条例》，广州市民政局官网，2021 年 6 月 11 日，http：//mzj. gz. gov. cn/zwgk/zfxxgkml/zfxxgkml/bmwj/qtwj/content/post_ 7328494. html。

《强音》杂志、《中国社会工作》杂志沟通合作，对《条例》进行大力宣传；拟定新闻通稿，通过主流媒体、自有媒体对《条例》进行宣传报道；在市民政局公众网登载了《条例》全文及政策解读稿，制作“一图解读《条例》”，利用微信、微博等网络媒体进行宣传。制定《条例》宣传培训计划，组织民政系统相关工作人员和部分社会组织学习，并于2021年下半年至2022年持续、广泛、全面开展宣传培训，让《条例》成为各方开展工作的重要行动指南。

一是进一步深化《条例》在市民群众中的宣传普及。充分利用“中华慈善日”“羊城慈善月”系列活动，扩大宣传渠道，增加中央媒体、省级和市级媒体宣传平台等具有权威性且用户聚集的传播渠道，深入开展宣传教育，引导社会媒体正面报道法规实施工作。指导各区民政局通过纸媒、网媒、举办法治宣传活动等形式，向基层单位工作人员、社会群众宣传《条例》。编印《慈善领域法律法规规章和政策文件汇编》、《条例》小册子、“一图读懂”政策解读折页等《条例》相关读物，结合宣讲培训发放读物；投放《条例》系列读物到党群服务中心、社区慈善捐赠站点、慈善空间等服务窗口，供市民群众取阅学习，广泛普及《条例》，增强公众法治意识。

二是进一步强化《条例》在重点人群中的宣传培训。联动广州市司法局，推动将《条例》宣传工作纳入广州市2022年普法依法治理工作要点，促进各级部门深入学习。邀请法律领域、实务领域专家学者，成立宣讲团，组织开展《条例》政策解读专题培训；结合《条例》的政策解读和制度设计亮点等内容，通过线上直播、录播形式广泛开展《条例》线上培训和宣传。落实“谁执法谁普法”“谁服务谁普法”“谁主管谁普法”普法责任制，指导各单位找准本单位职能与《条例》有关内容的结合，将《条例》的普法培训融入工作推进的全过程。联动全国其他省市单位，面向来自各地的慈善组织代表开展慈善促进条例交流研讨活动，邀请相关领域的专家学者做前沿性的报告或宏观视角的政策解读，各地交流分享经验和成果等。

（二）统筹协调推进法规得到有效落实

《广州市民政局关于〈广州市慈善促进条例〉实施工作方案》制定后，广州市民政局发挥好法规实施工作领导小组及其办公室的平台作用，抓好统筹协调，督促各职能部门、群团组织对照市人大社会建设委员会审议意见推进《条例》各项实施工作。

一是启动相关制度的建立。拟制慈善工作联席会议制度规则，明确联席会议的主要职责、成员单位、工作机制、职能分工等内容，搭建慈善应急救助机制，建立慈善信息沟通共享制度，建立与相关组织的慈善衔接机制，征求各成员单位意见后报市政府批准后正式印发实施。按照慈善信托的规范管理、慈善目的的实现、慈善信托的运用效益和综合评价等内容，已制定《广州市慈善信托评估指引（试行）》，印发给各区民政局、相关信托公司、全市各慈善组织，会同市财政局、广东银保监局、市税务局进一步制定促进慈善信托发展的政策措施。

二是筹划相关制度的落实。按照《广州市民政局关于〈广州市慈善促进条例〉实施工作方案》要求，制定各项配套制度推进时间安排表，通过走访调研、座谈交流、征求意见等方式，吸取经验做法、增强部门协作、确保制度落地。如前所述，广州市慈善事业整体发展水平位居全国前列，为了更好地促进慈善创新发展，契合广州本地实际，《条例》也有很多创新性很强的规定，例如慈善力量参与应急救助机制、慈善人才培养和引进政策、慈善组织公开募捐资格的注销等，需要在《条例》的实施过程中开展深入研究，逐步制定更为清晰的配套政策及指引，保证《条例》得到切实执行。

（三）积极配合做好《慈善法》修订工作

《条例》以问题为导向，总结特色经验，结合全国人大专家学者提出的慈善法修法建议，从“促进”这一小切口入手，对《慈善法》作了补充和细化，有不少在全国领先的创新举措和经验特色，如建立慈善工作联动机制、建立慈善应急救助机制、建立慈善行为记录制度、鼓励发展互联网慈善、大力发展社区慈善、鼓励发展慈善空间、制定人才培养和引进政策、鼓励和支持成立慈善行业社会监督机构、加大个人求助监管力度等，创新举措走在慈善领域立法前沿。目前全国人大已经启动了《慈善法》修订工作，广州市民政局要以《条例》颁布实施为契机，进一步推进我市慈善管理体制改革、慈善运作机制创新，促进慈善事业发展继续走在全国前列，并及时总结提炼我市在慈善事业发展中的经验做法，在全国人大开门修法过程中，将《条例》颁布实施中的创新亮点和经验做法及时提供给《慈善法》修订参考。

B.6
广州深圳“双城联动”背景下的区域慈善合作机制初探

饶锦兴 *

摘　要：　粤港澳大湾区建设的深入推进以及《广州市深圳市深化战略合作框架协议》的不断落实，为广州、深圳两地慈善事业合作发展创造了良好政策环境。本文就广州、深圳两地如何携手探索慈善事业合作新机制提出以下建议：两地慈善事业主管部门建立常态化互动机制，为慈善组织合作提供政策支持；两地慈善行业组织共同搭建多样化的慈善合作平台；促进两地科研院校加强慈善理论研究和慈善专业人才联合培养；两地共同推动粤港澳大湾区慈善事业的合作交流。

关键词：　双城联动　区域慈善　合作机制

广州和深圳，一个是省会城市，一个是经济特区和中国特色社会主义先行示范区。两座特大城市经济总量均超过 2 万亿元。近年来，按照广东省委强化广深双核驱动引领作用的要求，两地不断通过联动“比翼双飞”，发挥粤港澳大湾区核心引擎作用，带动区域经济社会协调发展。2019 年 9 月，两市签署《广州市深圳市深化战略合作框架协议》，在共建国际科技创新中心、打造国际性综合交通枢纽、共建具有国际竞争力的现代产业体系、共同

* 饶锦兴，深圳社会组织研究院院长。

引领“一核一带一区”建设等领域展开合作。[①] 可以预见，随着广州、深圳两地加快推动广州都市圈与深圳都市圈的融合发展，两地战略合作将迈向更高层次、更深内涵、更宽领域。本文拟就“双城联动”背景下两地慈善事业合作机制的建设路径进行探讨。

一 广州、深圳两地慈善事业合作发展的现状

广州、深圳两地都提出了创建“慈善之城”的发展目标，在推进慈善事业现代化发展工作中两地不断夯实基础，弘扬慈善文化，健全监管制度，努力形成与城市特色相适应的慈善生态系统。

（一）两地慈善事业发展状况比较

截至2020年12月31日，广州市登记和认定的慈善组织数量达到185家，较2019年增加了32家；具有公开募捐资格的慈善组织共11家，具有全国慈善组织互联网公开募捐信息平台1个；全市注册登记的基金会总数为104家；在广州市民政局备案的慈善信托共有14单；在市区两级登记注册的社会组织中含有“志愿”“义工”“义务工作者”字样的社会组织共有108家。

截至2020年12月31日，深圳市登记和认定的慈善组织数量达到334家，较2019年增加了44家；具有公开募捐资格的慈善组织共20家，具有全国慈善组织互联网公开募捐信息平台1个；全市注册登记的基金会总数达到442家；在深圳市民政局备案的慈善信托共有16单，总财产规模达到12600万元；在市区两级登记注册的社会组织中含有“志愿”“义工”字样的社会组织共有105家，形成了市、区、街道和社区四级志愿服务组织网络。

---

① 《广州深圳签署七项深化合作专项协议　联手打造粤港澳大湾区核心》，广东省人民政府门户网站，2020年10月23日，http：//www.gd.gov.cn/gdywdt/dsdt/content/post_3112411.html。

（二）两地慈善行业交流合作情况

由于独特的区位优势，广州、深圳两地慈善行业长期保持良好的交流合作传统，除了在一年一度的中国公益慈善项目交流展示会上常态合作外，两地慈善行业组织经常合作举办各类论坛、会议等交流互动。例如由广州社会组织研究院和深圳社会组织研究院共同发起的“粤港澳大湾区社会组织合作论坛”已经连续举办三届。2021 年 8 月，为了积极响应全国人大开门立法的要求，广州、深圳联合珠海三地的 6 家社会智库及慈善行业组织共同发起和组织召开了 3 场“推动珠三角慈善事业高质量发展”系列活动，邀请珠三角地区 43 位慈善组织负责人以及非营利领域的法律、财税等专家从各自的具体实践出发收集慈善实务界对《中华人民共和国慈善法》修订的意见和建议，经整理汇总，形成《〈中华人民共和国慈善法〉修订建议报告》，为国家慈善法治建设贡献“湾区智慧”。

二　广州、深圳两地慈善事业合作发展的机遇

在“双城联动”背景下，广州、深圳两地慈善事业合作发展面临难得的机遇，具体体现在以下几个方面。

（一）粤港澳大湾区建设为两地慈善事业合作发展提供了空间和平台

建设粤港澳大湾区是习近平总书记亲自谋划、亲自部署、亲自推动的重大国家战略。①《粤港澳大湾区发展规划纲要》明确提出要开展社会福利和慈善事业合作，共同打造公共服务优质、宜居宜业宜游的优质生活圈。② 因

① 《这一重大国家战略，总书记亲自谋划、亲自部署、亲自推动》，求是网，2021 年 4 月 17 日，www. qstheory. cn/zhuanqu/2021 - 04/17/c_ 1127341133. htm。

② 《粤港澳大湾区发展规划纲要》，新华网，2019 年 2 月 18 日，www. xinhuanet. com/politics/2019 - 02/18/c_ 1124131474. htm。

此，粤港澳大湾区建设为港澳与内地慈善事业的相互促进融合发展提供了良好机遇。

粤港澳三地在慈善事业合作方面已有历史基础。早在20世纪80年代，不少港澳地区慈善组织到内地开展合作项目，广泛传播现代慈善理念。香港、澳门相继回归后，港澳慈善组织在内地的合作领域获得实质性拓宽，已遍及从农村发展、社区治理到艺术、文化、体育的各个领域。广州、深圳有毗邻香港、澳门的区位优势，四地慈善组织交流合作更加频繁，广州、深圳甚至成为香港、澳门慈善组织到内地其他地区开展公益活动的“中转站”和枢纽。随着《中华人民共和国慈善法》《境外非政府组织境内活动管理法》等法律法规的出台，港澳地区慈善组织到内地开展公益项目不仅有了法律保障，活动的空间也更加广阔，包括儿童、养老、残疾人等特定群体社会服务在内的慈善服务不断增多。

过去，粤港澳三地慈善组织交流平台主要限于中国公益慈善项目交流展示会和香港社企峰会等。随着深圳前海深港现代服务业合作区、广州南沙粤港澳全面合作示范区、珠海横琴粤港澳深度合作示范区、落马洲河套深港科技创新合作区等重大合作发展平台的开发建设，粤港澳慈善活动平台和通道也越来越多，资源条件越来越好。

（二）广州、深圳民政部门合作框架协议的签订为两地慈善事业合作发展提供了政策支持

广州、深圳是全省乃至全国民政工作的领头羊，两地包括慈善事业在内的民政事业合作发展有着深厚的基础和广阔的空间。2020年12月30日，广东省民政厅召开推动广州、深圳民政部门深度合作协同发展座谈会，会上签订了《广州市民政局　深圳市民政局深化两地民政事业协同发展合作框架协议》。按照该协议，广州、深圳两地民政部门将更加紧密合作，共享优势资源信息，搭建拓展合作平台，将在社会组织、养老服务、社会救助、儿童福利、婚姻登记、殡葬队伍、慈善事业、队伍建设、重点领域等9个方面

进一步加强联动、探索创新。[①] 在加强慈善事业交流合作方面，将利用两地举办“中国慈展会”“中国善城大会”等慈善平台，链接更多公益慈善资源，共同打造公益慈善高地，不断促进两地慈善事业高质量发展，助力广州出新出彩、深圳先行示范。

2021 年 1 月初，广州市社会组织管理局和深圳市社会组织管理局共同签订了《深化广州深圳社会组织工作交流合作框架协议》，明确广州、深圳两地将围绕共促社会组织参与“双区”建设和“双城”联动、共建社会组织人才队伍和专家库、共推社会组织“请进来”和“走出去”、共搭社会组织交流展示平台、共办广深社会组织双城联动论坛等 8 个方面开展社会组织领域深层次、高规格的交流合作，在政策取向、实施过程、改革成效等环节相互配合促进，相得益彰、交相辉映，推动形成包括慈善组织在内的社会组织工作高质量发展格局。[②]

（三）在高质量发展中促进共同富裕为两地慈善事业合作发展提供了创新动力

党的十九届五中全会通过的《中共中央关于制定国民经济和社会发展第十四个五年规划和二〇三五年远景目标的建议》把全面推动共同富裕纳入国家“十四五”规划的重要议程，同时提出发挥第三次分配作用，发展慈善事业，改善收入和财富分配格局。中央财经委员会第十次会议确定了共同富裕是中国现代化的重要特征，要在高质量发展中促进共同富裕，把三次分配作为促进共同富裕目标的基础性制度安排，进一步强调要发挥慈善事业在第三次分配中的功能和作用。因此，重视发挥慈善事业在第三次分配中的作用，鼓励支持社会力量兴办公益事业，将为社会领域创新创业增添动力。广州、深圳两地慈善事业有着良好的发展基础，在广东乃至全国都有引领示

---

① 《广东省民政厅召开推动广州深圳民政部门深度合作协同发展座谈会》，深圳市民政局官网，2021 年 1 月 4 日，http：//mzj. sz. gov. cn/cn/xxgk_ mz/zwywen/content/post_ 8392984. html。

② 《广深社会组织签署交流合作协议》，深圳政府在线，2021 年 1 月 7 日，http：//www. sz. gov. cn/cn/xxgk/zfxxgj/zwdt/content/post_ 8399904. html。

范效应。在广东探索高质量发展建设共同富裕地区进程中，广州、深圳两地可以先行先试开展慈善事业合作发展方面的创新实践。

三　加强两地慈善事业合作机制建设的思考

在“双城联动”背景下，广州、深圳两地应当积极探索慈善事业合作机制建设的路径和策略，努力开创两地慈善事业合作发展的新局面。对此，本文提出如下几点思考。

（一）两地慈善事业主管部门加强互动交流，为慈善组织合作发展提供良好政策环境

根据《广州市民政局　深圳市民政局深化两地民政事业协同发展合作框架协议》《深化广州深圳社会组织工作交流合作框架协议》，两地民政部门可以进一步协商确定慈善事业方面的交流合作具体举措，出台相关政策，支持两地慈善组织合作发展。在制度建设方面，两地可以继续围绕《中华人民共和国慈善法》的贯彻落实和修改完善加强交流，共同探讨慈善事业管理体制改革思路，合作开发慈善组织认定标准，联合制定慈善活动合规监管指引。在慈善资源流动方面，两地可以探索建立统一的募捐活动备案系统，并为两地捐赠人提供慈善需求信息。在慈善信息共享机制方面，两地可以共享慈善组织信用信息，交换慈善信息统计数据。在监督管理方面，两地可以对慈善组织异地开展慈善活动进行协助监督检查，协助调查处理慈善相关违法行为的投诉、举报。

（二）两地慈善行业组织加强交流合作，搭建互动平台

目前广州、深圳两地都已成立区域性慈善行业组织，例如广州市公益慈善联合会、深圳市慈善事业联合会、深圳市基金会发展促进会等。两地慈善行业组织可以发挥桥梁纽带作用，建立常态化交流机制，搭建互动交流和合作平台，为两地其他慈善组织开展公益活动开放场所并协助提供其他便利条

件。建议两地每年召开一次慈善发展年会，轮流承办，共同发布各地慈善事业发展年度报告，集中交流两地慈善组织合作开展的公益慈善项目。建议两地合作建立慈善力量参与突发事件应急响应机制，确保在应对突发公共事件中慈善行动有相对稳定可靠的合作伙伴。

（三）促进两地科研院校加强慈善理论研究和慈善专业人才培养的交流合作

党中央提出在高质量发展中促进共同富裕的重大方针，迫切需要研究慈善事业的发展定位，发挥慈善事业在第三次分配中的作用，加强慈善专业人才队伍建设。为此，两地民政等政府部门可以促进两地科研院校加强慈善理论研究，及时回应慈善行业重大理论和政策问题，特别需要落实《中华人民共和国慈善法》要求，推动各地高等学校培养慈善专业人才。建议两地合作设立慈善研究基地，每年发布课题指南，动员慈善资源给予课题资助，共享理论研究成果。建议两地合作试点依托高校开展慈善专业研究生课程班，开发慈善专业人才评价标准和数据库，为人才双向交流提供支持服务。

（四）两地共同推动粤港澳大湾区慈善事业的合作交流

广州、深圳两地可以继续通过中国公益慈善项目交流展示会和香港社企峰会等加强粤港澳大湾区慈善界的合作交流，打造便利、透明的从善环境。对此，提出如下几点建议：第一，推动两地将社会服务业纳入现代服务业，建立社会服务业统计体系，并争取相关产业政策支持；第二，两地共同促进粤港澳慈善组织、社会工作专业人才交往和流动，在政府的支持和监管下，将部分港澳慈善组织和社会服务机构优秀项目或服务模式引入内地，同时试点探索支持广州、深圳慈善组织到港澳地区开展公益项目；第三，两地共同促进跨界创新，将社会创新理念融入粤港澳大湾区建设，促进粤港澳社会融合，将大湾区建成共享发展的大社区；第四，两地合作发起大湾区社会创新专项行动计划，倡议政府支持社会创新创业，在鼓励支持社会力量办学、办医、办科研机构的同时，鼓励支持社会资本在教育、医疗、文化、养老、助残、环保等领域进行影响力投资，大力发展社会经济、社区经济、社会金融和互联网＋社会服务，探索将技术创新成果运用于改善民生和社会事业，促进经济、金融、科技和社会的跨界整合创新；第五，两地探索与港澳慈善组织合作开展“一带一路”沿线国家地区国际发展项目，为慈善组织“走出去”搭建服务平台。

行业研究篇

Industry Reports

B.7
2020年度广州慈善会系统发展状况分析报告

严国威*

摘　要：2020年度，广州慈善会系统市、区、镇街三级组织网络体系进一步健全。各级慈善会在参与脱贫攻坚和疫情防控、实行“物质+服务”救助模式、搭建全民参与慈善平台、推动本地公益慈善生态建设等方面发挥了积极重要的作用。进入新发展阶段，为进一步深化慈善会系统改革创新，本报告提出以下建议：加强党对慈善会系统的领导，把党组织的政治活力转化为慈善会的发展活力；区级和镇街级慈善会健全完善法人治理结构和治理规则，保证组织发展的行稳致远；坚定慈善会的社会化改革方向，特别是区级慈善会应继续加强秘书处的建设和人员配备；推动慈善会的专业化发展，在慈善

* 严国威，广州社会组织研究院特约研究员。

捐赠平台搭建、慈善品牌项目打造、慈善财产保值增值、重大突发公共事件应急响应等方面进行更加科学系统的规划；强化市、区、镇街慈善会对社区慈善发展的支持能力。

关键词：　慈善会　社会化　社区慈善　广州市

慈善会是慈善组织的重要组成部分，也是发展历史相对较长的一类慈善组织。新中国第一家慈善会——吉林省社会福利慈善总会（现吉林省慈善总会）成立于1993年1月，广州市第一家慈善会——广州市慈善会成立于1993年7月。目前，广州市级和11个区级层面均已成立慈善会。2020年度，广州慈善会系统积极发挥自身优势，在脱贫攻坚和疫情防控中发挥了重要作用。本报告主要基于广州市、区、镇街三级慈善会的2020年度报告数据，对慈善会系统的整体发展情况进行分析，并就下一阶段广州慈善会系统的改革创新和转型发展提出针对性的建议。

一　广州慈善会系统网络建设情况

（一）慈善会二级网络建设情况

近年来，广州慈善会系统正逐步建立健全市、区、镇街三级组织网络体系。截至2020年底，全市共登记注册32家慈善会，其中包括在广州市民政局登记注册的市级慈善会1家，在各区民政局登记注册的区级慈善会11家以及镇街级慈善会20家（见表1）。

1995年成立的广州市天河区慈善会是全市第一家区级慈善会，2008年广州市花都区慈善会的成立实现了区级慈善会全覆盖。2001年成立的广州市荔湾区文昌慈善会是全市最早成立的镇街级慈善会。镇街级慈善会的数量增长情况在2012年之后明显加快，2018年之后则趋于平稳（见图1）。其中，番禺区是全市培育发展镇街级慈善会最为典型的地区。全市 20 家镇街级慈善会中有 16 家分布在番禺区，另有 2 家分布在荔湾区，各有 1 家分布在南沙区和增城区。这种集中分布的态势也反映出镇街级慈善会发展的不充分、不均衡问题。

表 1　广州慈善会系统组织名单

序号	组织名称	层级	是否认定为慈善组织	是否取得公开募捐资格
1	广州市慈善会	市级	是	是
2	广州市越秀区慈善会	区级	否	否
3	广州市海珠区慈善会	区级	是	是
4	广州市荔湾慈善会	区级	否	否
5	广州市天河区慈善会	区级	是	是
6	广州市白云区慈善会	区级	是	是
7	广州市黄埔区慈善会	区级	是	是
8	广州市花都区慈善会	区级	是	是
9	广州市番禺区慈善会	区级	是	是
10	广州市南沙区慈善会	区级	是	否
11	广州市从化区慈善会	区级	是	是
12	广州市增城区慈善会	区级	是	是
13	广州市番禺区小谷围街慈善会	镇街级	是	否
14	广州市番禺区石碁镇慈善会	镇街级	是	否
15	广州市番禺区东环街慈善会	镇街级	是	否
16	广州市番禺区新造镇慈善会	镇街级	是	否
17	广州市番禺区沙头街慈善会	镇街级	是	否
18	广州市番禺区桥南街慈善会	镇街级	是	否
19	广州市番禺区大龙街慈善会	镇街级	否	否
20	广州市番禺区化龙镇慈善会	镇街级	是	否
21	广州市番禺区石壁街慈善会	镇街级	否	否
22	广州市番禺区石楼镇慈善会	镇街级	否	否
23	广州市番禺区钟村街慈善会	镇街级	否	否
24	广州市番禺区市桥街慈善会	镇街级	否	否
25	广州市番禺区大石街慈善会	镇街级	否	否
26	广州市番禺区沙湾慈善会	镇街级	否	否
27	广州市番禺区南村镇慈善会	镇街级	是	否

续表

序号	组织名称	层级	是否认定为慈善组织	是否取得公开募捐资格
28	广州市番禺区洛浦街慈善会	镇街级	否	否
29	广州市荔湾区金花慈善会	镇街级	否	否
30	广州市荔湾区文昌慈善会	镇街级	否	否
31	广州市南沙区黄阁镇慈善会	镇街级	是	否
32	广州市增城区荔城街慈善协会	镇街级	否	否

资料来源：慈善中国官网，https：//cszg. mca. gov. cn/platform/login. html。

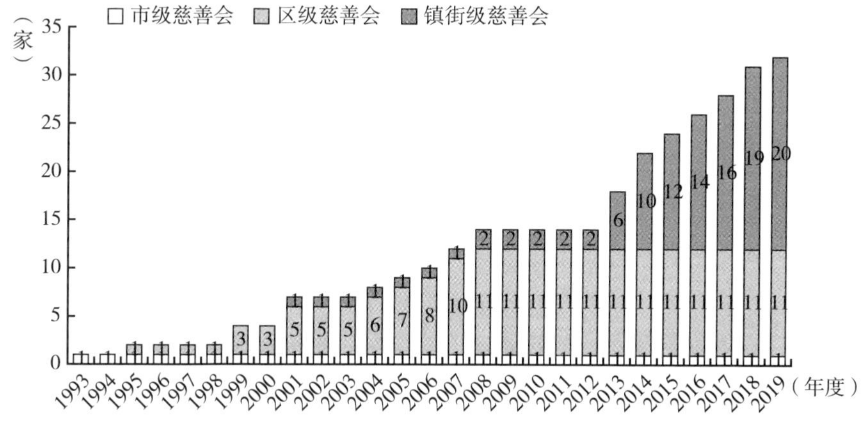

图1　广州慈善会系统组织数量增长情况

资料来源：广州市社会组织管理局社会组织信息公示平台，http：//mzj. gz. gov. cn/gznpo/。

（二）慈善组织登记认定情况

2020年度，广州市级和区级慈善会的公开募捐资格覆盖率和社会组织评估等级水平总体良好，但镇街级慈善会参与慈善组织认定和社会组织等级评估的积极性相对偏低。其中，市级和区级慈善会的慈善组织认定覆盖率为83.33%，而镇街级慈善会仅为45%。此外，全市有9家慈善会拥有社会组织评估等级，占比28.13%。其中，市级和区级慈善会的社会组织等级评估覆盖率为75%，评估等级为“4A”及以上的占到88.89%，而镇街级慈善会尚没有参加社会组织等级评估。

二　广州慈善会系统组织建设情况

截至2021年7月10日，根据可以公开查询到的数据，笔者收集了全市32家慈善会系统机构中的27家慈善会的2019～2020年度报告，其中市级和区级慈善会12家，镇街级慈善会15家。[①] 以下主要基于27家慈善会的年报数据，对广州慈善会系统组织建设情况进行分析。

（一）党组织建设实现应建尽建

党建工作已融入广州社会组织培育发展的全过程。作为社会组织的重要组成部分，广州慈善会系统也积极通过多种形式贯彻落实党的组织和党的工作全覆盖。2020年度，全市慈善会系统专职工作人员中的党员比例有所提升，专职工作人员中党员28人，较2019年度增加33.33%，占比37.33%。全市有9家慈善会有党员专职工作人员，机构数量较2019年度增长28.57%。党员人数在3人以上的有7家，建立党组织的慈善会有9家，实现党组织建设应建尽建。全市建立党组织的慈善会均为市级和区级慈善会，占到市、区级慈善会总数的75%，高于2019年度的50%。

（二）法人治理结构逐步完善

加快完善社会组织法人治理结构，明确决策机构、执行机构和监督机构的具体职责，不断优化会员、监事及理事的人数与结构配置，是广州市慈善会系统内部治理建设的重要内容。

---

① 32家慈善会中有5家未能及时公布年度报告，无法收集到这5家慈善会的信息，故只能收集到公开发布了年度报告的27家慈善会的信息。

其一表现为全市慈善会系统的会员结构和人数配置逐步优化，镇街级慈善会的单位会员发展速度相对更快。作为社会团体，会员大会是慈善会的最高权力机构，做好会员服务与管理工作成为慈善会健全内部治理机制、拓展及整合慈善资源的重要工作内容。2020 年度，全市拥有单位会员的慈善会占到 77.78%，高于 2019 年度的 74.07%，拥有个人会员的慈善会同样占到 77.78%，比例与 2019 年度持平。其中，区级慈善会拥有单位会员的占到 81.82%，拥有个人会员的占到 90.91%；镇街级慈善会拥有单位会员的占到 73.33%，拥有个人会员的占到 66.67%。在单位会员数平均值方面，广州市慈善会与 2019 年度持平，区级慈善会较 2019 年度下降 13.65%，镇街级慈善会较 2019 年度增长 35.54%（见图 2）；在个人会员数平均值方面，广州市慈善会较 2019 年度增长 5.88%，区级慈善会较 2019 年下降 7.84%，镇街级慈善会则较 2019 年度下降 35.77%（见图 3）。

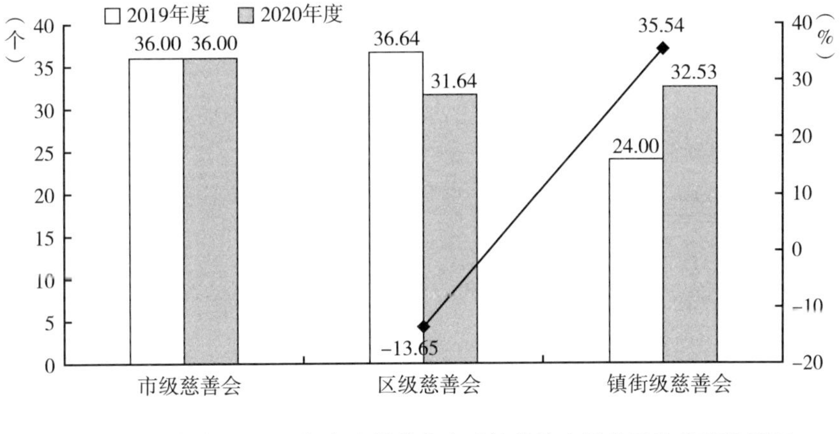

图 2　2019 年度和 2020 年度广州慈善会系统单位会员数平均值变化情况

资料来源：广州市社会组织管理局社会组织信息公示平台，http://mzj.gz.gov.cn/gznpo/。

其二表现为全市慈善会系统监事会或监事的设立情况持续改善。监事（会）是慈善会的监督机构，主要职责是负责机构的决策监督、财务监督和履职监督，是推动慈善会实现法人治理的重要机制。2020 年度，全市有 25

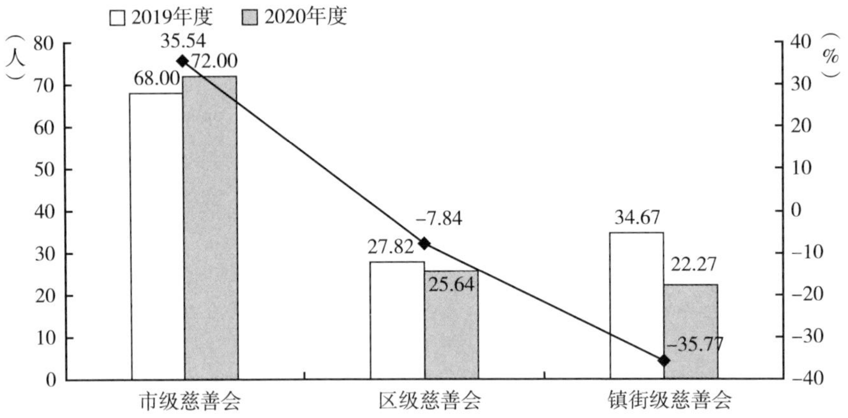

图 3　2019 年度和 2020 年度广州慈善会系统个人会员数平均值变化情况

资料来源：广州市社会组织管理局社会组织信息公示平台，http：//mzj. gz. gov. cn/gznpo/。

家慈善会设立有监事会或监事，占比 92. 59%，比例明显高于 2019 年度的 81. 48%。在监事人数的平均值方面，广州市慈善会与 2019 年度相同，区级和镇街级慈善会则略高于 2019 年度（见图 4）。

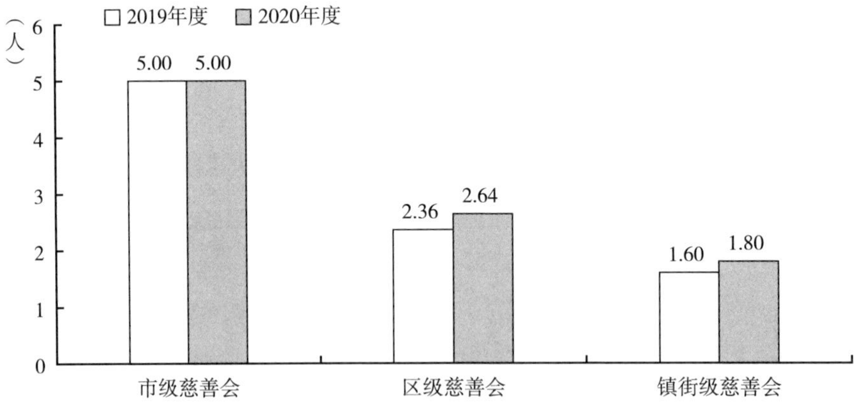

图 4　2019 年度和 2020 年度广州慈善会系统监事人数平均值变化情况

资料来源：广州市社会组织管理局社会组织信息公示平台，http：//mzj. gz. gov. cn/gznpo/。

其三表现为全市慈善会系统的理事人数有所降低，区级慈善会的降幅最大。理事会是慈善会的决策机构，主要职责是负责机构的内部治理、战略决策和资源开发，其人数及其构成是衡量慈善会内部治理能力和资源动员能力的关键性指标。2020 年度，全市慈善会系统理事人数的平均值为 17.41，较 2019 年度下降 14.70%。其中，广州市慈善会较 2019 年度增加 4.76%，区级慈善会较 2019 年度减少 27.92%，镇街级慈善会则与 2019 年度基本持平（见图 5）。

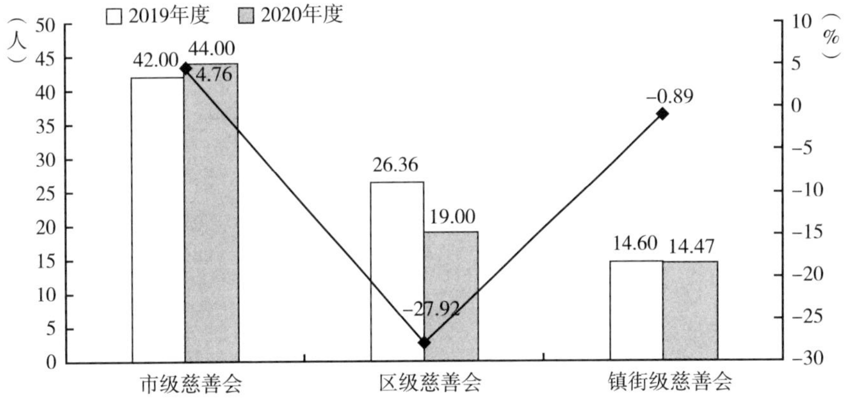

图 5　2019 年度和 2020 年度广州慈善会系统理事人数平均值

资料来源：广州市社会组织管理局社会组织信息公示平台，http：//mzj. gz. gov. cn/gznpo/。

（三）专职人员队伍建设情况

广州市、区级慈善会的专职人员配置及其年龄结构有所改善，但镇街级慈善会的人力资源基础仍旧薄弱。2020 年度，可公开查询到年度报告的 27 家慈善会共有专职人员 75 人。91.67% 的市、区级慈善会拥有专职工作人员，而镇街级慈善会为 40%，2019 年度仅为 26.67%。与 2019 年度相度比，市、镇街级慈善会专职工作人员平均数有所缩小，各级慈善会专职工作人员数量差距依然明显（见图 6）。专职工作人员的年龄结构偏向年轻化，2020

年度，35 岁及以下的专职工作人员有 46 人，占到 61.33%，略高于 2019 年度的 60.53%（见图 7）。

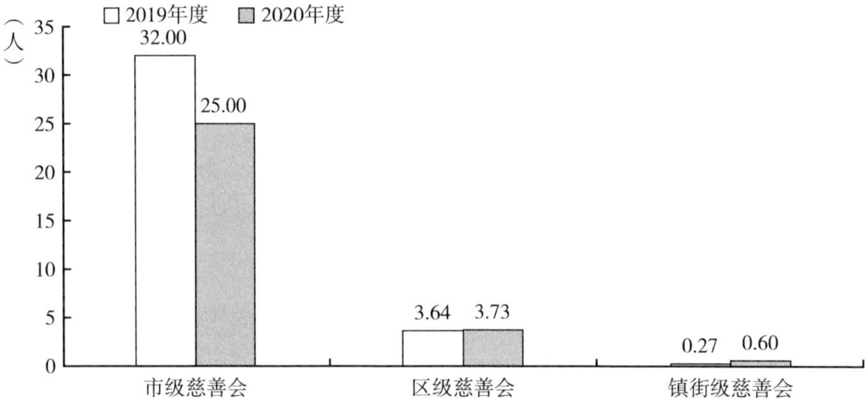

图 6　2019 年度和 2020 年度广州慈善会系统专职工作人员平均数量

资料来源：广州市社会组织管理局社会组织信息公示平台，http：//mzj. gz. gov. cn/gznpo/。

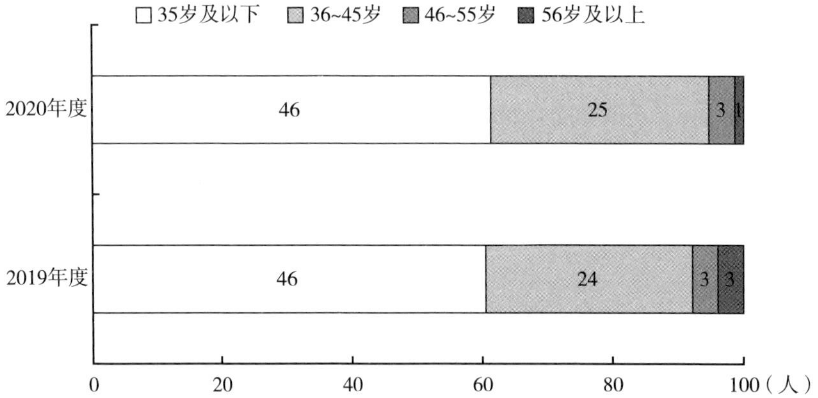

图 7　2019 年度和 2020 年度广州慈善会系统专职工作人员年龄结构

资料来源：广州市社会组织管理局社会组织信息公示平台，http：//mzj. gz. gov. cn/gznpo/。

2020 年度，27 家慈善会专职工作人员的学历以大学本科为主，共 49 人，占到 65.33%（见图 8）。有 5 家慈善会共 17 名专职工作人员拥有社会工作师或助理社会工作师等职业资格，并且均为市、区级慈善会，占到全市慈善会系统专职工作人员总数的22.67%，与2019年度基本持平。

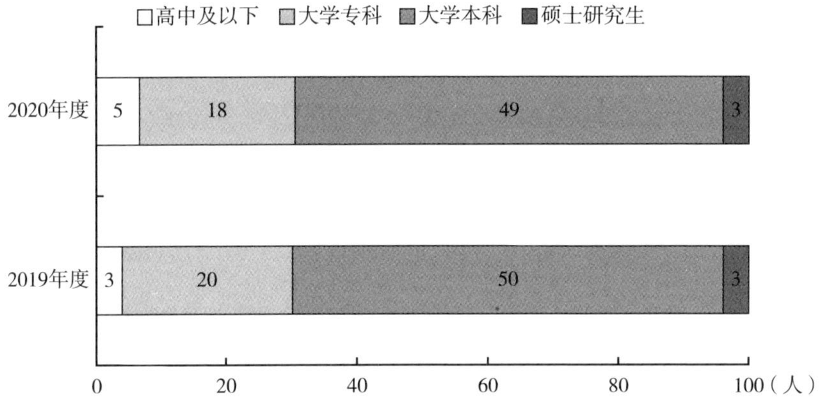

图8　2019年度和2020年度广州慈善会系统专职工作人员学历结构

资料来源：广州市社会组织管理局社会组织信息公示平台，http：//mzj. gz. gov. cn/gznpo/。

三　广州慈善会系统资源动员情况

（一）年度收入情况

2020年度，由于突如其来的新冠肺炎疫情，社会各界的慈善捐赠大幅增长，慈善会系统是捐赠的重要渠道。数据显示，27家慈善会年度总收入达到10.29亿元，较2019年度增长85.41%。其中，广州市慈善会为6.06亿元，较2019年度增长173.86%；区级慈善会为4.03亿元，较2019年度增长29.58%；镇街级慈善会为2005.42万元，较2019年度降低10.76%（见图9）。

2020年度慈善会系统总收入结构与2019年基本相同，捐赠收入继续占

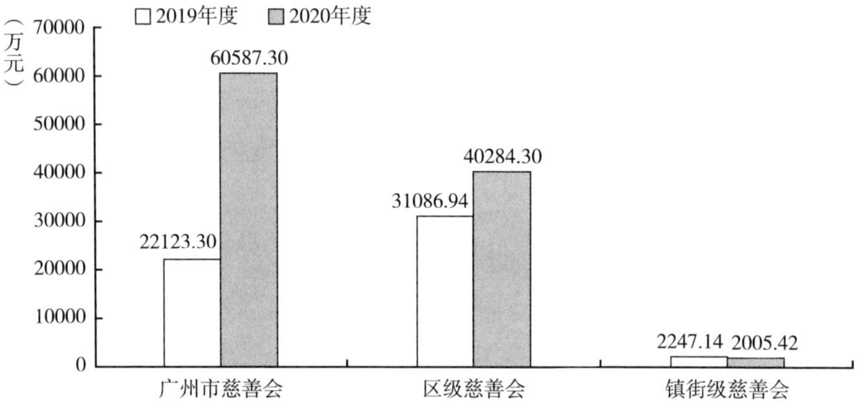

图9　2019 年度和 2020 年度广州慈善会系统年度总收入

资料来源：广州市社会组织管理局社会组织信息公示平台，http：//mzj. gz. gov. cn/gznpo/。

据绝对地位，政府补助收入和其他收入对年度总收入的贡献率下降相对明显（见表 2）。

从更长的时间周期考察广州慈善会系统的收入变化情况，可以发现，2016～2020 年度，广州市、区两级慈善会的捐赠收入总额从 3. 27 亿元增长至 9. 88 亿元。其中，广州市慈善会从 1. 43 亿元增长至 5. 93 亿元，11 家区级慈善会从 1. 84 亿元增长至 3. 94 亿元（见图 10）。

表 2　2019 年度和 2020 年度广州慈善会系统年度总收入构成

单位：万元

年度	捐款收入	会费收入	提供服务收入	政府补助收入	投资收益	其他收入
2020 年	100375. 24（97. 57%）	78. 14（0. 08%）	19. 80（0. 02%）	127. 27（0. 12%）	112. 87（0. 11%）	2163. 71（2. 10%）
2019 年	53675. 08（96. 79%）	59. 03（0. 11%）	0. 00（0）	201. 07（0. 36%）	65. 25（0. 12%）	1456. 95（2. 63%）

资料来源：广州市社会组织管理局社会组织信息公示平台，http：//mzj. gz. gov. cn/gznpo/。

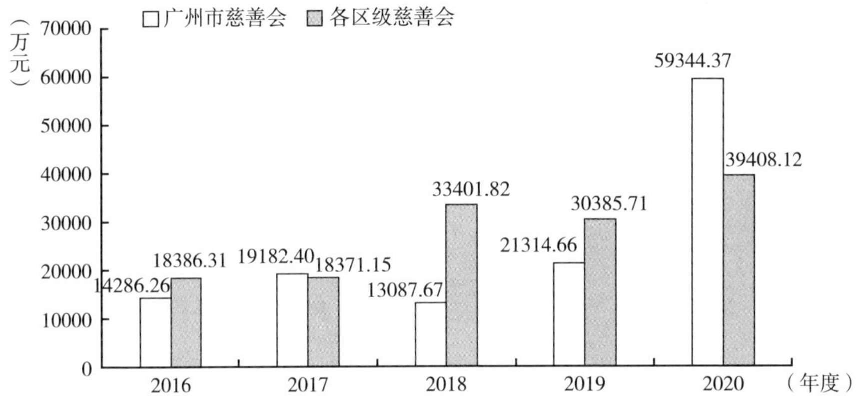

图 10　2016～2020 年度广州市、区两级慈善会捐赠收入总额变化

资料来源：广州市社会组织管理局社会组织信息公示平台，http：//mzj. gz. gov. cn/gznpo/。

（二）年度支出情况

2020 年度，广州 27 家慈善会支出总费用为 8. 80 亿元，较 2019 年度增长 81. 07%。其中，广州市慈善会为 4. 80 亿元，较 2019 年度增长 100%；区级慈善会为 3. 76 亿元，较 2019 年度增长 62. 47%；镇街级慈善会为 2374. 09 万元，较 2019 年度增长 64. 38%（见图 11）。

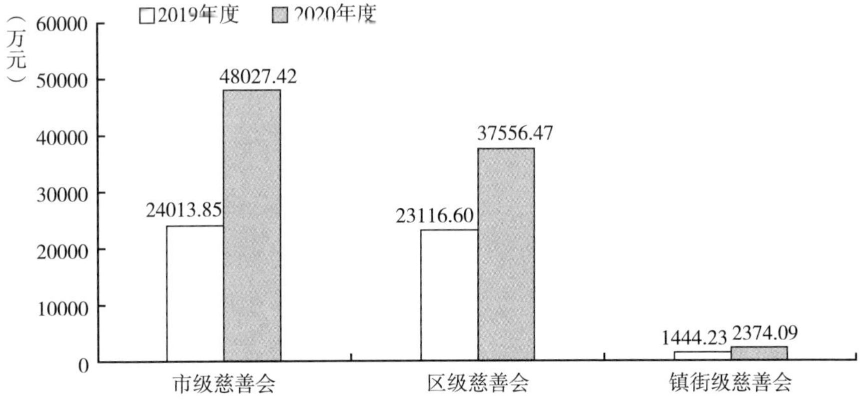

图 11　2019 年度和 2020 年度广州慈善会系统支出费用总额

在年度总费用结构方面，2020年度广州慈善会系统年度业务活动成本为8.36亿元，较2019年度增加4.19个百分点，其他费用为2162.28万元，较2019年度增加1.83个百分点；管理费用为2187.82万元，较2019年度下降4.52个百分点，筹资费用为40.32万元，较2019年度下降1.48个百分点（见表3）。

表3　2019年度和2020年度广州慈善会系统年度总费用构成

单位：万元

年度	业务活动成本	管理费用	筹资费用	其他费用
2020年	83569.79 (95.01%)	2187.82 (2.49%)	40.32 (0.05%)	2162.77 (2.46%)
2019年	44116.71 (90.82%)	3406.62 (7.01%)	742.97 (1.53%)	308.38 (0.63%)

资料来源：广州市民政局社会组织信息平台，http://mzj.gz.gov.cn/gznpo/。

（三）资产和净资产水平

广州慈善会系统资产总量和净资产总量实现持续增长，但市、区、镇街三级慈善会之间的差距进一步拉大。

在资产总量方面，2020年度，27家慈善会的资产总量为10.82亿元，较2019年度增加12.12%。其中，广州市慈善会为5.03亿元，较2019年度增加33.04%；区级慈善会为5.22亿元，较2019年度下降0.84%；镇街级慈善会为5725.38万元，较2019年度下降6.41%（见图12）。区级慈善会资产总量平均值为4742.42万元，较2019年度减少40.17万元，镇街级慈善会资产总量平均值381.69万元，较2019年度减少26.16万元。

在净资产总量方面，2020年度，广州慈善会系统净资产总量与资产总量保持同步增长。2020年度，27家慈善会的净资产总量为10.71亿元，较2019年度增加14.79%。其中，广州市慈善会为5.01亿元，较2019年度增加33.49%；区级慈善会为5.19亿元，较2019年度增加3.37%；镇街慈善

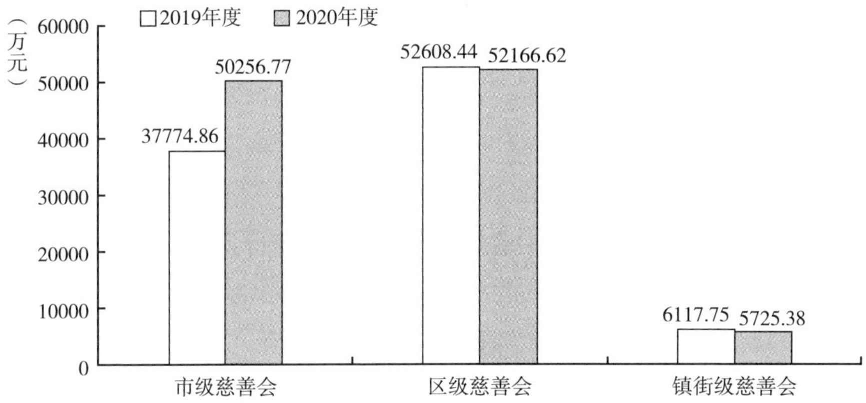

图 12　2019 年度和 2020 年度广州慈善会系统资产总量

资料来源：广州市社会组织管理局社会组织信息公示平台，http：//mzj. gz. gov. cn/gznpo/。

会为 5152. 36 万元，较 2019 年度下降 7. 62%（见图 13）。区级慈善会净资产总量平均值为 4719. 85 万元，较 2019 年度增长 154. 03 万元，镇街级慈善会净资产总量平均值 343. 49 万元，较 2019 年度减少 28. 33 万元。

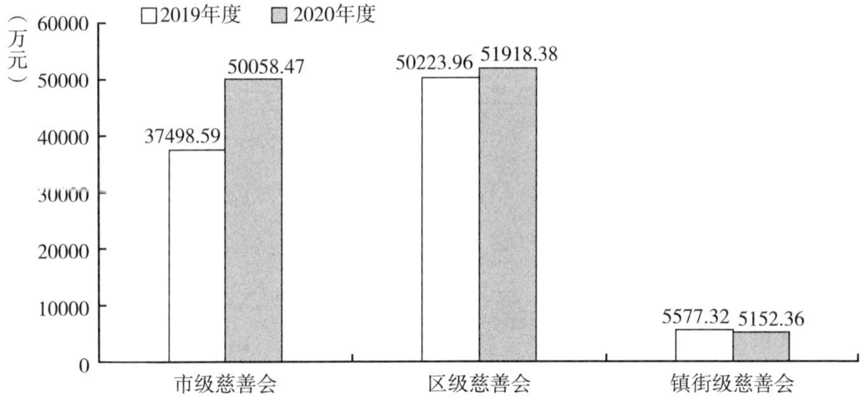

图 13　2019 年度和 2020 年度广州慈善会系统净资产总量

资料来源：广州市社会组织管理局社会组织信息公示平台，http：//mzj. gz. gov. cn/gznpo/。

从各层级慈善会净资产平均值的比值来看，2019 ~ 2020 年度，市级慈善会与区级慈善会的比值从 8. 21 扩大至 10. 61，区级慈善会与镇街级慈善会从12.28扩大至13.74。由此反映出，市、区、镇街三级慈善会净资产总量的差距正在拉大，市级慈善会与区级慈善会的净资产差距的发展速度明显更快。

四 广州慈善会系统项目活动开展情况

（一）参与脱贫攻坚和疫情防控

在参与脱贫攻坚方面，“广东扶贫济困日活动暨羊城慈善为民”募捐活动成为广州慈善会系统参与扶贫攻坚的最重要的社会资源动员机制。据统计，广州市慈善会依托“广东扶贫济困日活动暨羊城慈善为民”募捐活动，助力未摘帽贫困县和未出列贫困村以及贫困人口打赢脱贫攻坚战，累计划拨定向扶贫资金2.55亿元，资助1770个村，受惠131.74万人次。在广州市内，从化区是全市帮扶重点区域，2020年从化区慈善会对接“广东扶贫济困日活动暨羊城慈善为民”募捐活动，捐赠资金达4233.9万元，从天河、番禺、黄埔三区链接2600万元帮扶全区130个经济薄弱村发展，继续推广“荔枝公益定制”模式，助力从化乡村振兴。在广州市外，广州慈善会系统积极援助“三区三州”等深度贫困地区和其他扶贫活动。全市12家市、区级慈善会中有8家慈善会开展了援助“三区三州”等深度贫困地区和其他扶贫活动，共投入扶贫资金3206.52万元，开展扶贫项目10项，受益建档立卡贫困户数12875户，直接受益人数57635人，扶贫项目地点覆盖四川、西藏、贵州、新疆、广东5省（自治区）7市（州）13县。①

在参与疫情防控方面，广州慈善会系统织积极发动会员企业和社会力量向疫情防控一线捐赠消毒用品、医疗口罩、防护服等防控物资，缓解社区一线防控物资紧张状况。据不完全统计，2020年度，全市12家市、区

① 参见广州市、区级慈善会2020年度工作报告书，广州市社会组织管理局社会组织信息公示平台，http：//mzj. gz. gov. cn/gznpo/。

级慈善会累计接收疫情防控捐赠款物就超过了2.46亿元。[①] 其中，广州市慈善会为1.33亿元，11家区级慈善会合计1.13亿元（见图14）。2020年1月25日，广州市慈善会发出《为抗击新型冠状病毒肺炎出一份力》的倡议书，并在“广益联募”“腾讯公益”等互联网募捐平台上线“新冠肺炎紧急驰援”公开募捐项目，仅仅两天之内就接收到捐赠款物1600万元，其中线上筹款550万元。2020年2月22日，广州市慈善会携手广州市社会工作协会推出“善暖社区——资助社区疫情防控计划”，资助全市201个社工服务站（慈善捐赠站点）购置防疫物资、设备，援助社区困难群体防疫。

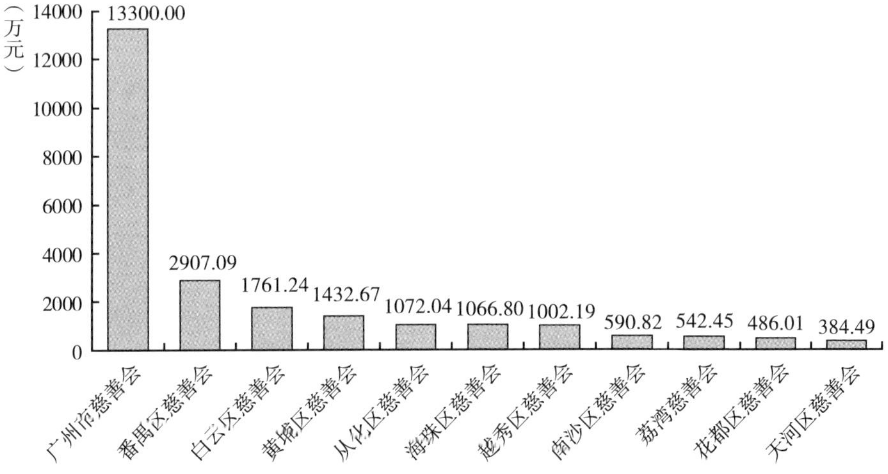

图14　2020年度广州市、区级慈善会接收疫情防控捐赠款物金额

资料来源：广州市、区级慈善会2020年度工作报告书，广州市社会组织管理局社会组织信息公示平台，http://mzj.gz.gov.cn/gznpo/。

（二）推行“物质+服务”救助模式

广州慈善会系统通过实施“物质+服务”多层次各领域慈善救助工

① 荔湾慈善会捐赠数据截至2020年4月30日，花都区慈善会捐赠数据截至2020年5月14日。

作，积极发挥慈善事业在第三次分配中的作用，成为推进广州市基本民生保障水平持续提升的重要社会力量。各类慈善救助类项目成为广州慈善会系统最为基础，同时也是品牌影响力最大的慈善项目。比较典型的慈善救助类项目包括广州市慈善会与广州市海珠区碧心公益服务中心在2018年启动“珠珠慈善医疗救助平台”项目。该项目充分整合政府医疗救助政策、公益慈善组织、媒体、医院、社会爱心力量等资源，为重疾患者提供医疗咨询和救助服务。2020年，广州市慈善会全新升级“珠珠慈善医疗救助平台”，广泛链接社会资源，从团队建设、专业化服务、志愿者参与等方面为大病患者提供“资金+服务”综合性医疗救助服务。

“微心愿·善暖万家”项目是广州市慈善会于2019年10月发起的困难群体帮扶项目，通过联合全市数百家社区慈善捐赠站和公益慈善组织，以入户探访、电话访问等方式收集全市低保低收入对象、困境儿童、特困人员、留守老年人、孤寡老人、贫困重度残疾人等困难群体家庭的“微心愿”，以公开募捐的方式联动企业志愿者、社区志愿者、党员志愿者等，每年实现一万户困难家庭的“微心愿”。截至2020年12月底，“微心愿·善暖万家”项目已累计实现10089个困难家庭的“微心愿”，受惠者达26963人次。

“爱蕾行动——白血病困境儿童救助计划”是广州市慈善会于2009年9月启动的困境儿童救助项目，在经过2014年和2019年的两次升级迭代之后，目前已将服务对象从本市户籍儿童扩大到外来务工家庭儿童，救助内容拓展至涵盖助学和助医两大领域，重大疾病医疗救助标准为每人每年最高10000元，助学金为每人每年最高5000元。2020年，“爱蕾行动——白血病困境儿童救助计划”共募集金额34.51万元，资助金额超过70万元，救助困境儿童90名。广州市慈善会在2019年联合广州市海珠区派森社会工作资源中心和广州医科大学附属肿瘤医院联合设立的“希望之光救助基金”是重病患者医疗救助项目，在提供资金救助的同时开展关爱服务，致力于构建“物资+服务”慈善救助新模式。

（三）搭建全民参与慈善平台

在开展慈善救助的同时，从发起网络公开募捐项目到举办“体育＋慈善”主题筹款再到推进社区慈善基金培育发展，广州慈善会系统积极搭建形式各样的全民参与慈善平台，营造“人人慈善为人人”的全民慈善文化。在公开募捐项目方面，数据显示，全市12家市、区级慈善会中有7家实施了募捐方案备案，共备案募捐方案198项，其中互联网募捐108项。[①] 广益联募是民政部指定的首批全国慈善组织互联网公开募捐信息平台之一。目前广益联募已成为广州慈善会系统开展网络公开募捐的重要平台。

在此过程中，“羊城慈善为民”项目、“广东扶贫济困日”活动成为广州慈善会系统搭建全民参与的慈善募捐平台的重要载体。与此同时，在全民运动健身热潮持续推进的当下，广州慈善会系统也积极举办运动健身主题筹款活动。例如，已连续举办七届的“慈善健康行活动”是番禺区慈善会助推“全民慈善”热潮的品牌募捐项目，每年围绕不同的运动主题为不同领域的慈善项目筹款，2020年聚焦于关爱帮扶老年人服务。

此外，社区慈善基金也成为广州慈善会系统推动全民慈善的重要工作。2019年，广州市民政局印发《广州市实施“社工＋慈善”战略工作方案》，进一步健全“社工＋慈善”运行机制，推动社区慈善基金（会）有序发展。在此背景下，广州市慈善会在同年发起成立广州市善城社区公益基金会。市、区慈善会主要负责为社区慈善基金提供启动资金，帮助其建立募用分离、联合募捐、定向捐赠等多元捐赠和资金支持体系，出台规范性服务指引，等等。对此，广州市慈善会还设置有“广州市慈善会社区慈善基金”恒常项目，为社区慈善基金建立社区募捐长效机制。截至2020年底，全市共设立407个社区慈善基金，各区完成新设立不少于10个社区慈善基金的目标。而早在2019年，广州市番禺区就积极推进社区居（村）委会、社会

① 参见广州市、区级慈善会2020年度工作报告书，广州市社会组织管理局社会组织信息公示平台，http：//mzj. gz. gov. cn/gznpo/。

组织、社会工作者、社区企业、社区基金“五社联动”共治生态圈建设。截至2020年底，全区275个村居全部设立社区慈善基金，在全省率先实现区县级村居社区基金全覆盖。

（四）发挥枢纽型慈善组织作用

广州市、区级慈善会积极发挥枢纽型、支持型慈善组织的优势和作用，通过项目资助、公益创投、能力建设等多元举措，推动本地公益慈善生态建设。例如，番禺区慈善会举办的“番禺区公益慈善创投项目大赛”至今已连续举办五届，成为番禺区慈善事业颇具代表性的品牌项目。广州市慈善会与广州市善城社区公益基金会在2020年联合主办的首届“创善·微创投——广州市社区公益微创投项目”，聚焦于为社区社会组织对接慈善资源，打造成为社区公益慈善服务的资源链接平台。从化区慈善会2020年主办的“社会组织能力提升项目”和“社工增能计划”则聚焦于提升社会组织机构管理、项目管理和人才建设等方面的专业能力，不断提升社会组织的专业服务水平。

五　进一步深化慈善会系统改革创新的建议

《中华人民共和国慈善法》颁布以来，从慈善款物募用分离探索到法人治理机制建设，从冠名基金设立到社区慈善基金培育，广州慈善会系统持续推进社会化转型，为国内其他地区慈善会改革提供了有益参考。2020年，广州慈善会系统切实履行服务国家、服务社会、服务行业、服务群众的宗旨，积极动员和引导慈善力量依法有序参与脱贫攻坚、疫情防控、困难群体慈善救助以及慈善事业基础建设，发挥慈善事业在第三次分配中的作用。但与此同时，不同层级、不同区域慈善会发展不均衡不充分的问题依然存在。

2021年是“十四五”规划开局之年，也是乘势而上开启全面建设社会主义现代化国家新征程、向第二个百年奋斗目标进军的关键之年。在此背景下，针对广州慈善会系统发展不均衡不充分的问题，如何更加高效地推动慈善事业高质量发展，成为未来一段时间内广州慈善会系统亟待思考的重要课题。为此，本报告提出如下几点建议。

第一，深刻理解新发展阶段推动慈善事业高质量发展的重大意义和深刻内涵，进一步加强党对慈善会系统的领导，注重加强区级慈善会和镇街级慈善会的党组织建设和党建引领作用发挥，把党的组织优势和政治优势转化为慈善会的发展优势，把党组织的政治活力转化为慈善会的发展活力。

第二，加快完善以章程为核心，以健全法人治理结构和制度建设为基础，以信息公开和综合监管为保障，以公信力建设为目标的法人治理结构和治理规则，明确并切实发挥决策机构、执行机构和监督机构的具体职责，保证慈善会发展的行稳致远。

第三，坚定慈善会的社会化改革方向，特别是区级慈善会应继续加强秘书处的建设和执行团队人员配备。仍未认定为慈善组织，还未取得公开募捐资格的区级慈善会，要按照《中华人民共和国慈善法》及配套规定，尽快启动相关工作，实现慈善会的合法合规运作。

第四，基于现代慈善的理念，借鉴国内慈善会改革创新先进经验，推动慈善会的专业化发展，特别是在慈善捐赠平台搭建、慈善品牌项目打造、慈善财产保值增值、重大突发公共事件应急响应等方面进行更加科学、系统的规划，展现慈善会系统自身的优势，真正发挥区域慈善枢纽作用。

第五，强化市、区、镇街三级慈善会对社区慈善发展的支持能力。在社区慈善体系建设过程中，一方面需要形成多部门的联动机制，盘活社区存量慈善资源；另一方面也需要市、区、镇街三级慈善会找准各自的定位，建立健全市、区慈善会常态化联动机制，在资源筹集、能力建设、项目开展等方面实现高效协同，同时在组织网络建设中着重支持镇街级慈善会的发展，更好发挥镇街级慈善会在社区慈善体系建设中的关键节点作用。

B.8
2020年度广州市基金会发展报告

赖伟军*

摘　要： 当前我国公益慈善事业快速发展背景下，基金会愈发成为其中不可或缺的推动力量。本报告聚焦广州市基金会发展，尝试通过2020年年报数据的挖掘分析，对广州基金会基本发展概况、资源动员能力及业务开展情况展开考察，总结基金会运行发展的基本特点并发现其中存在的问题。研究发现，与全国基金会快速发展趋势基本一致，广州市基金会发展整体呈现高增长态势。不过，在基金会数量高速增长的同时，广州基金会大部分处于小规模运行状态，社会资源动员能力偏弱，部分基金会工作开展活力不足，一些机构甚至出现"休眠化"倾向。针对上述问题，本报告提出以下对策建议：对基金会发展进一步开放增能；加强对基金会运行发展的监督管理；积极打造基金会发展的广州品牌。

关键词： 基金会　资源动员　广州市

在中国公益慈善事业快速推进发展背景下，基金会无疑构成其中一个关键组成部分。本报告聚焦广州市基金会发展，尝试通过组织年报数据的有效挖掘，对广州市基金会发展的总体状况进行深入考察，分析基金会发

* 赖伟军，深圳大学公共管理系助理教授，广州社会组织研究院特约研究员。

展过程中存在的问题和挑战，并针对相关问题和挑战提出对策建议。本报告主要分为四部分。首先，对广州市基金会发展的基本概况进行梳理，包括基金会数量增长趋势、注册资金规模、基金会总体资产状况等概况信息。其次，对广州市基金会2020年度收入状况展开考察分析，包括全市基金会的总体收入状况、不同类型收入的具体情况分析等。再次，对广州市基金会2020年度基本支出状况加以分析，包括全市基金会的年度支出总体规模、不同类型支出的微观结构分析等。最后，基于上述数据分析，对广州市基金会发展中存在的相关问题进行总结梳理，并提出针对性建议。数据来源方面，本报告主要利用广州市社会组织管理局社会组织信息公示平台的社会组织最新数据。①

一 广州市基金会发展基本概况

（一）基金会数量增长趋势

组织数量增长趋势能够最直观地呈现基金会总体发展概况。截至2020年12月底，广州全市登记注册的基金会数量共计104家。如图1所示，与全国基金会高速发展的整体态势基本一致，广州市市级基金会发展从2012年开始起步②，在过去十年间总体保持快速增长趋势。

进一步分年度对基金会注册数量进行分析，结果显示，广州全市104家基金会大部分（89家）是在2016年以后成立，其中2018年和2020年注册

① 除另有标注外，本文图表资料来源均来自广州市社会组织管理局（http：//mzj. gz. gov. cn/gznpo/）社会组织信息公示平台（http：//112. 94. 64. 225：8080/home/pubbase/xxgsAllShzz），下文不再赘述。

② 2012年，国家民政部在全国推广下放非公募基金会注册审批权改革。当年8月中旬，广东省民政厅转发民政部关于同意将非公募基金会登记管理权限下放到广州市民政局的通知，在此背景下，广州市民政局从2012年9月1日起开始启动市级非公募基金会的登记注册工作。参见赖少芬《广东首次下放非公募基金会登记管理权限》，凤凰网，2021年8月21日，https：//news. ifeng. com/c/7fczQ9ZPJHf。

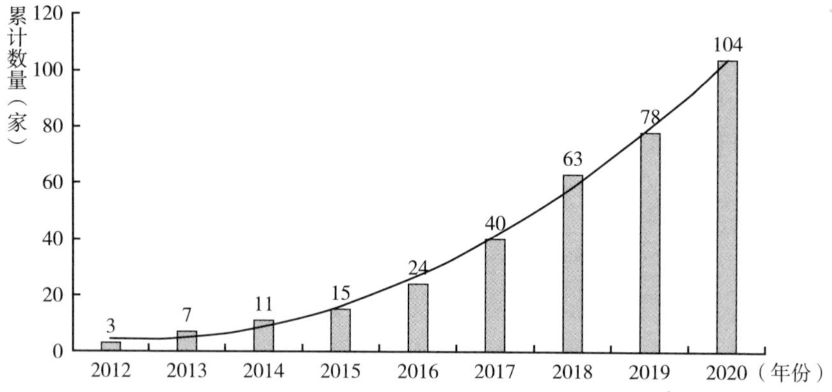

图1　广州市基金会整体发展趋势

基金会数量分别达到23家和26家，呈现强劲的增长势头（见图2）。2016年，酝酿已久的《中华人民共和国慈善法》正式颁布实施，广州基金会组织数量增长趋势从侧面反映出《中华人民共和国慈善法》的实施对地方公益慈善事业发展具有积极促进作用。

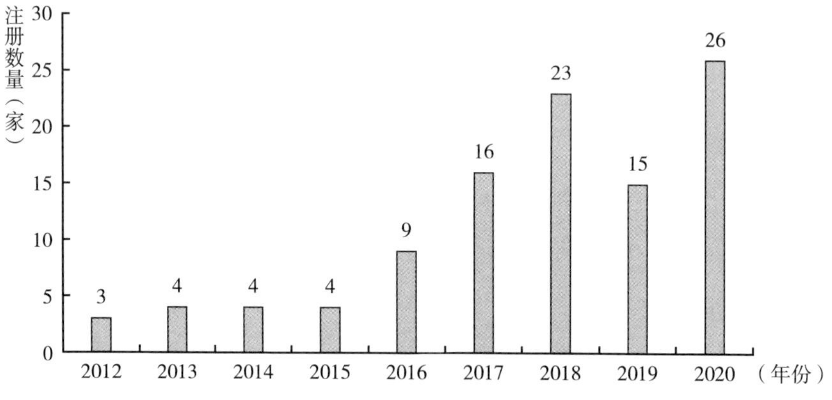

图2　2012～2020年广州市基金会注册数量

（二）基金会慈善组织身份

根据我国现行《基金会管理条例》，所有基金会从正式获得登记注册身份伊始，其组织属性就被界定为“以从事公益事业为目的”的非营利性法人。[①] 因此，在《中华人民共和国慈善法》及其相关配套政策文件（尤其是《慈善组织认定办法》）颁布实施后，理论上所有正式登记注册的基金会都应该可以获得“慈善组织”法律身份。不过，考察广州市基金会的慈善组织身份数据，发现104家基金会中仍有11家并未获得慈善组织身份。

对基金会注册登记时间数据进一步挖掘分析，所有2016年9月1日《中华人民共和国慈善法》正式实施后注册的基金会（84家）全部登记为慈善组织，11家未获得慈善组织身份的基金会全部为《中华人民共和国慈善法》颁布实施前登记注册，另有9家《中华人民共和国慈善法》实施前注册的基金会通过申请慈善组织认定获得相关法律身份。由此可见，《中华人民共和国慈善法》实施前登记注册的基金会中尚有相当比例的机构未申请慈善组织身份认定。鉴于《中华人民共和国慈善法》对慈善组织作出的诸多约束性规定，上述慈善组织身份缺失的状态很可能是基金会主动选择的结果，即基金会为回避慈善组织身份带来的相关限制而放弃向民政部门申请慈善组织身份认定。

（三）基金会注册资金规模

基金会原始注册资金规模是考察衡量基金会组织规模的一个重要观察指标。根据广州市基金会历年年报数据，将其注册资金划分为200万元、200万~300万元（含）、300万~500万元（含）、500万~1000万元（含）、1000万元以上五个层级。如表1所示，广州市104家基金会中90家注册资金为200万元（《基金会管理条例》规定的最低注册资金要求），8家为200万~300万元（含），只有2家基金会原始注册资金超过1000万元。这表明广州市基金会发展总体走的是轻量级路线，大部分（占比94.23%）为注册资金300万元以下的小规模基金会。

① 参见《基金会管理条例》第一章第二条，中华人民共和国民政部，2007年7月20日，http：//www.mca.gov.cn/article/gk/fg/shzzgl/201507/20150715847909.shtml。

表 1　广州市基金会注册资金规模

注册资金(元)	数量(家)	百分比(%)	累计百分比(%)
200 万	90	86.54	86.54
200 万～300 万(含)	8	7.69	94.23
300 万～500 万(含)	2	1.92	96.15
500 万～1000 万(含)	2	1.92	98.07
1000 万以上	2	1.92	99.99

（四）基金会年末净资产规模

除了原始注册资金，另一个能够有效反映基金会组织规模的重要考察指标是基金会的年末净资产。基于广州市基金会 2020 年年报数据①，将年末净资产额划分为 200 万元以下、200 万（含）～300 万元、300 万（含）～500 万元、500 万（含）～1000 万元、1000 万（含）～3000 万元和 3000 万（含）元以上六个层级。如表 2 所示，超过 70% 的基金会 2020 年年末净资产低于 300 万元，超过 80% 的基金会 2020 年年末净资产在 500 万元以内，只有 10% 左右的基金会 2020 年年末净资产超过 1000 万元，这进一步印证了广州市基金会的整体小规模运行状态。此外，通过将 2020 年广州市基金会年末净资产分布与 2019 年数据②加以对比，发现净资产分层结构基本没有太大变化，基金会资产状况总体保持稳定。

① 只有 90 家基金会在广州市民政局社会组织信息平台更新了 2020 年年报数据，因此本部分分析主要基于这 90 家基金会的年报数据展开。

② 在 90 家已更新 2020 年年报数据的基金会中，只有 68 家有 2019 年年报数据（其余 22 家为 2020 年新注册基金会），因此本部分比较分析主要基于这 68 家基金会数据展开。

表 2 广州市基金会 2020 年与 2019 年年末净资产比较

年末净资产额（元）	2020 年（90 家有效数据）			2019 年（68 家有效数据）	
	数量（家）	百分比（%）	累计百分比（%）	数量（家）	百分比（%）
200 万以下	37	41.11	41.11	23	33.82
200 万（含）~300 万	28	31.11	72.22	26	38.24
300 万（含）~500 万	8	8.89	81.11	8	11.76
500 万（含）~1000 万	8	8.89	90.00	4	5.88
1000 万（含）~3000 万	6	6.67	96.67	5	7.35
3000 万（含）以上	3	3.33	100.00	2	2.94
净资产总额（万元）	44584.20	37846.80			
平均净资产（万元）	495.40	556.60			

值得注意的是，2020 年广州市有 37 家基金会（占比 41.11%）年末净资产额在 200 万元以下，意味着这 37 家基金会年末净资产已经低于 200 万最低原始注册资金线。进一步对基金会 2019 年年末净资产数据加以分析发现，2019 年同样有超过 1/3 的基金会年末净资产额跌破 200 万元最低原始注册资金线，这一现象值得关注。

二 广州市基金会2020年度收入分析

相较于其他慈善组织类型，基金会运行发展的最大特点在于其作为一种公益资产的集合体对社会慈善资源的广泛动员能力。通过考察其年度收入状况，能够对区域基金会发展的资源动员能力形成有效评估和把握。本报告将对广州市基金会 2020 年度收入状况及各项收入来源的具体情况展开分析。需要指出的是，由于只有 90 家基金会发布了 2020 年年报数据，以下分析将主要基于这 90 家基金会的年度收入数据展开。

（一）基金会年度总体收入分析

1. 年度总体收入分布

首先来看广州市基金会年度总体收入状况。根据基金会最新年报数据，将年度总收入按规模划分为 0 元、1 万元以内、1 万（含）~10 万元、10 万（含）~20 万元、20 万（含）~50 万元、50 万（含）~100 万元、100 万（含）~200 万元、200 万（含）~300 万元、300 万（含）~500 万元、500 万（含）~1000 万元、1000 万（含）元以上 11 个区间，考察基金会年度总体收入在上述不同区间的具体分布。

如表 3 所示，2020 年广州市有 9 家基金会年度收入为 0 元，另有 9 家基金会年收入在 1 万元以内，总体收入低于 1 万元的基金会占比达到 20%。数量分布最多的收入区间为 200 万（含）~300 万元，其次为 50 万（含）~100 万元，分别有 17 家（占比 18.89%）和 11 家（占比 12.22%）。年收入高于 1000 万（含）的基金会有 3 家。

如果把上述 11 个收入区间进行一定的划分，将年收入低于 20 万元划为低收入，20 万（含）~100 万元划为中低收入，100 万（含）~300 万元为中等收入，300 万（含）~1000 万元为中高收入，1000 万元（含）以上为高收入，从表 3 数据分布可以看到超过一半的（53.33%）广州基金会 2020 年总收入处于中低水平以下，只有 16.66% 的基金会年度收入达到中高收入及以上。结合收入区间和收入层次两种数据分析，可以看出，广州市基金会资源动员能力相对一般，这也与广州市基金会小体量运行的总体特征基本吻合。

表 3　广州市基金会 2020 年度总体收入状况（90 家）

收入区间（元）	数量（家）	百分比（%）	收入层次	数量（家）	百分比（%）
0	9	10.00	低收入	27	30.00
1 万以内	9	10.00			
1 万（含）~10 万	6	6.67			
10 万（含）~20 万	3	3.33			

续表

收入区间(元)	数量(家)	百分比(%)	收入层次	数量(家)	百分比(%)
20万(含)~50万	10	11.11	中低收入	21	23.33
50万(含)~100万	11	12.22			
100万(含)~200万	10	11.11	中等收入	27	30.00
200万(含)~300万	17	18.89			
300万(含)~500万	8	8.89	中高收入	12	13.33
500万(含)~1000万	4	4.44			
1000万(含)以上	3	3.33	高收入	3	3.33
基金会年度收入总额(万元)	16303.72				
平均年度收入(万元)	181.15				

2. 年度总体收入构成

在对基金会总体收入规模分布考察的基础上，进一步对其年度收入的内在结构加以分析。基于广州市基金会2020年年报数据，将其收入来源分为捐赠收入、政府补助收入、投资收益、提供服务收入、会费及商品销售收入和其他收入六种类型。如表4所示，与全国大部分基金会一样，捐赠收入构成广州市基金会年度收入的主体部分（占比93.93%），反映出基金会运行发展对社会公益捐赠资源的高度依赖。政府补助收入在基金会2020年度总收入中占比只有0.01%，这也基本符合非公募基金会的发展特征。此外，投资收益、提供服务收入及其他收入在基金会年度总体收入中占比分别为2.65%、2.01%、1.61%，构成广州市基金会捐赠收入之外的几项补充性收入，会费及商品销售收入基本可以忽略不计。

表4　广州市基金会2020年度收入具体构成（90家）

收入类别	总额(万元)	百分比(%)
捐赠收入	15313.68	93.93
政府补助收入	1.92	0.01
投资收益	431.86	2.65

续表

收入类别	总额(万元)	百分比(%)
提供服务收入	327.87	2.01
会费及商品销售收入	0.60	0.00
其他收入	261.70	1.61
年度收入总额	16303.72	100.00

（二）基金会捐赠收入分析

除了对年度总体收入进行分析，有关基金会资源动员能力的评估还可以通过对不同类型收入内部结构的考察加以分析。作为基金会年度收入的主体，捐赠收入成为表征基金会社会资源动员能力的一个最重要指标。基于广州市基金会最新年报数据，将其捐赠收入按规模划分为0元、10万元以内、10万（含）~20万元、20万（含）~50万元、50万（含）~100万元、100万（含）~200万元、200万（含）~300万元、300万（含）~500万元、500万（含）~1000万元、1000万（含）元以上10个区间，考察基金会年度捐赠收入在不同区间的具体分布。如表5所示，90家更新2020年年报数据的基金会中，22家年度捐赠收入为0元，这意味着有接近1/4的广州基金会2020年未能对外开展有效的资源动员工作。44.45%的基金会年度捐赠收入低于50万元，57.78%的基金会年度捐赠收入在100万元以内，只有7家（7.77%）基金会2020年度捐赠收入超过500万元（含）。从分布数据来看，年度捐赠收入处在200万（含）~300万元区间的基金会数量最多（17家）。不过，对这17家基金会具体注册时间进行分析后发现，其中10家是在2020年新注册成立的基金会，即如果这些基金会把原始注册资金算入机构年度捐赠收入，那么将在一定程度上放大广州市基金会的常规资源动员能力。综合以上数据分析，广州市基金会的社会资源动员能力整体偏弱，有很大的改善空间。

表 5　广州市基金会 2020 年度捐赠收入分布

年度捐赠收入(元)	数量(家)	百分比(%)	累计百分比(%)
0	22	24.44	24.44
10 万以内	6	6.67	31.11
10 万(含)~20 万	5	5.56	36.67
20 万(含)~50 万	7	7.78	44.45
50 万(含)~100 万	12	13.33	57.78
100 万(含)~200 万	8	8.89	66.67
200 万(含)~300 万	17	18.89	85.56
300 万(含)~500 万	6	6.67	92.23
500 万(含)~1000 万	4	4.44	95.67
1000 万(含)以上	3	3.33	100.00
捐赠收入总额(万元)	15313.68		
平均捐赠收入(万元)	170.15		

(三)基金会投资收益与服务收入分析

虽然捐赠收入是表征基金会社会资源动员能力的关键指标，但服务收入、投资收益等作为基金会重要补充性收入也是推动组织资源多元化发展极其重要的策略。广州市基金会 2020 年度总体收入构成数据分析显示，投资收益和提供服务收入在年度总收入中的占比分别为 2.65% 和 2.01%，呈现资源多元化潜力。不过，对两种基金会补充性收入的内部结构进一步分析发现，两种收入均表现出高度的资源集中性。在所有 90 家更新 2020 年年报数据的基金会中，只有 4 家有服务性收入，其中 2 家服务性收入超过 100 万元，构成全市基金会提供服务收入的主要来源。从表 6 可见，在 90 家更新 2020 年年报数据的基金会中，只有 17 家有投资收益，其中 13 家投资收益额低于 10 万元，3 家在 10 万 ~50 万元，广州农商银行太阳公益基金会投资收益高达 320 多万元，极大地拉高了全市基金会的平均投资收益额。基于以上分析，广州市基金会的资源多元化能力也整体偏弱。

表6　广州市基金会2020年度投资收益分布（90家）

投资收益(元)	数量(家)	百分比(%)
0	73	81.11
10万以内	13	14.44
10万(含)~50万	3	3.33
50万以上	1	1.11
投资收益总额(元)	4318580.90	

三　广州市基金会2020年度支出分析

作为当前推动我国公益慈善事业发展的重要力量，在进行广泛社会资源动员的同时，基金会的公益慈善价值与使命最终需要通过各类对外项目活动的开展来实现，其中涉及相关项目工作开展过程中的一系列成本支出，包括项目直接成本及为支持基金会相关工作开展产生的管理费用等。本报告将对广州市基金会2020年度支出状况展开分析。与收入分析一样，对基金会年度支出状况的考察基于90家更新2020年年报信息的基金会数据展开。

（一）基金会年度总体支出分析

1. 基金会总体支出分布

首先看基金会总体支出状况。基于广州市基金会2020年年报数据，将年度总体支出按规模划分为0元、1万元以内、1万（含）~10万元、10万（含）~20万元、20万（含）~50万元、50万（含）~100万元、100万（含）~200万元、200万（含）~500万元、500万（含）~1000万元、1000万（含）元以上10个区间，考察基金会年度支出在各区间的具体分布结构。如表7所示，在90家基金会中，有8家2020年度支出为0元，接近1/3（32.22%）年度支出低于20万元，这部分基金会基本上可以被认为处于休眠状态，没有太多实质性项目工作开展。有 26 家基金会（占比 28.89%）2020 年度支出 20 万（含）~100 万元，将其与年度支出低于 20 万元的基金会数量相加，意味着广州市有超过 60% 的基金会 2020 年总体支出处于中低水平及以下，只有不到 1/4（22.22%）的基金会 2020 年度支出超过 200 万元（含）。综合以上数据分析可见，广州市基金会年度支出偏低，基金会组织运行的整体活力相对不足。

表 7　广州市基金会 2020 年度总体支出状况（90 家）

支出区间(元)	数量(家)	百分比(%)	支出层次	数量(家)	百分比(%)
0	8	8.89	低支出	29	32.22
1 万以内	8	8.89			
1 万(含)~10 万	3	3.33			
10 万(含)~20 万	10	11.11			
20 万(含)~50 万	14	15.56	中低支出	26	28.89
50 万(含)~100 万	12	13.33			
100 万(含)~200 万	15	16.67	中等支出	15	16.67
200 万(含)~500 万	14	15.56	中高支出	19	21.11
500 万(含)~1000 万	5	5.56			
1000 万(含)以上	1	1.11	高支出	1	1.11
基金会年度支出总额(元)	11724.53				
平均年度支出(元)	130.27				

2. 基金会总体支出构成

在对基金会年度总体支出分析的基础上，进一步对不同支出类型的具体构成状况加以考察。如表 8 所示，与全国基金会公益项目支出在其总体支出中的比例结构基本一致，业务支出构成基金会年度总体支出的核心部分（占比 91.95%），从而有效保证基金会组织运行的公益属性。管理费支出构成基金会年度支出的第二大部分，占比 5.8%，控制在《基金会管理条例》规定的 10% 管理费合理比例之内。此外，筹资费用在基金会年度总体支出中的占比基本可以忽略不计，表明广州市基金会在对外开展资源筹集工作方面的成本投入较少，这也与广州市基金会整体社会资源动力能力偏弱的状况基本吻合。

表 8　广州市基金会 2020 年度支出具体构成（90 家）

支出类别	总额(元)	百分比(%)
业务支出	10780.89	91.95
管理费支出	679.70	5.80
筹资费用	12.20	0.10
其他费用	254.72	2.15
年度支出总额	11724.53	100.00

（二）基金会年度业务支出分析

虽然广州市基金会年度总体支出数据显示其组织运行整体活力相对不足，但为了对广州基金会公益项目的实际开展情况进行更深入观察，仍需围绕其业务支出状况展开进一步探讨考察。如表 9 所示，在 90 家更新 2020 年年报数据的基金会中，有 18 家（占比 1/5）年度业务支出为 0 元，36.66% 的基金会年度业务支出在 20 万元以内。这部分基金会平时少有公益项目活动开展，基本上可以被认定为休眠型基金会。25.55% 的基金会年度业务支出为 20 万（含）~100 万元，只有不到 6%（5 家）的基金会年度业务支出超过 500 万元（其中，只有一家基金会 2020 年业务支出超 1000 万元）。32.23% 的基金会年度业务支出在 100 万（含）~500 万元，这部分机构属于全市基金会中公益项目开展相对比较活跃的组织群体。不过，即使加上年度业务支出超 500 万元的 5 家基金会，广州基金会中运行相对活跃的机构占比总体仍然偏低（37.78%）。

表 9　广州市基金会 2020 年度业务支出分布（90 家）

年度业务支出(元)	数量(家)	百分比(%)	累计百分比(%)
0	18	20.00	20.00
10 万以内	4	4.44	24.44
10 万(含)~20 万	11	12.22	36.66

续表

年度业务支出(元)	数量(家)	百分比(%)	累计百分比(%)
20万(含)~50万	13	14.44	51.10
50万(含)~100万	10	11.11	62.21
100万(含)~200万	15	16.67	78.88
200万(含)~500万	14	15.56	94.44
500万(含)~1000万	4	4.44	98.88
1000万(含)以上	1	1.11	99.99
业务支出总额(万元)	10780.89		
平均业务支出(万元)	119.79		

(三)基金会年度管理费支出分析

除了直接业务活动成本，管理费支出是另一个能够从侧面反映基金会日常运行状态的指标。理论上讲，在努力保持基金会组织有效运转过程中，越高的管理费支出代表着越多的基金会人力成本及日常行政办公经费投入，也即更高的基金会组织运行活跃度。不过，受限于基金会年度总体支出规模及《基金会管理条例》规定的10%管理费比例限制，广州市基金会年度管理费支出不太可能过高。如表10所示，与年度总体支出结构基本对应，大部分广州基金会管理费支出非常低，其中76.67%的基金会年度管理费支出在10万元以内。如果不考虑部分基金会为了控制管理费比例而采取的从基金会外部支取机构管理费的做法，单从表10呈现的管理费支出分布来看，大部分广州市基金会属于小微型基金会，这进一步印证了在本报告中反复出现的有关广州市基金会小体量运行特征的总体结论。

表10　广州市基金会2020年度管理费支出分布(90家)

年度管理费支出(元)	频次	百分比(%)	累计百分比(%)
0	13	14.44	14.44
1万以内	24	26.67	41.11
1万(含)~5万	18	20.00	61.11

续表

年度管理费支出(元)	频次	百分比(%)	累计百分比(%)
5万(含)~10万	14	15.56	76.67
10万(含)~20万	11	12.22	88.89
20万(含)~50万	8	8.89	97.78
50万(含)以上	2	2.22	100.00
管理费支出总额(元)	679.70		
平均管理费支出(元)	7.55		

四 总结与建议

(一)结论

综合以上所有数据分析，本报告对广州市基金会年度发展状况得出如下基本结论。

第一，与全国基金会领域的快速发展趋势基本一致，广州市基金会发展整体呈现较快增长态势。从2012年获得基金会登记注册权限并在当年注册成立第一批基金会开始，广州市基金会以非公募基金会为主体，在不到十年时间内快速增长到2020年的104家，年均增长率高达55.77%，超过广东省及全国平均水平。在《中华人民共和国慈善法》的积极促推之下，广州市基金会更是呈现加速度增长趋势。

第二，在基金会数量实现高速增长的背景下，广州市基金会发展总体走轻量级发展路线，大部分基金会处于小规模运行状态，整体社会资源动员能力偏弱。数据分析结果显示，广州市绝大多数基金会（94.23%）原始注册资金低于300万元，72.22%的基金会2020年年末净资产在300万元以内。同时，24.44%的广州市基金会年度捐赠收入为0元，44.45%的基金会年度捐赠收入低于50万元，57.78%的基金会年度捐赠收入在100万元以内。除个别基金会通过探索服务创收及投资获得一定的补充性收入外，绝大部分广州基金会资源多元化能力偏弱。

第三，广州部分基金会活力不足，一些机构甚至出现“休眠化”倾向。年报数据分析结果显示，2020 年广州市有 37 家基金会（占比 41.11%）年末净资产在 200 万元以下，2019 年也有超过 1/3 的基金会年末净资产跌破 200 万元最低原始注册资金线。与此同时，32.22% 的广州市基金会 2020 年度总体支出低于 20 万元，36.66% 的基金会年度业务支出在 20 万元以内，更有 18 家基金会 2020 年度业务支出为 0 元，这部分基金会基本处于休眠状态。

（二）对策建议

基于上述发现，针对广州市基金会运行发展的基本特点及其存在的相关问题，本报告尝试提出以下几点对策建议。

首先，对市级基金会发展进一步开放增能。一方面，面对本市基金会快速增长的态势，要对社会力量以发起成立公益基金会形式投入参与地方慈善事业发展的热情进行积极回应，在注册登记、税收优惠等方面给予基金会相应的政策支持，鼓励社区基金会等贴近市民生活、助力基层治理的新型基金会注册，引导推动本市基金会实现多元均衡发展。另一方面，针对本市基金会整体规模较小、社会资源动员能力相对不足的状况，要充分发挥平台型组织的行业发展推动作用，以举办行业论坛、组织参访培训等各种形式有效促进基金会行业内部交流互动和相互借鉴学习，积极推动本市基金会发展提质增能。针对基金会行业发展推动需要，可考虑成立类似基金会发展促进会的行业组织。

其次，加强对基金会运行发展的监督管理。尤其是要重视对“休眠型”基金会的有效监管。可以通过检查基金会所提交年度报告的方式对本市基金会年末净资产状况进行核查，对于年末净资产低于原始注册资金的基金会，要督促其尽快补足注册资金。针对工作开展活力不足、长期处于休眠状态的基金会，要了解基金会运行发展过程中遇到的问题和困难，督促其在业务范围内通过自主开展或对外资助等形式积极开展项目工作，从而保证基金会公益价值和使命的有效实现。

最后，深入推动社会组织品牌战略，积极打造基金会发展的广州品牌。虽然广州市基金会发展总体呈现小规模运行特征，整体社会资源动员能力偏弱，但也不乏一些各方面表现都相对突出的基金会。可以从相关机构中遴选出若干项目覆盖范围较广、社会影响力较大的基金会，通过内部经验交流、行业公开宣讲等形式积极促进相关基金会工作模式及其项目经验的对外传播扩散，鼓励相关基金会积极参与各类全国性行业平台及活动的展示与交流，从而进一步扩大这些基金会的行业及社会影响力，努力打造基金会发展的广州品牌。

B.9

2020年度广州市志愿服务组织发展报告

黎宝欣　邓榕兰*

摘　要：　截至2020年12月31日，在广州市、区两级登记注册的社会组织名称中含有“志愿”“义工”“义务工作者”字样的社会组织共有108家。广州市志愿服务组织数量及收支规模稳步提升，呈现积极的发展态势。进入新发展阶段，为了更好地推动志愿服务组织参与社会治理创新，本文提出以下建议：促进志愿服务加快融入基层社会治理体系，在“社工+慈善+志愿者”实践基础上，优化社区、社会组织、社会工作者、社区志愿者、社会慈善资源的“五社联动”机制；发挥枢纽型志愿服务组织作用，提升志愿服务专业化水平；优化志愿服务项目品牌，促进多元主体参与；依托大湾区优势，加强志愿服务合作交流，打造具有“湾区特色”的品牌志愿服务项目，探索志愿服务专业人才联合培育模式。

关键词：　志愿服务组织　志愿服务体系　广州市

党的十九届五中全会明确提出“健全志愿服务体系”，“广泛开展志愿服务关爱行动”，“畅通和规范市场主体、新社会阶层、社会工作者和志愿者等参与社会治理的途径”。[①]《中华人民共和国国民经济和社会发展第十四

* 黎宝欣，广州社会组织研究院研究人员；邓榕兰，广州社会组织研究院研究人员。

① 《中共中央关于制定国民经济和社会发展第十四个五年规划和二〇三五年远景目标的建议》，中国政府网，2020 年 11 月 3 日，http：//www. gov. cn/zhengce/2020 - 11/03/content_ 5556991. htm。

个五年规划和2035年远景目标纲要》提出，“支持和发展社会工作服务机构和志愿服务组织，壮大志愿者队伍，搭建更多志愿服务平台，健全志愿服务体系”。[①] 中央对志愿服务发展的新定位，为中国特色志愿服务创新发展提供了战略指引，志愿服务也成为加强和创新基层社会治理的重要力量。

2017年，《志愿服务条例》的出台极大促进了志愿服务组织的成长和发展。广东作为改革开放的前沿阵地，在志愿服务制度化建设方面一直走在全国前列。广东省第十三届人民代表大会常务委员会第二十六次会议于2020年11月27日修订通过《广东省志愿服务条例》，这为新发展阶段广州志愿服务事业的发展提供了更加坚实的法治保障。

《广州市国民经济和社会发展第十四个五年规划和2035年远景目标纲要》也明确提出，健全志愿服务体系，加强志愿服务社会组织培育发展、阵地建设，保障志愿者基本权利，广泛开展志愿服务关爱行动，建设“志愿之城”。[②] 为了更好地推动志愿服务的专业化发展，本报告着重对2020年度广州市志愿服务组织发展状况进行分析，并就新发展阶段如何更好地促进志愿服务组织建设提出策略建议。

一　广州市志愿服务组织基本状况

（一）志愿服务组织的成立时间

根据广州市及各区社会组织信息公示平台数据，截至2020年12月31日，在广州市、区两级登记注册的社会组织名称中含有“志愿”“义工”“义务工作者”字样的社会组织共有108家。广州市青年志愿者协会是广

① 《中华人民共和国国民经济和社会发展第十四个五年规划和2035年远景目标纲要》，新华网，2021年3月13日，http://www.xinhuanet.com/2021-03/13/c_1127205564.htm。

② 《广州市人民政府关于印发广州市国民经济和社会发展第十四个五年规划和2035年远景目标纲要的通知》，广州市人民政府门户网站，2021年5月19日，http://www.gz.gov.cn/zwgk/fggw/szfwj/content/post_7288094.html。

州市第一家登记注册的志愿服务组织，于1995年成立。自2013年起，志愿服务组织数量稳步增长，其中，2020年登记注册的志愿服务组织共8家（见图1）。

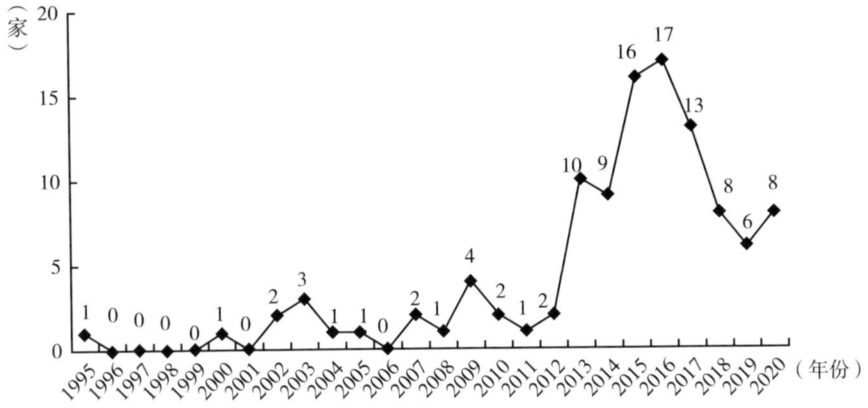

图1　广州市志愿服务组织成立时间

说明：除另有标注外，本文图表资料来源均来自广州市社会组织管理局（http：//mzj. gz. gov. cn/gznpo/）社会组织信息公示平台（http：//112. 94. 64. 225：8080/home/pubbase/xxgsAllShzz），下文不再赘述。

（二）志愿服务组织的组织形式

广州市志愿服务组织由社会团体和社会服务机构两种形式构成。其中，社会团体92家，占比85. 19%；社会服务机构16家，仅占14. 81%。由此可见，社会团体是志愿服务组织的主要组织形式。

（三）志愿服务组织的区域分布

数据显示，在108家志愿服务组织中，在广州市级登记注册的志愿服务组织有21家，占比19. 44%，在各区登记注册的志愿服务组织共87家，占比80. 56%。其中，从化区登记注册的志愿服务组织数量最多，达到22家，其次为南沙区，数量为16家（见图2）。

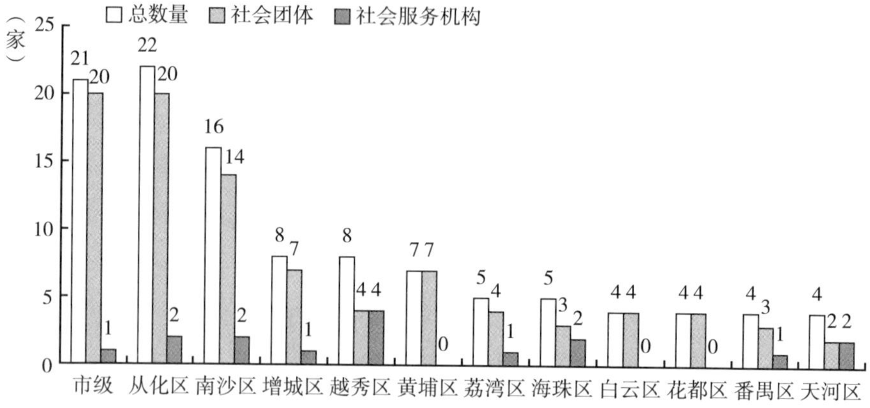

图 2　广州市志愿服务组织数量及地域分布

（四）志愿服务组织的注册资金

注册资金反映了志愿服务组织成立之初的原始资金规模。广州市志愿服务组织的平均注册资金为 2.37 万元，有一半志愿服务组织注册资金低于 3 万元。志愿服务组织的注册资金差距较大，注册资金为 0 元的志愿服务组织有 47 家，3 家为社会服务机构，44 家为社会团体。注册资金最高的志愿服务组织为广州市天廷救援志愿服务队、广州市和众泽益志愿服务中心，注册资金均为 30 万元。

（五）志愿服务组织的收支情况

截至 2021 年 6 月 30 日，108 家志愿服务组织中有 43 家未公开 2020 年度工作报告。此外，65 家志愿服务组织中有 18 家的 2020 年度收支均为零，1 家的年报数据异常，故作无效处理。这一数据也从侧面反映出有相当比例的志愿服务组织在 2020 年度基本处于休眠状态，未开展相关活动。因此，可查询到 2020 年度报告且其年度收支至少一项非零的志愿服务组织共有 46 家。以下主要基于这 46 家志愿服务组织进行财务和收支分析。

志愿服务组织的收入来源主要包括捐赠收入、会费收入、提供服务收入、商品销售收入、政府补助收入、投资收益和其他收入七类。根据对志愿服务组织财务数据分析，广州市46家志愿服务组织2020年度收入总额为2745.60万元，平均每家59.69万元（见表1）。在收入来源中，提供服务收入占比最高，占总收入的47.51%，总额为1304.71万元；其次为捐赠收入，总额为899.97万元，占总收入的比例为32.77%（见图3）。2020年度支出总额为2505.23万元，平均每家54.46万元。

表1　广州市志愿服务组织2020年度收支情况（N=46）

收入情况	金额(万元)	支出情况	金额(万元)
收入总额	2745.60	支出总额	2505.23
最大值	679.93	最大值	575.98
平均值	59.69	平均值	54.46
中位值	7.97	中位值	6.89

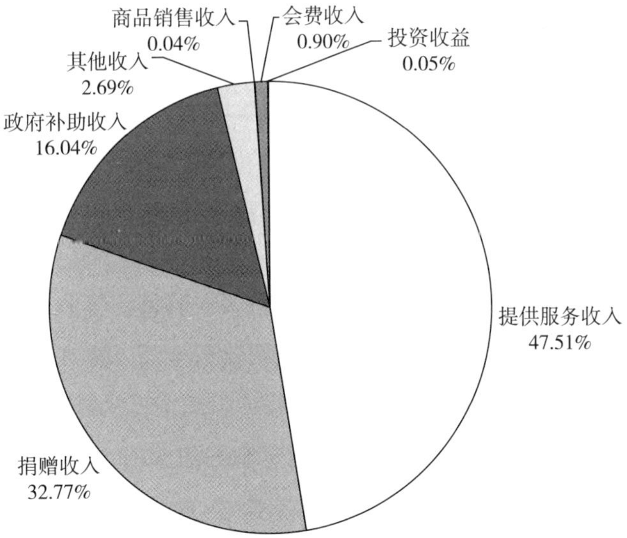

图3　广州市志愿服务组织2020年度收入结构

广州市志愿服务组织2020年度收支规模排名前十的组织见表2。收支规模排名前三的依次是广州市志愿者协会、广州市从化区启萌志愿服务中心和广州市从化区青年志愿者协会。收支规模排名前十的志愿服务组织，除了广州市志愿者协会以外，区级的青年志愿者协会和妇女志愿者协会也位列其中。这些志愿服务组织获得民政局、团委、妇联等部门的支持力度相对较大。

表2 广州市志愿服务组织2020年度收支规模前十名（N=46）

排名	志愿服务组织名称	收入总额（万元）	志愿服务组织名称	支出总额（万元）
1	广州市志愿者协会	679.93	广州市志愿者协会	575.98
2	广州市从化区启萌志愿服务中心	434.76	广州市从化区启萌志愿服务中心	494.95
3	广州市从化区青年志愿者协会	226.15	广州市从化区青年志愿者协会	161.71
4	广州市妇女志愿者协会	210.50	广州市和众泽益志愿服务中心	135.97
5	广州市和众泽益志愿服务中心	143.77	广州市天河区协创志愿服务中心	112.58
6	广州市越秀区青年志愿者协会	125.74	广州市妇女志愿者协会	110.21
7	广州市从化区志愿者协会	125.58	广州市越秀区青年志愿者协会	109.29
8	广州市花都区青年志愿者协会	122.67	广州市从化区志愿者协会	109.24
9	广州市越秀区心秀职业志愿者协会	114.34	广州青年志愿者协会	102.85
10	广州市黄埔区青年志愿者协会	112.04	广州市花都区青年志愿者协会	98.64

（六）志愿服务组织的等级评估情况

这里的社会组织等级评估是指广州市各级民政部门依照规范的方法和程序，由评估机构根据评估标准，对社会组织进行全面、客观的评估，并作出评估等级结论。[①] 数据显示，108家志愿服务组织中，共有13家获得评估等级，占比12.03%。其中，获得5A的志愿服务组织有2家，分别为广州市志愿者协会和广州市妇女志愿者协会；获得4A的志愿服务组织有1家；获

① 《广州市社会组织等级评估管理办法》，广州市民政局官网，2020年4月25日，http://mzj.gz.gov.cn/gznpo/npoxxgk/npozcfg/content/post_5806167.html。

得3A的志愿服务组织数量最多，共8家，获得2A和1A的志愿服务组织各1家，其余95家暂无评估等级（见图4）。

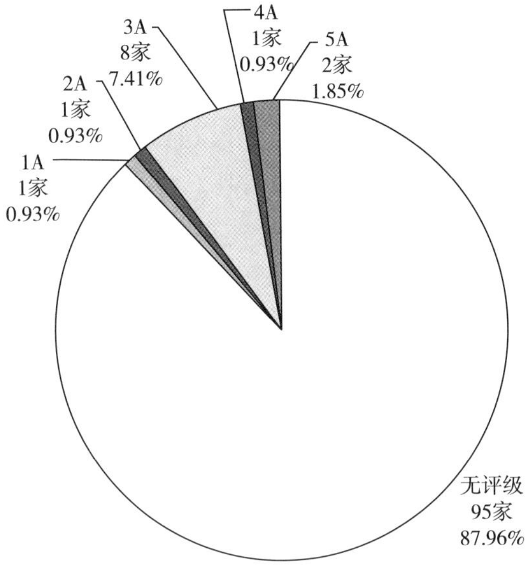

图4　广州市志愿服务组织2020年度等级评估情况

二　广州市志愿服务组织发展态势

（一）志愿服务制度化建设不断加强

广州在志愿服务制度化建设方面不断推进。2015年，广州市人大常务委员会修订《广州市志愿服务条例》，进一步规范志愿者的招募、登记、培训、管理和保障。2016年，广州市出台《关于促进慈善事业健康发展的实施意见》，提出培育发展各类慈善主体，鼓励社会各界成立志愿者服务组织，鼓励开展各类慈善活动，发展为老志愿服务和慈善事业。2020年，广州市制定出台《广州市推动慈善事业高质量发展行动方案》，提出发挥社会工作的专业优势、慈善组织的资源优势、志愿服务的力量优势，促进慈善、社会工作、志愿服务等深度融合发展。在上述一系列法规政策推动下，广州市志愿服务制度化建设不断加快，为广州深化全域文明创建、建设“志愿之城”和“慈善之城”提供了有力保障。

（二）志愿服务组织规模逐步扩大

志愿服务组织规模的变化主要体现在志愿服务组织数量和收支规模两个层面。首先，志愿服务组织数量稳步增长。1995 年，广州市第一家志愿服务组织成立，2013 年之前，广州市志愿服务组织规模增长缓慢，1995 ~ 2012 年，仅有 21 家志愿服务组织成立，占 2020 年志愿服务组织总数的 19.44%。2013 年之后，志愿服务组织数量增长明显加快。其中，2013 ~ 2020 年成立的志愿服务组织有 87 家，占全部数量的 80.56%。其次，志愿服务组织的资产实力不断增强。2020 年度广州市志愿服务组织收入总额为 2745.60 万元（N =46），平均每家 59.69 万元；支出总额为 2505.23 万元，平均每家 54.46 万元。与 2019 年度相比，收支规模均有一定增长，反映了志愿服务组织资源动员能力的提升。

（三）志愿者的组织化程度增强

广州市志愿服务信息系统建设工作走在全国前列，依托“志愿时”、公益“时间银行”及“i 志愿”等综合管理平台，全面推进志愿服务的信息化管理。据不完全统计，截至 2020 年 12 月，广州市注册志愿者达 380 万人，约占广州常住人口总数的 25.3%，同比增长 27.95%（2019 年为 297 万人），注册志愿服务组织及团体 1.5 万个，注册志愿者人数同比增长 21.38%（2019 年为 1.2 万个）。[①] 整体而言，广州市志愿者组织化程度较高。

（四）志愿服务品牌项目不断优化

志愿服务组织主动响应老年人、困境儿童、低保低收人员、残疾人、农

---

① 《广州：凝聚志愿力量，弘扬志愿精神，推动志愿服务更好服务经济社会发展大局》，《广州日报》，2021 年 1 月 21 日，https：//www.gzdaily.cn/amucsite/web/index.html#/detail/1477501。

村留守人员等特殊群体服务需求，助力社区居家养老、困境儿童关爱、特困人员和家庭救助等民生保障工作，多年来在各领域形成了不少品牌项目。在助老服务层面，打造“长者心声热线”“金秋送暖”“爱心待餐”等志愿服务品牌项目。此外，在广州市民政局指导下，广州市志愿者协会搭建广州公益“时间银行”，通过建立志愿服务时长积分兑换服务和资源的机制，引导社区低龄老人为高龄老人提供服务，打造“初老服务老老”模式，创新养老志愿服务新形式。在助残志愿服务上，广州市团委与市残联合作推出“志愿在康园”计划。至2021年，“志愿在康园”计划已发展10年，该计划每年累计开展助残志愿服务课程近2800场次，每年累计助残志愿服务近3万小时，近7000名残障人士在“志愿在康园”计划下逐渐融入社会。[①]“志愿在康园”计划引入“专业助残力量+志愿者”模式，志愿服务在促进残障人士心理康复、技能提升、社会融入、创业就业及自我保护等方面发挥积极作用。在社区治安防控上，“广州街坊”成为广州的名片之一。“广州街坊”由广州市政法委指导成立，由专业力量、半专业力量、行业力量和志愿力量四种社会治理力量组成。作为群防共治的重要力量，“广州街坊”主要发挥广泛收集上报信息、参与安全巡逻防控、参与矛盾纠纷调解、参与平安法治宣传等作用。

（五）志愿服务信息化管理平台建设持续深化

广州建立并不断完善“文明实践云平台”、“志愿时”综合管理系统、广州公益“时间银行”等志愿服务信息平台，优化“党员i志愿”“广州街坊”等微信小程序，依托信息化手段做好全市志愿者的招募、培训、服务、保障、激励等全流程管理。同时，通过信息平台，完善志愿者注册、项目发布、队伍管理、积分激励等一整套志愿服务信息化流程。其中广州公益“时间银行”通过开发专区、拓展服务、创新激励、动员注册等手段，联合

① 《十年助7000残障人士融入社会！广州青年助残志愿服务纪录片〈携手〉发布》，《广州日报》，2021年5月13日，https://www.gzdaily.cn/amucsite/web/index.html#/detail/1562897。

全市201个社工站以及全市“时间银行”服务点和培训点，建立起聚焦民主、供需并重、互助共享的综合性社区志愿服务平台。[①] 通过信息化平台对志愿者和志愿服务进行智能化管理，降低了管理成本和打破信息壁垒。

三 广州市志愿服务组织发展面临的主要挑战

（一）志愿服务组织发展结构不均衡

首先，志愿服务组织的内部结构不均衡。社会团体是志愿服务组织的主体，在108家志愿服务组织中，超过85%的志愿服务组织为社会团体，社会服务机构占比不足15%，目前尚没有基金会这一组织形式。其次，志愿服务组织区域分布不均衡。市级志愿服务组织的数量偏低，在广州市级登记注册的志愿服务组织数量占比不到20%，各区级登记注册的志愿服务组织数量占比超过80%。此外，各区之间志愿服务组织数量差距较大，从化区登记注册志愿服务组织高达22家，天河区、白云区、海珠区和番禺区志愿服务组织数量不足5家。最后，志愿服务组织的年末净资产、年度收支规模等多项指标显示，不同志愿服务组织之间的资产实力差距较大。

（二）志愿服务组织资金来源渠道较为单一

广州市志愿服务组织2020年度收入总额为2745.60万元（N=46），在收入来源中，提供服务收入占比最高，占总收入的47.51%；其次为捐赠收入，占总收入的32.77%。其中，提供服务收入主要来源于政府购买服务。此外，志愿服务组织的商品销售收入、会费收入和投资收益占总收入的比例均不到1%。资金来源多元化是志愿服务组织可持续健康发展的重要保证，志愿服务组织应该通过撬动社会化捐助，优化资金来源结构，不断增强发展实力。

---

① 《广州市志愿者协会2020年工作总结和2021年工作计划》，广州市社会组织管理局社会组织信息公示平台，2021年6月11日，http：//112.94.64.225：8080/pub/GSContent/gdgz2104081167005_ l9ae190211_ n16e1107133_ 0。

（三）志愿服务专业化有待提高

志愿服务涉及领域广，包括文明劝导、儿童、老年人和残疾人及医疗服务、救援救灾等各种形式的志愿服务，不同领域志愿服务需要不同知识储备和技能的志愿者提供专业服务。目前，广州志愿者的培训大多为通识培训，缺乏与岗位相对应的专业知识和技能培训。同时，由于志愿服务组织结构相对松散，绝大数志愿服务组织没有专职人员，对志愿者缺少统一管理和专业指导，在多重因素影响下，志愿者服务水平参差不齐，志愿服务专业化有待提高。

（四）志愿服务信息平台存在一定壁垒

广州市在志愿服务信息系统建设方面发展迅速，“志愿时”、公益“时间银行”和“i 志愿”等平台为志愿者参与志愿服务、需求发布、时数记录等提供信息管理和支持。由于个体社会角色的多重性，常常会出现一个用户在多个平台注册登记，同时，由于各个平台之间的主管部门不统一、管理和激励等机制也不一致，造成信息壁垒，志愿服务数据整合程度不高，志愿服务组织管理面临多重管理的挑战。因此，如何打破广州市志愿服务平台之间的信息壁垒，是推进志愿服务发展亟待解决的问题。

四　促进广州市志愿服务组织发展的建议

（一）促进志愿服务加快融入基层社会治理体系

《中华人民共和国国民经济和社会发展第十四个五年规划和 2035 年远景目标纲要》提出，要畅通志愿者参与社会治理的途径，全面激发基层社会治理活力。[①]《广州市国民经济和社会发展第十四个五年规划和 2035 年远

① 《中华人民共和国国民经济和社会发展第十四个五年规划和 2035 年远景目标纲要》，新华网，2021 年 3 月 13 日，http：//www. xinhuanet. com/2021 －03/13/c_ 1127205564. htm。

景目标纲要》也提出，积极鼓励志愿者参与社会治理。[①] 因此，建议在近年来广州大力推行的“社工+慈善+志愿者”实践基础上，进一步优化社区、社会组织、社会工作者、社区志愿者、社会慈善资源的“五社联动”机制，为志愿者有效融入基层社会治理体系提供制度化的支持，共同推动建设人人有责、人人尽责、人人享有的社区治理共同体。

（二）发挥枢纽型志愿服务组织作用，提升志愿服务专业化

枢纽型志愿服务组织一般是在民政、团委、妇联等部门的直接指导和支持下成立，在区域志愿服务中发挥枢纽、协调等作用。枢纽型志愿服务组织在资金支持、项目品牌化、人才培养、政策倡导等各个方面都发挥重要作用。因此，推动志愿服务专业化发展，需要充分发挥枢纽型志愿服务组织的作用。第一，支持枢纽型志愿服务组织开展志愿服务公益创投活动，通过项目资助或配捐等方式，支持社区志愿服务组织立足社区居民的需求，开展多样化的志愿服务活动。第二，发挥枢纽型志愿服务组织在培育志愿服务人才方面的作用，根据社会需求，结合志愿者兴趣爱好和专业背景，为志愿者提供通识培训和岗位所需的专业技能培训，特别是加大对专才志愿者的培养。

（三）优化志愿服务项目品牌，促进多元主体参与

广州市在推动志愿服务发展过程中尤其重视志愿服务品牌建设，针对不同领域，打造特色化的志愿品牌项目，为公众参与志愿服务提供多元化的选择。“十四五”时期，志愿服务迈进新的阶段，为了更好地推动多元主体参与，让志愿服务更加贴合市民日常生活，建议对目前志愿服务品牌进行优化，推动志愿活动广覆盖和多样化。一方面，需要围绕广州社会关键需求，联合多方力量，协同共创志愿服务品牌；另一方面，需要善用科技，创新志

---

① 《广州市人民政府关于印发广州市国民经济和社会发展第十四个五年规划和2035年远景目标纲要的通知》，广州市人民政府门户网站，2021年5月19日，http://www.gz.gov.cn/zwgk/fggw/szfwj/content/post_7288094.html。

愿服务模式，特别是在长者服务、困境儿童关爱、残疾人扶助等民生关键领域，通过志愿服务模式创新，发挥志愿服务的效能。

（四）依托大湾区优势，加强志愿服务合作交流

2019 年 2 月，中共中央、国务院印发了《粤港澳大湾区发展规划纲要》，明确提出了与社会组织相关的内容，涵盖养老服务、社会工作、慈善事业和志愿服务等多个领域和层面。2019 年 7 月，广东省委、省政府印发了《关于贯彻落实〈粤港澳大湾区发展规划纲要〉的实施意见》和《广东省推进粤港澳大湾区建设三年行动计划（2018—2020 年）》，提出了构建与国际接轨的公共服务体系。这些规划和政策的出台，为志愿服务的发展提供了重要机遇。第一，注重发挥枢纽型志愿服务组织的衔接功能，搭建大湾区志愿服务交流、学习与合作网络。建议广州市的枢纽型志愿服务组织主动与港澳两地具有较高公信力的志愿服务组织建立制度化的协调机制，推进穗港澳地区的信息互通、人才交流、志愿服务经验分享。第二，以志愿项目为依托，打造具有“湾区特色”的品牌志愿服务项目，并以项目为依托，促进穗港澳志愿服务组织之间的交流互动，推动志愿服务协同发展。第三，建立多地联合人才培育机制。香港、澳门志愿服务发展历史悠久，社会化程度高，具有较为丰富的经验。广州应借鉴港澳先进的志愿服务经验，搭建志愿服务专业人才联合培育模式，构建与国际接轨的志愿服务体系。同时，广州、深圳作为全国一线城市，在志愿服务创新发展上要持续发挥引领者的作用，深化两城之间的合作，联合培育志愿服务组织专职工作人员、专才志愿者团队，推进两地的志愿服务“比翼双飞”。

年度热点篇

Focal Reports

B.10
社区基金培育的广州实践与启示

许雅惠*

摘　要：社区基金的发展对于推进社区治理创新有着独特的价值和意义。本文在对社区基金的基本概念和管理模式进行简要介绍的基础上，结合广州在社区基金培育方面的实践经验，初步探讨了社区基金的发展方向与重点，具体包括：社区基金应为社区企业、居民等提供便捷的捐赠渠道，建立常态化的社区资源募集模式，打造社区慈善互助平台；有效融入社区治理体系，加强与社区居（村）委会、社会组织、社会工作者、社区企业之间的联动，形成优势互补、协同合作的工作机制，共同促进社区治理共同体的打造；基于“大慈善”的理念，积极资助各类社会组织在社区开展多样化的服务。

关键词：社区基金　五社联动　社区慈善　广州市

* 许雅惠，广州社会组织研究院研究人员，《广州社会组织》杂志编辑。

2020年，广州市番禺区实现社区基金在275个村居全覆盖。自广州市民政局出台《广州市实施“社工+慈善”战略工作方案》以来，社区基金的发展速度明显加快，日趋成为本土慈善资源动员的重要载体和平台。党的十九届四中全会提出要建设人人有责、人人尽责、人人享有的社会治理共同体。在此背景下，社区基金的发展对于推进社区治理创新有着独特的价值和意义。以下主要通过对广州社区基金培育实践的观察，就社区基金的基本概念、管理模式和发展方向与重点等内容进行探讨。

一　社区基金的基本概念和管理模式

在广州市、区慈善会系统的积极推动下，社区基金近年来在广州得到快速发展。广州市慈善会制定出台了《社区慈善基金合作服务指引（试行）》，将社区基金定义为“以慈善为目的，以参与社区治理、支持社区服务、推动社区健康发展为主要领域，在广州市慈善会设立的用于社区慈善服务的专项基金”。社区基金可由捐赠人、街道办事处（镇政府）、社区（村）居委会、承接驻地社工站的社工机构、慈善组织、志愿（义工）团体、爱心企业、居（村）民代表等自主、自愿发起申请设立。发起人（单位）向广州市慈善会捐赠3万元作为设立的启动资金，资金门槛相对较低。2020年7月，广州市番禺区民政局也印发了《关于大力推动社区基金发展的指导意见（试行）》。该意见将社区基金界定为“由慈善组织根据其与社区基金发起人签订的协议设立并进行管理的，用于番禺区内特定社区（村）公益慈善事业的专项非营利性基金”。

社区基金由于设立在慈善会等其他慈善组织之下，为了对社区基金进行有效管理，一般都会组建社区基金管理委员会（简称管委会），负责对社区基金进行日常运营。管委会一般由社区基金的发起方及慈善组织共同派人组成，具体人数视社区基金的规模大小，由发起方和慈善组织共同商定，一般不低于3人。管委会可设主任1名，由社区基金的发起方派人担任；根据社区基金实际发展情况，如有必要，管委会也可设秘书长。

社区基金管委会一般承担如下职责：第一，为社区基金筹集资金，社区基金所获得的捐赠全部进入慈善组织账户，慈善组织对社区基金资金设立单独财务科目，进行独立核算；第二，审议和确定社区基金的资金使用方向、业务活动、项目资助计划等事项；第三，协助慈善组织开展对社区基金财务审计等相关工作。管委会作为社区基金的决策机构，原则上每年至少召开2次会议，会议须有2/3以上管委会成员出席，决议事项须经到会半数以上成员通过方能生效。社区基金的年度支出和管理费用的比例，由社区基金发起方与慈善组织协商确定。

二　社区基金的发展方向与重点

在实现社区基金的“有形覆盖”之后，需要不断推动社区基金发挥应有的作用。对此，结合广州在社区基金培育方面的实践经验，本文就社区基金的发展方向与重点进行探讨。

第一，社区基金的主要资源来自社区本土的捐赠。因此，如何动员社区资源，激发社区参与动力，为社区企业、居民等提供便捷的捐赠渠道是每一个社区基金首先需要思考的重要问题，广州市推动的社区慈善捐赠站点是一种很好的尝试。在实际运作中，社区基金可以从社区居民最关心的需求、最易理解的领域出发，发起慈善募捐活动，例如，可先从为社区困境人士及困难家庭提供最直接的帮助开始。在此基础上，逐步建立常态化的募集模式，打造社区慈善互助平台，不断增强社区基金的影响力。

第二，社区基金需要有效融入社区治理体系，方能发挥更大的价值和作用。例如，广州市番禺区近年来探索推动的“五社联动”模式，强调社区居（村）委会、社会组织、社会工作者、社区企业、社区基金之间的联动，形成优势互补、协同合作的工作机制，共同促进社区治理共同体的打造。社区基金在“五社联动”机制中应重在发挥资源枢纽功能，通过资源的募集和使用，回应社区多样化需求，同时促进社区居民、社区企业、社会组织等多元主体之间的互动与连接。

第三，社区基金应基于“大慈善”的理念，积极资助各类社会组织在社区开展多样化的服务。其中，社区基金应重点支持社区社会组织开展项目或活动，其价值不仅在于为社区社会组织提供一定的资源支持，更为重要的是社区社会组织通过开展具体的社区服务，不断增强自身发展能力，为社区居民的参与搭建常态化的载体。例如，广州市番禺区将社区基金的使用范围确定为：资助和支持改善社区教育、科学、文化、卫生、体育、环保、扶贫、济困、扶老、救孤、助残、恤病、优抚、救灾等方面的慈善项目；资助和培育社区社会组织的建设和发展；资助和发展社区（村）志愿服务，激发社区参与活力；改善社区（村）公共服务设施，建设幸福社区、美丽乡村，促进乡村振兴和社区共建共治共享；开展慈善宣传，传播人人慈善为人人的理念；等等。①

三　社区基金发展的支持体系建设

整体而言，广州及国内其他地区社区基金的发展还处于起步阶段。为了更好地促进社区基金的培育和发展，建议从以下三个方面着手构建社区基金发展支持体系。

第一，推进区县、镇街级慈善组织的改革创新。当前，在区县、镇街层面，登记、认定的慈善组织数量相对较少，拥有公开募捐资格的慈善组织数量更少，并以慈善会为主。社区基金的发展有赖于慈善组织的专业支持，这种支持不仅表现在慈善组织开放自身平台，为社区基金提供募捐备案和财务管理等技术方面的支持，更为重要的是，慈善组织应为社区基金的发展提供规划、项目开发、人才培养等支持，提升社区基金的专业能力。对于后一种的支持能力，区县、镇街级慈善组织当前较为缺乏。因此，应以区县、镇街级慈善会为重点对象，持续推动慈善组织的社会化改革，为社区基金发展提

① 《关于大力推动社区基金发展的指导意见（试行）》，广州市番禺区人民政府网，2020 年 7 月 31 日，http：//www. panyu. gov. cn/gzpymz/gkmlpt/content/6/6477/post _ 6477289. html # 1364。

供更加有力的平台支持。

第二，在区县、镇街等区域范围内，可通过策划开展社区公益品牌项目、举办社区公益主题活动等方式，联动社区基金参与，共同回应社区服务需求，传播社区慈善文化。在实际运行中，单个的社区基金在社区公益项目开发策划方面往往存在专业能力不足等问题，可借鉴广州“耆乐安居”长者居家安全服务等项目实施模式，针对某一地区社区较具共性的需求，联合开发公益项目，并建立相对标准化的项目实施流程，向各个社区进行推广，社区基金予以相应的资金资助，支持社区公益项目的落地。

第三，大多数社区基金的资金规模较小，加之不是独立法人，难以聘用专职的工作人员和团队。因此，社区基金管委会作用的发挥就显得至关重要，特别是管委会主任在社区基金运作过程中的投入起到关键作用。此外，社区基金发起方或设立方在人力、资源等方面的持续支持也有助于社区基金的可持续发展。一些资源动员能力强、运作良好的社区基金在条件成熟的情况下，也可申请登记为社区基金会。

B.11
"慈善空间"建设实践与慈善微载体运营模式探索

胡小军*

摘　要：“慈善空间”的打造正在成为广州等各地推进慈善事业发展的一个重要方向。本文结合广州市“慈善空间”建设实践，对慈善微载体的主要特点进行了分析，并提出推动“慈善空间”可持续运营的具体建议：将“慈善空间”的打造与志愿服务团队建设有效结合；根据“慈善空间”的不同类型，制定运营管理指引；加强“慈善空间”与社会组织的联动，联合打造品牌公益慈善活动；促进“慈善空间”之间的资源共享与协作网络构建。

关键词：慈善空间　微载体　慈善捐赠　慈善文化

2020年8月，广州市人民政府印发《广州市推动慈善事业高质量发展行动方案》。其中，特别提出“鼓励大型商业广场、图书馆、连锁门店、游客中心等设置慈善空间，用于慈善项目宣传、慈善活动开展、慈善文化传播等”。[①] 慈善空间的打造正在成为各地推进慈善事业发展的一个重要方向。以下结合广州市“慈善空间”建设的相应实践，就慈善微载体的运营模式进行初步探讨。

* 胡小军，博士，广州社会组织研究院执行院长，广州市慈善会理事。

① 《广州市人民政府关于印发推动慈善事业高质量发展行动方案的通知》，广州市人民政府门户网站，2020年8月11日，http://www.gz.gov.cn/zfjg/gzsrmzfbgt/qtwj/content/post_6492769.html。

一 广州“慈善空间”建设实践

2020年8月，广州市公益慈善联合会和广州市慈善会启动“公益慈善空间创益计划”。[①] 2020年9月，首批10个“慈善空间”诞生，获授牌的单位既包括企事业单位，也包括社工站、社会组织培育基地等。例如，广州图书馆“慈善空间”以无障碍阅读活动为主题，结合融合教育理念，赋能特殊青少年。[②] 再如，肯德基“慈善空间”试点“食物银行”模式，将餐厅每日节余的食物免费分享给周边有需要的居民，在减少食物浪费的同时，通过食物传递，帮助困境社群。广州“慈善空间”的功能主要体现在6个方面，包括弘扬慈善文化、传播慈善理念、展示慈善组织、推广慈善项目、提供慈善咨询、开展慈善服务（见表1）。只要满足上述功能中的2项，即可进行申报。

表1 广州“慈善空间”的主要功能

主要功能	简要描述
弘扬慈善文化	挖掘和活化广州城市慈善历史文化，推动慈善融入城市生活。
传播慈善理念	宣传慈善法律法规和政策，传播“人人慈善为人人”的现代慈善理念和精神，推动全民慈善发展。
展示慈善组织	搭建慈善组织展示平台，增进社会各方对慈善组织的了解和认同，扩大慈善组织的美誉度和影响力。
推广慈善项目	展示和推广慈善品牌项目，引导更多社会资源支持优秀慈善项目的开展。
提供慈善咨询	发挥桥梁纽带作用，提供慈善政策指引、慈善资源链接、慈善救助及转介等多种服务，促进信息互联互通。
开展慈善服务	作为社区慈善活动开展的重要场所，服务“慈善空间”所在社区居民，搭建社区慈善参与平台。

① 《广州市公益慈善联合会 广州市慈善会关于开展2020年公益慈善空间创益计划的通知》，广州市公益慈善联合会官网，2020年8月14日，http://www.gzsgycslhh.com/page12?article_id=487&pagenum=all。

② 《广图慈善空间今日揭牌》，大洋网，2020年11月14日，https://news.dayoo.com/gzrbrmt/202011/14/158543_53651128.htm。

二 “慈善空间”运营的主要特点

观察广州在推进“慈善空间”建设中的一些做法，初步呈现以下特点。

第一，“慈善空间”是促进慈善参与的微载体，因此对场地面积、设施设备等硬件条件没有过高要求，因地制宜，结合已有公共空间及场所设置进行适当的设计，能够承担必要的慈善功能即可。例如，肯德基在餐厅门口设置冰箱，将当天节余的食品放在冰箱里，同时传播勤俭节约的价值理念，整个“慈善空间”体现了简约实用的特点。

第二，强调“慈善空间”的地域覆盖度，在数量上要逐步形成一定的规模。“慈善空间”作为公众了解慈善和参与慈善的便捷载体，为了触达更多的社会公众，必然要求具备一定的数量及覆盖度。因此，在试点的基础上予以规模化推进是“慈善空间”发展的必然要求。当前，广州“慈善空间”已经在大型商业广场、图书馆、超市等连锁门店探索设立，具有了一定的覆盖度。

第三，共建模式是“慈善空间”建设的基本模式。通过与企事业单位、媒体、社会组织、社区等广泛合作，依托已有服务设施和各类空间共建“慈善空间”，融入慈善元素。共建单位可以主动策划或与慈善组织联合开展慈善活动，增强“慈善空间”的影响力。例如，华润万家“慈善空间”与心智障碍者服务领域的公益组织合作，为心智障碍残疾人提供就业培训及相应岗位，帮助心智障碍残疾人就业。[①]

第四，在选点上，“慈善空间”一般设置在具备较大人流量的地方，可见度要高、可视性要强。在“慈善空间”的众多功能中，慈善文化、慈善理念的传播功能是首要功能。因此，“慈善空间”的理想选点应是更多公众易于看到和接触到的场所。例如，图书馆等公共服务场所、连锁门店、大型

---

① 《广州新增两个慈善空间帮助“星星的孩子”生活更美好》，金羊网，2021 年 4 月 4 日，https：//news. ycwb. com/2021 －04/04/content_ 1575711. htm。

商场等均是较为适合打造“慈善空间”的场所。

第五，每个“慈善空间”要逐步凸显自身的特色。“慈善空间”的运营主体非常多元，基于共建单位的性质，要充分发挥和整合共建单位的优势和资源，打造各具特色、主题多样的“慈善空间”。例如，广州图书馆“慈善空间”突出阅读主题，服务特殊青少年；广州日报“慈善空间”充分发挥传媒优势，举办各类公益慈善传播和倡导活动。

三　推动“慈善空间”可持续运营的几点建议

打造“慈善空间”是一项新的探索，需要在不断的实践过程中积累经验，形成有效的运营管理体系。为此，本文提出如下三点建议，以期更好地推动“慈善空间”的可持续运营。

第一，将“慈善空间”的打造与志愿服务有效结合。建议在打造各类“慈善空间”的同时，积极推动共建单位组建志愿服务团队，并将“慈善空间”作为重要的志愿服务阵地之一。志愿服务团队可以通过建立相应机制，支持“慈善空间”的运营管理，也可依托“慈善空间”策划开展特色志愿服务活动，增强“慈善空间”的活力。

第二，广州市公益慈善联合会、广州市慈善会可在2020年至今“慈善空间”建设的基础上，根据“慈善空间”的类型，逐步制定相应的运营管理指引，指导和支持共建单位及拟申请单位完善运营管理体系，强化“慈善空间”的各项功能，进而通过“慈善空间”的标准化推动规模化扩展，提高“慈善空间”的地域覆盖度。

第三，加强“慈善空间”与社会组织的联动。鼓励具备条件的“慈善空间”与社会组织建立合作关系，为社会组织提供服务载体和相应服务资源，引入社会组织的专业服务，并通过联合打造品牌公益慈善活动，增强“慈善空间”服务的专业化程度。此外，“慈善空间”之间也可逐渐建立协作网络，促进不同空间的资源共享，提升“慈善空间”的整体社会影响力。

B.12 慈善组织参与新冠肺炎疫情防控的广州探索

邓榕兰*

摘 要：新冠肺炎疫情发生后，广州慈善组织快速响应，积极参与疫情防控工作：政策引导及时，为慈善组织的有序参与提供了政策保障；枢纽型组织发挥了积极的协调作用；慈善组织紧密结合自身服务领域参与疫情防控工作；制定社会组织参与突发公共卫生事件防控团体标准。基于广州的实践观察，本文提出完善慈善组织参与突发事件应急响应制度的建议：加强社区应急机制建设，鼓励社区成立应急志愿服务队；制定慈善组织参与重大突发事件应急预案，建立协作平台；引导慈善组织将工作重心置于灾后恢复和重建阶段。

关键词：慈善组织　新冠肺炎疫情防控　应急响应

2020年，突如其来的新冠肺炎疫情对经济社会发展带来严重冲击。在党中央的坚强领导下，全国上下统筹推进疫情防控和经济社会发展各项工作，疫情防控取得重大战略成果。疫情发生后，广州市慈善组织快速响应，积极参与疫情防控工作，彰显了慈善组织的责任、使命和担当。以下结合广州慈善组织在疫情防控中的参与实践，对其中呈现的一些突出特点进行梳

* 邓榕兰，广州社会组织研究院研究人员。

理，并就如何建立慈善组织在重大突发公共事件中的长效参与机制进行初步探讨。

一　广州慈善组织参与疫情防控的主要特点

新冠肺炎疫情是一次重大突发公共卫生事件，对于大多数慈善组织而言，参与重大突发公共事件应急响应的经验和能力不足。在此情况下，政策的及时引导就显得非常重要。广州慈善组织参与疫情防控的过程，呈现如下几个方面的特征。

第一，政策引导及时，为慈善组织的有序参与提供了政策保障。2020年1月，广州市社会组织管理局发布《关于全力做好新型冠状病毒感染的肺炎疫情防控工作的紧急通知》，要求社会组织要高度重视疫情的严峻形势，未雨绸缪，切实做好疫情防控工作。① 广州市民政局发布《关于动员慈善力量依法有序参与新型冠状病毒感染的肺炎疫情防控工作的公告》，倡导各慈善组织、社工机构、志愿服务组织发挥优势、发扬一方有难八方支援的精神，对全国、全省及广州市疫情防控工作提供支持，协助党和政府遏制疫情加快蔓延势头。② 随后，广州市民政局、广州市社会组织管理局又陆续出台加强疫情防控捐赠工作及慈善管理工作等相关政策指引。总体而言，上述政策的及时出台，为慈善组织的参与提供了激励和方向指引。

第二，枢纽型组织发挥了积极的协调作用。广州市慈善会、广州市社会组织联合会、广州市公益慈善联合会、广州市志愿者协会、广州市社会工作协会以及区级慈善会等在疫情防控和复工复产中发挥了应有的平台作用和功能，特别是在信息传递、捐赠物资对接等方面开展了大量工作，不同程度上

---

① 《广州市社会组织管理局关于全力做好新型冠状病毒感染的肺炎疫情防控工作的紧急通知》，广州市民政局官网，2020年1月25日，http：//mzj.gz.gov.cn/dt/gggs/content/post_5643051.html。

② 《广州市民政局关于动员慈善力量依法有序参与新型冠状病毒感染的肺炎疫情防控工作的公告》，广州市民政局官网，2020年1月30日，http：//mzj.gz.gov.cn/dt/gggs/content/post_5645126.html。

发挥了统筹协调作用。

第三，慈善组织紧密结合自身服务领域参与疫情防控工作。不同慈善组织的资源动员能力和服务领域不同，在疫情防控中，广州慈善组织结合自身业务，发挥自身专长开展工作，特别是在慈善捐赠对接、困难群体帮扶、心理援助、志愿者动员等方面开展了富有成效的工作。在复工复产过程中，广州市律师协会、广州注册会计师协会、广州市纳税人协会、广州人力资源服务协会、广州金融业协会等专业协会积极发挥自身特长，为受疫情冲击和影响的企业提供专业咨询服务，充分体现了社会力量参与的独特价值。

第四，制定社会组织参与突发公共卫生事件防控团体标准。广州积极鼓励社会组织参与制定疫情防控等相关团体标准①，在总结广州社会组织参与疫情防控实践经验的基础上，广州市社会组织联合会牵头制定了《社会组织应对突发公共卫生事件防控规范》（T/GZS 1－2020），供各类社会组织应对突发公共卫生事件参考使用。

二　广州支持社会组织应对疫情影响的政策创新

和众多企业一样，疫情也对包括慈善组织在内的广大社会组织的生存和发展带来很大的冲击和影响。在此背景下，广州制定出台了全国首份规范性文件——《关于应对新冠肺炎疫情影响支持社会组织持续健康发展的若干措施》。② 该文件从减轻租金负担、减轻“五险一金”负担、减轻税费负担、加大金融支持、加大稳岗支持、加大政府购买服务引导六个方面提出“暖社 12 条”举措（见表 1），让社会组织与企业一样能够获得政策扶持，为社会组织减负，增强社会组织持续发展的信心和动力。

---

① 《广州市社会组织管理局关于进一步推动社会组织标准化建设的通知》，广州市民政局官网，2020 年 8 月 20 日，http：//mzj. gz. gov. cn/gk/zdlyxxgk/shzzxx/content/post_ 6503892. html。

② 《广州市社会组织管理局印发关于应对新冠肺炎疫情影响支持社会组织持续健康发展若干措施的通知》，广州市民政局官网，2020 年 7 月 17 日，http：//www. gz. gov. cn/gfxwj/sbmgfxwj/gzsshzzglj/content/post_ 6465453. html。

表 1　广州“暖社 12 条”具体举措和内容

序号	政策举措	重点内容(部分)
1	减轻社会组织租金负担	对承租广州市属或区属国有企业及行政事业单位物业用于日常办公或从事社会服务的社会组织,免收 2020 年 2 月到 3 月的物业租金;对已收取当期租金的,可顺延至下一个租金缴纳周期执行。社会组织同等享受中小微企业视疫情情况减半收取 4 月和 5 月份物业租金的扶持政策。
2	减轻社会组织“五险一金”负担	从 2020 年 2 月到 6 月,基本养老保险、失业保险、工伤保险 3 项社会保险单位缴费部分,社会组织同样减半征收。
3	减轻社会组织税费负担	从 2020 年 3 月 1 日到 12 月 31 日,社会组织若属于增值税小规模纳税人,适用 3% 征收率的应税销售收入减按 1% 征收。
4	加大金融支持	对资金流动性遇到困难的社会组织,鼓励各类金融机构对主动申请并符合条件的社会组织贷款本金,并给予临时性延期偿还安排,付息可延期至 2020 年 6 月 30 日,免收罚息。
5	加大稳岗支持	社会组织若招用毕业两年内的高校毕业生在机构就业,签订了劳动合同并缴纳社会保险时间在 3 个月以上的,按照每人 1000 元的标准给予一次性吸纳就业补贴。
6	加大政府购买服务引导	在政府各部门新增的公共服务支出中,通过政府购买服务方式进行安排的支出,应鼓励和引导社会组织积极参与服务承接。

三　完善慈善组织参与突发事件应急响应制度的建议

《全国人民代表大会常务委员会执法检查组关于检查〈中华人民共和国慈善法〉实施情况的报告》中特别指出，政府部门与慈善力量缺乏应急协调机制，在新冠疫情防控应急状态下，慈善组织缺乏信息共享和管理平台、物资储备和资源调度机制，导致运行效率低、信息披露不及时、捐赠款物处置迟缓、志愿服务统筹不够等情况。① 对此，结合对广州的实践观察，笔者

① 《全国人民代表大会常务委员会执法检查组关于检查〈中华人民共和国慈善法〉实施情况的报告》，中国人大网，2020 年 10 月 15 日，http：//www. npc. gov. cn/npc/c30834/202010/afc0a05adb4242b49920c2251017205e. shtml。

提出以下三点建议。

第一，坚持预防为主、预防与应急相结合的原则，支持慈善组织在开展日常服务的同时，面向服务对象和社会公众开展突发事件应急知识的宣传教育，增强全社会对突发事件的防范意识和应对能力。其中，特别需要加强社区应急机制的建设，鼓励社区成立应急志愿服务队，提升社区应急管理能力。

第二，各地区可基于当地突发事件总体应急预案及专项应急预案，根据各类突发事件应急响应的分级标准，制定慈善组织参与重大突发事件应急预案，明确慈善组织在应急管理体系中的定位，建立协作平台，统筹和协调多元慈善力量，逐渐与政府部门实现有效对接。

第三，慈善组织应将工作的重心置于灾后恢复和重建阶段。这一阶段的持续周期一般较长，需要更加长期的投入和坚持，也最能发挥慈善组织自身的专长，特别是在心理疏导、救助帮扶、生活安置、特殊群体关怀等诸多方面能够发挥专业作用。

中共中央、国务院印发的《法治政府建设实施纲要（2021—2025 年）》中提出："明确社会组织、慈善组织、社会工作者、志愿者等参与突发事件应对的法律地位及其权利义务，完善激励保障措施。"[①] 由此可见，国家层面高度重视慈善组织参与重大突发公共事件的法规制度建设。在此过程中，慈善组织也要不断加强应急响应能力建设，更好应对不确定的风险和挑战。

① 《法治政府建设实施纲要（2021—2025 年）》，中国政府网，2021 年 8 月 11 日，http://www.gov.cn/xinwen/2021-08/11/content_5630802.htm。

B.13
粤港澳大湾区建设与慈善事业协同发展实践

胡小军*

摘　要：《粤港澳大湾区发展规划纲要》提出开展社会福利和慈善事业合作。本文在大湾区各城市已经开展的各类实践的基础上，就进一步加强大湾区慈善合作提出四条建议：以社会需求为导向，在为老服务、跨境家庭服务、应急响应等领域先行先试；大湾区各城市的慈善行业组织应积极搭建多种形式的公益慈善交流合作平台，通过具体项目的带动，由点及面务实推进合作；有条件的慈善组织可为在珠三角工作、生活和学习等方面有困境的港澳人士及其家庭提供力所能及的慈善救助；推广"慈善之城""志愿者之城"创建经验，共建"慈善湾区"。

关键词：粤港澳大湾区　慈善事业　协同发展

随着大湾区建设的快速推进，慈善事业合作也在过往实践的基础上有了诸多新的进展。虽然受新冠肺炎疫情影响，大湾区不同城市慈善组织之间的互动交流面临不小的挑战，但大湾区各城市民政部门和慈善组织仍付出了很大的努力，在促进慈善事业协同发展方面开展了诸多扎实的工作。以下主要

---

* 胡小军，博士，广州社会组织研究院执行院长，广州市慈善会理事。

结合广州慈善组织及政府部门在大湾区慈善事业合作方面所开展的具体工作实践，就大湾区区域慈善合作的方式、路径等进行初步探讨。

一　加强粤港澳大湾区慈善合作的积极意义

推进粤港澳大湾区建设，是以习近平同志为核心的党中央作出的重大决策，是习近平总书记亲自谋划、亲自部署、亲自推动的国家战略。[①]《粤港澳大湾区发展规划纲要》就“促进社会保障和社会治理合作”进行部署，其中特别提出“开展社会福利和慈善事业合作”。[②] 加强粤港澳大湾区慈善合作有着重要的价值和意义：第一，当前大湾区各城市慈善发展水平存在较大差异，加强慈善合作有利于促进大湾区慈善事业的协同发展；第二，随着大湾区经济和社会融合的加快，加强慈善合作有利于更好地整合多方资源，回应和满足新的社会需求；第三，加强慈善合作，有利于传播中华慈善文化，增强大湾区文化软实力，推动“人文湾区”的建设。

二　广州促进粤港澳大湾区慈善合作的行动实践

《粤港澳大湾区发展规划纲要》实施以来，民政部门积极贯彻落实。2019 年 3 月 29 日，首届“粤港澳大湾区民政部门联席会议”在广州举办，来自大湾区各城市的与会各方签署了《粤港澳大湾区城市民政事业协同发展合作框架协议》，共同开展“促进粤港澳大湾区城市民政事业协同发展行动”，其中将“探索开展慈善事业共建共享行动”作为一项重要内容。

除了政府层面的行动外，慈善组织也积极响应。从 2019 年开始，广州

① 《着眼发展大局，共享时代荣光——以习近平同志为核心的党中央关心粤港澳大湾区建设纪实》，新华网，2019 年 2 月 21 日，http：//www.gov.cn/xinwen/2019 - 02/21/content_5367460.htm。

② 《粤港澳大湾区发展规划纲要》，中国政府网，2019 年 2 月 18 日，http：//www.gov.cn/gongbao/content/2019/content_5370836.htm。

市慈善会联合广州日报社等单位，共同举办“粤港澳大湾区社会责任影响力暨广州公益慈善盛典”。2020年，广州、深圳、珠海等9个大湾区城市慈善会共同发起“粤港澳大湾区慈善发展合作倡议”，在完善服务体系、推动行业建设、培养人才队伍、弘扬慈善文化以及建立协作机制等六大方面开展合作。[①] 此外，广州社会组织研究院联合大湾区枢纽型社会组织、社会智库等发起粤港澳大湾区社会组织合作论坛，从2019年至今，已连续举办三届。其中，在首届粤港澳大湾区社会组织合作论坛，与会各方发出联合倡议（见表1），携手促进大湾区社会组织在多个领域的深入合作。

表1 “粤港澳大湾区社会组织合作论坛”联合倡议

序号	倡议合作领域	具体内容
1	搭建社会组织交流学习平台	定期、持续举办粤港澳大湾区社会组织合作论坛以及多种形式的交流活动，增进粤港澳大湾区社会组织之间的相互理解和认同，促进发展经验交流与学习分享。
2	探索社会组织专业人才合作培养模式	促进粤港澳大湾区社会组织教育培训资源共享，探索建立社会组织专业人才联合培养机制和模式，为大湾区社会组织的高质量发展提供人才支撑。
3	促进社会组织项目对接与服务协作	推动粤港澳大湾区社会组织开展多渠道、多层次、多形式的项目合作，在养老、教育、文化、医疗卫生、脱贫、社区发展、减灾救灾、环境保护、志愿服务、人道主义救援等领域加强项目对接和服务协作，实现优势互补。
4	加强社会组织理论和政策研究	与大学、科研院所、社会智库等学术机构和专业团体建立广泛联系，推进粤港澳大湾区社会组织相关研究工作，定期编写和发布研究报告，为政府决策、社会组织建设、行业发展战略制定提供科学参考和智力支持。
5	推进社会服务领域行业组织建设	推动粤港澳大湾区社会服务领域行业组织建设与发展，推进社会服务行业标准的协作开发和推广应用，实现社会组织资源、人才、专业服务、技术、信息的优化配置和有效流动，完善社会服务体系，促进社会融合发展。

① 《共启湾区新征程、“善”担当！——2020粤港澳大湾区社会责任影响力暨广州公益慈善盛典于广州举行》，广州市民政局官网，2021年1月18日，http：//mzj. gz. gov. cn/zwgk/zfxxgkml/zfxxgkml/gzdt/content/post_ 7033030. html。

续表

序号	倡议合作领域	具体内容
6	支持社会组织加强自身建设和管理	促进粤港澳大湾区社会组织不断完善法人治理结构和内部管理制度建设，遵守国家法律、法规和政策，提升社会组织专业能力和发展水平，共同建设健康有序、作用显著、充满活力、诚信自律的社会组织发展格局。
7	优化社会组织发展制度政策环境	倡导粤港澳大湾区各地政府继续深化社会体制改革，不断优化和完善社会组织发展政策环境，加大社会组织培育和扶持力度，激发社会组织发展活力，支持社会组织有效整合区域创新资源，打造全球社会创新中心。
8	鼓励社会组织参与"一带一路"建设	传承和弘扬丝绸之路友好合作精神，发挥粤港澳大湾区社会组织地域和专业优势，携手参与"一带一路"建设，加强同沿线国家社会组织的交流合作，促进沿线贫困地区生产生活条件改善，共筑"民心相通"之桥。

三　粤港澳大湾区慈善合作中值得探索的方向

粤港澳大湾区慈善事业整体发展水平相对较高，但是不同城市之间的发展差距相对较大，慈善事业发展的不充分、不平衡问题仍旧明显。有鉴于此，为了有效促进大湾区慈善事业协同发展，发挥慈善力量在大湾区建设中的积极作用，本文在大湾区各城市已经开展的各类慈善合作实践经验的基础上，提出如下几点值得进一步探索的方向。

第一，大湾区慈善合作应以社会需求为导向，在为老服务、跨境家庭服务、应急响应等具有广泛社会服务需求及特色服务需求的领域先行先试，创新珠三角与港澳地区慈善项目合作模式。在有条件的地区，探索建立大湾区社会组织协同发展试验区，促进社会服务领域技术、人才、资源的有效流动和共享，打造具有示范意义的社会服务合作项目。

第二，大湾区各城市的慈善联合会等慈善行业组织、慈善会等区域慈善枢纽组织以及志愿服务联合型组织等可积极搭建多种形式的公益慈善和志愿服务交流合作平台，通过具体项目的带动，由点及面，务实推进大湾区慈善合作。此外，在广州、深圳“双城联动”加速推进的背景下，大湾区核心引擎城市之间在慈善合作中应发挥更强的示范和辐射作用。

第三，《粤港澳大湾区发展规划纲要》提出“研究建立粤港澳跨境社会救助信息系统”。[①] 在此方面，慈善组织可在慈善救助领域先期开展工作。例如，各城市有条件的慈善会等慈善组织为在珠三角工作、生活和学习，因患重大疾病、遭遇突发灾害或突发意外事件等生活困难的港澳人士及其家庭提供紧急救助。与此同时，支持港澳居民个人、企业及其他组织在慈善组织下设专项基金，支持开展各类面向港澳居民或内地居民的长效化慈善救助、慈善服务等项目和活动。[②]

第四，推广“慈善之城”“志愿者之城”创建经验，共建“慈善湾区”。广州市在全国率先启动“慈善之城”创建工作，经过多年的探索，积累了一定的经验。与此同时，佛山、深圳等城市也先后启动“乐善之城”“志愿者之城”建设工作，形成了较为体系化的实践模式。各城市可进一步加强相关经验的交流，共建标准，并向湾区其他城市和地区推广。

① 《粤港澳大湾区发展规划纲要》，中国政府网，2019 年 2 月 18 日，http：//www. gov. cn/gongbao/content/2019/content_ 5370836. htm。

② 广州社会组织研究院：《推动粤港澳大湾区社会服务协同发展的思考与建议》，载于《广州市社会组织发展报告（2020）》，中国社会出版社，2020，第 69 页。

B.14
慈善组织参与乡村振兴的路径探索

严国威*

摘　要： 在解决绝对贫困问题之后，中国进入实现巩固拓展脱贫攻坚成果同乡村振兴有效衔接、全面推进乡村振兴战略的新阶段。本文结合广州的探索与实践，提出推动慈善组织参与乡村振兴的四条可行路径：基金会发挥资源优势，通过项目资助等多种方式，支持有专长的社会组织在乡村开展公益服务；具有公开募捐资格的慈善组织可搭建以乡村振兴为主题的公益平台，引导和链接社会资源流向乡村地区；基于乡村丰富的生态、文化等资源，积极探索社会企业模式的应用，促进乡村产业振兴；通过结对帮扶、项目带动、专业支持等方式，支持乡村地区慈善组织的成长，助力现代乡村治理体系建设。

关键词： 乡村振兴　慈善组织　农村社区

习近平总书记在庆祝中国共产党成立100周年大会上庄严宣告，经过全党全国各族人民持续奋斗，我们实现了第一个百年奋斗目标，在中华大地上全面建成了小康社会，历史性地解决了绝对贫困问题，正在意气风发向着全面建成社会主义现代化强国的第二个百年奋斗目标迈进。[①] 在解决绝对贫困

---

* 严国威，广州社会组织研究院特约研究员。

① 《习近平：在庆祝中国共产党成立100周年大会上的讲话》，中国政府网，2021年7月1日，http://www.gov.cn/xinwen/2021-07/01/content_5621847.htm。

问题之后，中国进入实现巩固拓展脱贫攻坚成果同乡村振兴有效衔接、全面推进乡村振兴战略的新阶段。2021 年中央一号文件《中共中央　国务院关于全面推进乡村振兴加快农业农村现代化的意见》要求“接续推进脱贫地区乡村振兴”，并特别提出“坚持和完善东西部协作和对口支援、社会力量参与帮扶等机制”。[①] 此外，《中华人民共和国乡村振兴促进法》也积极鼓励和支持社会组织等社会各方面参与乡村振兴促进相关活动。[②] 可以说，随着国家乡村振兴战略的全面推进，在广阔的乡村田野，慈善组织迎来新的重要发展机遇。

一　广州支持社会组织参与乡村振兴的政策举措

《广州市国民经济和社会发展第十四个五年规划和 2035 年远景目标纲要》专章就“全面推进乡村振兴，实现城乡更高水平融合发展”进行科学谋划。[③] 原广州市扶贫开发办公室也更名为广州市乡村振兴局，标志着广州乡村振兴工作跨入了新的阶段。为了有效引导社会组织参与乡村振兴，2021 年 5 月，广州市社会组织管理局制定出台了《广州市社会组织参与巩固拓展脱贫攻坚成果推进乡村振兴工作方案》，重点提出开展七项行动，包括贵州东西部协作行动、西藏新疆对口支援行动、四川甘孜巩固拓展行动、省内乡村振兴帮扶行动、广州特殊群体暖心关爱行动、“羊城慈善为民”行动、社会组织帮扶能力提升行动（见表 1）。[④] 这一工作方案的出台，为慈善组织参与乡村振兴提供了行动指引。

---

① 《中共中央　国务院关于全面推进乡村振兴加快农业农村现代化的意见》，中国政府网，2021 年 2 月 21 日，http：//www. gov. cn/zhengce/2021 -02/21/content_ 5588098. htm。

② 《中华人民共和国乡村振兴促进法》，中国政府网，2021 年 4 月 30 日，http：//www. gov. cn/xinwen/2021 -04/30/content_ 5604050. htm。

③ 《广州市国民经济和社会发展第十四个五年规划和 2035 年远景目标纲要》，广州市人民政府门户网站，2021 年 5 月 19 日，http：//www. gz. gov. cn/zwgk/fggw/szfwj/content/post_ 7288094. html。

④ 《广州市社会组织管理局开展七项行动助力乡村振兴》，广州市民政局官网，2021 年 5 月 14 日，http：//mzj. gz. gov. cn/gk/zdlyxxgk/shzzxx/content/post_ 7281192. html。

表1　广州社会组织参与乡村振兴七项行动

序号	行动名称	主要内容
1	贵州东西部协作行动	在基础设施建设、“黔货出山”、特困群体救助、医疗教育援助等方面开展帮扶工作。
2	西藏新疆对口支援行动	围绕具有民族特色的乡村产业开发、基础设施建设、教育医疗援助、农特产品进广州、旅游开发等方面开展帮扶支援。
3	四川甘孜巩固拓展行动	开展捐资助学及先天性心脏病儿童公益救助，助力民族特色手工艺产品、农特产品销售和市场对接。
4	省内乡村振兴帮扶行动	将镇村作为支持重点，围绕乡村产业发展、基础设施建设、农特产品入广州、公共服务供给、教育健康、乡村休闲旅游等议题开展工作。
5	广州特殊群体暖心关爱行动	以农村留守老人、重度残疾人留守和困境儿童等特殊群体为重点，提供生活帮扶、心理咨询、医疗救助、权益保障等多样化的暖心服务。
6	“羊城慈善为民”行动	持续实施广州善行者公益徒步行动、“珠珠救助”、“爱蕾行动”等品牌慈善项目和活动；支持从化、增城等区开展乡村振兴公益项目，依托互联网募捐平台开设乡村振兴慈善捐赠专区；搭建“微慈善”平台，帮助困难群体实现“微心愿”。
7	社会组织帮扶能力提升行动	加强与省内外、帮扶地区社会组织的交流合作；定期开展业务培训，增强社会组织助推乡村振兴工作的专业能力。

二　慈善组织参与乡村振兴的可行路径

慈善组织作为社会组织的重要类型之一，在精准扶贫中发挥了积极的作用。在乡村振兴战略全面实施的大背景下，慈善组织如何在已经取得的成果和经验基础上继续开拓创新，在新的广阔舞台展现更大的作为，成为广大慈善组织值得深入思考的一个重要问题。以下结合广州慈善组织参与乡村振兴的探索和实践，就可行的参与路径和方式进行探讨。

第一，慈善组织的构成当前以基金会为主体，基金会可发挥自身的资源优势，通过项目资助等多种方式，带动其他类型社会组织参与乡村振兴。以广州为例，截至2020年12月底，在已经登记、认定的185家慈善组织中，基金会的数量达到93家，占比50.3%，在数量规模和资源实力两个方面，较其他类型慈善组织而言均具有一定优势。因此，在参与乡村振兴具体实践中，基金会可基于自身业务领域，发起各类公益项目资助计划，支持有专长的社会组织在乡村开展公益服务。

第二，慈善组织搭建需求和资源对接平台，积极引导和链接社会资源流向乡村地区。例如，广州市从化区慈善会建立的“如愿行动”众扶互助平台通过链接社会爱心资源，实现困难社群的“微心愿”。随着互联网公益平台的迅速发展，具有公开募捐资格的慈善组织可搭建以乡村振兴为主题的公益平台，通过联合劝募等方式，以乡村困难群体公益帮扶为切入，引导更多社会资源进入乡村，支持乡村建设和发展。

第三，产业兴旺是乡村振兴的重要基础，是解决农村一切问题的前提。[①] 慈善组织在参与乡村振兴过程中，要注重把握这一要点，但这也对慈善组织的创新能力、资源整合能力等提出了更高要求。近年来，一些慈善组织基于乡村丰富的生态、文化等资源，积极探索社会企业模式的应用，开发乡村旅游、发展乡村民宿、建设农产品加工基地等相关实践不断涌现。在慈善组织力量仍普遍薄弱的情况下，参与乡村产业振兴虽然面临不小的挑战，但这一领域也是最能体现社会创新价值的地方，慈善组织应敢为人先、勇于探索。

第四，在国家治理体系和治理能力现代化加快推进的背景下，建立现代乡村治理体系就成为乡村振兴战略的题中之义。《中华人民共和国乡村振兴促进法》第四十一条规定：“建立健全党委领导、政府负责、民主协商、社会协同、公众参与、法治保障、科技支撑的现代乡村社会治理体制和自治、法治、德治相结合的乡村社会治理体系，建设充满活力、和谐有序的善治乡村。”[②] 社会组织是社会治理的重要主体，在现代乡村治理体系建设中能够发挥重要作用。因此，大力培育公益慈善类农村社会组织应成为一项重要内

① 《国务院关于促进乡村产业振兴的指导意见》，中国政府网，2019年6月28日，http://www.gov.cn/zhengce/content/2019-06/28/content_5404170.htm。

② 《中华人民共和国乡村振兴促进法》，中国人大网，2021年4月29日，http://www.npc.gov.cn/npc/c30834/202104/8777a961929c4757935ed2826ba967fd.shtml。

容。例如珠三角等慈善组织发展水平相对较高的地区，可通过结对帮扶、项目带动、专业支持等方式，支持乡村地区慈善组织的成长和发展。

三　慈善组织参与乡村振兴的保障支持

乡村振兴是包含产业、人才、文化、生态和组织振兴的全面振兴。与参与精准扶贫相比，慈善组织参与乡村振兴需要更加长远的规划，也需要更加持续的政策、资源等方面的支持。为了有效推动慈善组织参与乡村振兴战略，笔者认为应重点做好以下三个方面的保障工作。

第一，坚持党建引领，落实《中共中央　国务院关于实施乡村振兴战略的意见》①《中共中央　国务院关于全面推进乡村振兴加快农业农村现代化的意见》②《中华人民共和国乡村振兴促进法》③ 等法律法规和政策文件要求，各地应把社会力量纳入乡村振兴整体战略布局，并制定出台相关政策，为慈善组织等社会多元力量的参与提供制度化的支持。

第二，创新乡村公共服务提供方式，按照《政府购买服务管理办法》等规定，大力支持社会组织通过政府购买服务等方式参与公共服务供给，加强政策支持力度，提升乡村公共服务水平。此外，加大对农村社会组织、社区社会组织的培育力度，激发乡村内在活力，更好地推进现代乡村治理体系建设。

第三，依托慈善行业组织或枢纽型组织，搭建慈善组织参与乡村振兴协同合作平台，促进资源、需求、服务的有效对接，为慈善组织提供政策指导、信息交流、项目合作、能力建设等多层次的专业服务。与此同时，通过合作平台，促进乡村振兴创新资源要素的聚集和流动，为慈善组织在乡村振兴相关领域的创新提供更多的支持。

---

① 《中共中央　国务院关于实施乡村振兴战略的意见》，中国政府网，2018 年 2 月 4 日，http：//www. gov. cn/zhengce/2018 -02/04/content_ 5263807. htm。

② 《中共中央　国务院关于全面推进乡村振兴加快农业农村现代化的意见》，中国政府网，2021 年 2 月 21 日，http：//www. gov. cn/zhengce/2021 -02/21/content_ 5588098. htm。

③ 《中华人民共和国乡村振兴促进法》，中国政府网，2021 年 4 月 30 日，http：//www. gov. cn/xinwen/2021 -04/30/content_ 5604050. htm。

附　　录

Appendices

B.15
2020年度广州慈善十件大事

一　党建引领，提升慈善事业发展源动力

8 月，广州出台《推动慈善事业高质量发展行动方案》，提出切实加强党的领导，着力打造一批慈善组织党组织示范点和慈善党建项目。10 月，广州发起“党建引领　百企助力”活动，采用“党建 + 公益 + 企业 + 志愿服务”模式，联合各区非公企业，动员各企业党组织和党员参与支持“微心愿 · 善暖万家”项目，吸引超过 160 家爱心企业认领困难群众“微心愿”近 1400 个。截至 2020 年 12 月底，广州市慈善会“微心愿 · 善暖万家”项目已累计实现 10089 个困难家庭的“微心愿”，受惠 26963 人次。

二　构筑疫情防控网，慈善社工志愿者齐出力

新冠肺炎疫情暴发后，广州慈善力量迅速行动，汇聚慈善资源，齐

心协力共战疫情。包括广州市慈善会在内的广州各大慈善组织发起倡议，动员社会各界力量支持防疫工作，截至2020年10月，全市34家慈善组织累计接收款物3.18亿元，惠及困难群体和一线抗疫人员约170万人。发起“红棉守护行动”，全市开通200多条“红棉守护热线”，截至2020年10月，累计投入专业社工12万人次，为困难群众提供疫情防控、心理疏导、情绪支持、保障支持等服务。广泛动员组织全市志愿者，积极开展系列志愿服务支持防疫工作。广州市公益慈善组织、社会服务机构和志愿者团队联合构筑疫情防控网，为疫情防控工作作出了积极贡献。

三　深入推进社区慈善，慈善资源下沉社区惠及民生

2020年，广州推动慈善事业、社会工作、志愿服务高质量融合发展，撬动慈善资源下沉社区，营造共建共治共享的社区治理格局，深入推进社区慈善基金惠民行动，各区增设不少于10个社区慈善基金，打造一批社区慈善捐赠站示范点；举办“穗创杯”社区微公益创投大赛、“创善·微创投”社区公益微创投项目以及实施2020年慈善空间创益计划，为社区对接慈善资源。截至2020年11月，全市成立社区慈善基金356个，筹集社会资金2071多万元，支持社区社会组织开展社区治理项目30多项。其中，番禺区社区基金实现全覆盖，全区275个村居全部成立社区慈善基金。

四　脱贫攻坚成效显著，十年累计筹款超40亿元，居全省前列

2020年是全面建成小康社会的目标实现之年，是全面打赢脱贫攻坚战的收官之年，也是广东扶贫济困日活动举办10周年。过去十年，广州社会各界踊跃参与“6·30”活动，为决战决胜脱贫攻坚、助力乡村振兴

作出了突出贡献。2010～2020年，广州通过“广东扶贫济困日”活动，累计筹集善款超过43亿元，居全省前列，慈善助力脱贫攻坚成效显著。2020年6月30日，广州市慈善会、广东省恤孤助学促进会和星河湾集团等广州慈善力量获评“广东扶贫济困日”十周年突出贡献社会组织和企业等荣誉。

五　完善慈善政策，推动广州慈善高质量发展

党的十九届四中全会首次提出“发挥第三次分配作用，发展慈善等社会公益事业”，《广东省推动慈善事业高质量发展若干措施》提出“发挥慈善事业作为第三次分配的作用，促进慈善事业高质量发展”。为贯彻落实上级精神，推动慈善事业发展，2020年8月，广州印发《广州市推动慈善事业高质量发展行动方案》，涉及10个方面30项主要工作任务，旨在发挥慈善事业在第三次分配中的作用，巩固提升“慈善之城”创建成效，推动广州市慈善事业高质量发展。这是广州慈善事业发展的指导性文件，为未来广州慈善发展指明了方向和路径。

六　擦亮志愿服务品牌，广州再获国家级奖项

2020年8月，广州市志愿者协会等3个组织、2个项目、1个社区和3名个人入选由中宣部、中央文明办等18个单位联合推选出的2019年度学雷锋志愿服务“四个100”先进典型暨百名疫情防控最美志愿者，广州志愿服务再次斩获国家级奖项。近年来，广州积极提升志愿服务，发展壮大志愿者队伍，截至2020年12月5日，全市实名注册志愿者人数超过360万人，志愿服务组织及团体数1.4万个，累计志愿服务时长超过1亿小时，同时，广州推广“公益时间银行”，促进社区志愿服务常态化、规范化和便捷化，初步搭建起覆盖线上线下的社区志愿服务网。

七　慈善文化融入生活，“食物银行”慈善空间获全国人大常委会点赞

2020年9月，广州启动“2020年慈善空间创益计划”，鼓励大型商业广场、图书馆、连锁门店、游客中心等设置慈善空间，用于慈善项目宣传、慈善活动开展、慈善文化传播，让市民零距离参与慈善。广州以连锁餐饮企业为依托，将每日结余食物以慈善形式免费分享给有需要居民的“食物银行”慈善空间获全国人大常委会《中华人民共和国慈善法》执行检查组点赞。2020年，广州先后举办线上公益慈善嘉年华、“善城汇爱”大型慈善惠民活动和寻找十大“最美慈善家庭”等活动，同时推进慈善标志建设和创建慈善空间，建成慈善广场、慈善公园、慈善街道、慈善社区等各类慈善活动基地236个，设置10个慈善空间，弘扬慈善文化，推动公益慈善融入市民生活。

八　加强慈善监督，促广州慈善事业透明化发展

自《中华人民共和国慈善法》颁布实施以来，广州着力打造“阳光慈善”“透明慈善”，持续提升慈善组织公信力。经过多年的努力和实践，广州慈善事业整体发展水平迈上新的台阶，2020年9月，广州发布2019年度慈善组织透明度排行榜榜单。截至2019年12月31日，全市获得透明度A等级（最高级别，表示透明度得分占总分80%及以上）的慈善组织从最初13家增长到42家。编辑出版《广州市慈善资金监管实践与探索》一书，对慈善财产监管制度与模式进行系统分析和研究，提高慈善领域的社会风险防范意识，增强慈善行业公信力。举办第四届慈善“公众开放日”活动，面向媒体、市民群众“晒账单”，进一步打造“廉洁慈善、阳光慈善”品牌。

九　强化人才培养，两大全国性社会组织人才培育项目落地广州

2020年10月底和11月初，公益慈善领域两大全国性社会组织人才培育项目落地广州。10月23日，广州揭牌成立中国慈善联合会人才培养基地，将通过形式和模式创新，搭建具有特色的慈善人才深度合作平台，助力培养具有专业技能和管理能力的专业慈善人才。随后，中国社会工作学会和广州市社会工作协会合作，启动高级社会工作师继续教育培训研究合作项目，将为高级社会工作师的继续教育培训课程、评价标准提供平台，并在广州先试先行，为国家后续出台高级社会工作师的一系列保障政策提供实践和理论上的支撑。两大人才培育项目的落地，有利于完善与新时代发展要求相适应的慈善理论和学术思想文化，为慈善行业培育更多优秀的实务人才。

十　广州慈善捐赠榜再创新高，引领城市慈善新风尚

2020年度“广州慈善榜”数据显示，2020年慈善捐赠再创新高，共收录546个慈善捐赠单位，296位慈善捐赠达人，捐赠总金额首次突破10亿元，达到14.76亿元，其中捐赠1000万元以上的单位有25个，捐赠100万元以上的达人有6位。“广州慈善榜”由广州市民政局、广州市慈善服务中心指导，广州市公益慈善联合会、广州市慈善会联合主办，旨在以榜样的力量引领城市慈善新风尚。榜单系统收录当年度个人和机构对广州慈善事业的捐赠，是当地最全面、权威的慈善捐赠榜单，至今已经连续举办五届，是广州慈善捐赠以及慈善事业发展的“风向标”。

B.16
2020～2021年广州市公益慈善法规政策文件

广州市慈善促进条例

（2021 年 3 月 30 日广州市第十五届人民代表大会常务委员会第四十七次会议通过　2021 年 5 月 26 日广东省第十三届人民代表大会常务委员会第三十二次会议批准）

第一条　为了促进慈善事业健康发展，弘扬慈善文化，规范慈善活动，保护慈善活动参与者的合法权益，创建慈善之城，根据《中华人民共和国慈善法》等法律、法规，结合本市实际，制定本条例。

第二条　本条例适用于本市行政区域内开展的慈善活动以及与慈善促进有关的活动。

第三条　市、区人民政府应当将慈善事业发展作为社会保障体系建设和精神文明建设的重要内容，纳入本级国民经济和社会发展规划，制定促进慈善事业发展的政策和措施，并将促进慈善事业发展所需经费列入本级财政预算。

第四条　市民政部门主管本市行政区域内的慈善工作，负责组织实施本条例。区民政部门负责本行政区域内的慈善工作。

相关部门按照职责分工，做好下列工作：

（一）宣传、文化广电旅游部门负责将慈善文化列入弘扬中华民族传统美德和践行社会主义核心价值观的宣传体系；

（二）教育部门负责指导开展慈善文化教育，引导青少年参与力所能及的慈善活动；

（三）人力资源和社会保障部门负责指导慈善组织以及开展慈善活动的其他组织落实劳动合同、社会保险等方面的法律、法规和政策；

（四）财政、税务部门负责落实国家和省、市对慈善组织、捐赠人、受益人的税费优惠；

（五）卫生健康部门负责做好医药捐赠、医疗救助等事项的监管工作；

（六）民族宗教事务部门负责指导宗教团体和宗教活动场所依法开展慈善活动；

（七）公安、城市管理和综合执法、住房和城乡建设、市场监督管理、国有资产监督管理、应急管理等部门负责为慈善活动提供必要的支持和保障。

镇人民政府、街道办事处负责协助民政部门和其他有关部门做好慈善相关工作，支持开展社区慈善活动。

第五条　民政部门应当会同相关部门、单位建立慈善工作组织协调、信息沟通共享、信用信息披露和应急救助等机制。

民政部门应当建立与慈善组织、慈善行业组织以及开展慈善活动的其他组织之间的衔接机制，实现社会救助、慈善资源、社会服务等信息的共享。

第六条　工会、共青团、妇联、残联、工商联和红十字会等群团组织应当结合各自职责，动员社会力量开展慈善活动。

第七条　鼓励会展场所、体育场馆、车站、码头、机场、地铁、公园、商场等为开展慈善活动提供场地和其他便利，并减免相关费用。

鼓励法律服务、金融、评估、审计等机构在为慈善活动提供服务时减免服务费用，鼓励广播、电视、报刊、网站等媒体减免慈善宣传费用。

鼓励志愿者参与慈善活动，开展慈善活动的组织应当为志愿者提供必要条件，保障志愿者的合法权益。

鼓励港澳台同胞、华人华侨、国际友人等参与慈善事业，有条件的宗教团体和宗教活动场所可以依法开展慈善活动。

第八条　鼓励和支持慈善组织成立慈善行业组织。民政部门应当为慈善行业组织健全行业规范、制定团体标准、组织行业培训、推动行业交流、加强行业自律、维护行业权益提供指导。

鼓励和支持成立慈善行业社会监督机构。民政部门应当为慈善行业社会监督机构对慈善组织、慈善活动进行评价和监督提供指导。

第九条 鼓励设立慈善组织。设立慈善组织，应当依照《中华人民共和国慈善法》的规定向民政部门提出申请。

鼓励《中华人民共和国慈善法》公布前已经设立并符合慈善组织认定条件的基金会、社会团体、社会服务机构等非营利性组织向民政部门申请认定为慈善组织。

民政部门应当为申请人提供简化手续、缩短审批时限等便利。

第十条 民政部门应当通过购买服务、孵化培育、项目指导、公益创投等方式，培育发展各类慈善组织，优先培育扶贫、济困、扶老、救孤、助残等慈善组织，鼓励发展促进教育、科学、文化、卫生、体育等事业以及保护和改善生态环境的慈善组织。

第十一条 鼓励慈善组织开办公益性医疗、教育、养老、应急救助、环保、助残等社会服务机构，政府相关部门应当为慈善组织租赁场地、使用配套设施等提供便利。

第十二条 民政部门应当会同人力资源和社会保障部门制定慈善人才培养和引进政策，建立慈善人才库，培养和引进慈善事业发展所需的理论研究、资金劝募、项目实施、专业服务和宣传推广等人才。

民政部门应当会同教育、人力资源和社会保障部门加强对慈善从业人员的职业教育和技能培训，每年为本市的慈善从业人员提供一定学时的免费教育和培训。

鼓励高等学校、中职学校和科研机构建立慈善人才培养和培训基地。

第十三条 慈善组织自完成设立登记或者认定时起，可以依据票据管理有关规定，向财政部门申领公益事业捐赠票据。财政部门应当免收公益事业捐赠票据的工本费用。

民政部门应当会同财政、税务部门，根据慈善组织注册登记和开展慈善活动、信用记录、年度报告、日常监督检查结果等情况，及时更新具有出具公益性捐赠税前扣除票据资格的慈善组织名单，并向社会公告。

第十四条 慈善组织开展公开募捐，应当依法取得公开募捐资格。

具有公开募捐资格的慈善组织开展公开募捐，应当依法制定募捐方案，并在开展公开募捐活动前报送其登记的民政部门备案。

具有公开募捐资格的慈善组织与不具有公开募捐资格的组织或者个人合作开展公开募捐，应当依法签订书面协议，明确募捐方案、募捐成本分担、违约责任、争议解决方式等内容，并由具有公开募捐资格的慈善组织将募捐方案报送其登记的民政部门备案。

民政部门应当对公开募捐进行指导，募捐方案内容不完整、超出业务范围的，或者募捐财产目标数额明显超出项目、受益人实际需要的，民政部门应当及时告知慈善组织修改募捐方案。

第十五条 鼓励发展互联网慈善，支持具有公开募捐资格的慈善组织与广播、电视、报刊以及网络服务提供者、电信运营商，合作开发、运营具有慈善需求、慈善项目、个人求助等综合信息发布、推介、转载功能的公开募捐网络平台。

民政部门应当会同有关部门为公开募捐网络平台的开发、运营提供指导和帮助，并依法对平台发布公开募捐信息、开展公开募捐等行为进行监管。

第十六条 鼓励款物募集能力强的慈善组织采取协议委托、公益招投标、联合劝募、公益创投等方式，与有服务专长的组织合作开展慈善项目。

市民政部门应当制定并公布合作协议范本和慈善组织实施公益招投标、公益创投的标准化流程指引。

第十七条 因法定事由或者依慈善组织申请注销公开募捐资格的，民政部门应当委托有资质的第三方机构对慈善组织已经开展的公开募捐慈善项目进行审计，并不得向慈善组织收取审计费用。民政部门注销慈善组织的公开募捐资格后，应当收回公开募捐资格证书，并向社会公告。

慈善组织的公开募捐资格注销后，不得独自开展公开募捐活动。慈善组织能够继续按照募捐方案实施公开募捐资格注销前已开展的公开募捐项目的，应当依法使用募得款物并向社会公开项目实施情况、募得款物使用情况；不能继续实施的，应当按照慈善组织章程的规定或者由民政部门主持将募捐剩余款物转给其他宗旨相同或者相近的慈善组织继续实施，并向社会公告。

第十八条 鼓励自然人、法人和其他组织基于慈善目的，自愿、无偿捐赠财产。

市民政部门应当制定并公布慈善捐赠协议范本。捐赠人、接受捐赠的慈善组织或者开展慈善活动的其他组织可以参照慈善捐赠协议范本对捐赠有关事项作出约定。

第十九条 自然人可以基于慈善目的，立遗嘱向慈善组织或者开展慈善活动的其他组织捐赠个人财产，并可以与该组织约定设立遗赠财产执行监督人。

遗嘱人可以与慈善组织或者开展慈善活动的其他组织、遗赠财产执行监督人签订书面协议，明确各方的权利和义务。遗赠财产执行监督人应当依照约定，对遗赠财产的使用情况进行监督。受遗赠的组织不按照遗嘱人的意愿使用遗赠财产的，遗赠财产执行监督人应当协助受益人、捐赠人的法定继承人或者其他权利人依法主张权利。

第二十条 捐赠财产的价值需要评估的，捐赠人可以与接受捐赠的慈善组织或者开展慈善活动的其他组织协商委托有资质的评估机构进行评估。

评估费用可以约定在捐赠财产中冲减或者由捐赠人另行支付。

第二十一条 慈善组织接受捐赠，应当向捐赠人开具财政部门统一监（印）制的捐赠票据或者纳入财政部门监管的电子捐赠票据。

慈善组织应当向捐赠人颁发捐赠证书、荣誉徽标。

第二十二条 经受益人同意，捐赠人对其捐赠的慈善项目可以冠名纪念，法律、法规规定需要批准的，从其规定。

捐赠人可以与受益人、接受捐赠的慈善组织或者开展慈善活动的其他组织签订书面协议，对冠名捐赠的设立和取消条件、方式、期限等作出约定。

第二十三条 捐赠人有权查询、复制其捐赠财产管理使用的有关资料，接受捐赠的慈善组织和开展慈善活动的其他组织应当在二十日内向捐赠人反馈有关情况。

接受捐赠的组织拒绝或者不按照要求反馈有关情况的，捐赠人可以请求慈善行业组织、慈善行业社会监督机构给予协助。

第二十四条 慈善组织确需变更募捐方案规定的捐赠财产用途的，应当经其决策机构审议通过后十日内报民政部门备案并说明理由。

慈善组织或者开展慈善活动的其他组织确需变更捐赠协议约定的捐赠财产用途的，应当征得捐赠人同意。确实无法联系到捐赠人的，应当通过公告形式告知，公告时间不得少于六十日。

慈善项目终止后捐赠财产有剩余的，按照募捐方案、捐赠协议处理；未签订捐赠协议，或者募捐方案未规定、捐赠协议未约定的，慈善组织和开展慈善活动的其他组织应当将剩余财产用于目的相同或者相近的其他慈善项目，并向社会公告。

第二十五条 鼓励依法设立慈善信托。慈善信托的名称应当反映信托目的，依次包括字号、年度、慈善目的并以“慈善信托”字样结束。

民政部门应当会同有关部门制定促进慈善信托发展的政策和措施。

第二十六条 镇人民政府、街道办事处应当依托各类公共服务平台，为开展社区慈善活动提供场地和其他便利。

镇人民政府、街道办事处可以与社会工作服务机构、志愿服务组织、具有公开募捐资格的慈善组织等单位合作，采取在社区依法设立慈善捐赠站点和社区慈善基金、组织社区居民参与互助互济活动等方式，开展社区慈善活动。

第二十七条 鼓励城乡社区组织、单位在本社区、单位内部开展群众性互助互济活动。开展群众性互助互济活动的，可以依法委托慈善组织进行财产和项目管理或者依法设立慈善信托。

群众性互助互济活动的组织者应当在活动结束后三十日内将款物募集和使用等情况在本社区、单位公布。

第二十八条 民政部门应当会同有关部门建立慈善行为记录制度，对自然人、法人和其他组织开展慈善活动的信息进行记录。

鼓励用人单位在同等条件下优先聘用有良好慈善行为记录的应聘者。

对慈善事业发展做出较大贡献的个人，其本人或者家庭成员生活遇到困难提出救助申请的，慈善组织和开展慈善活动的其他组织应当优先予以救助。

第二十九条 市、区人民政府对在慈善事业发展中做出突出贡献的自然人、法人和其他组织予以表彰，表彰项目的设立依照有关规定办理。

每年9月为“羊城慈善月”。民政部门应当组织开展慈善活动，推介慈善项目，宣传慈善文化，普及慈善知识，推广使用慈善标志、慈善吉祥物，以及开展慈善家庭、慈善榜征集评选活动。

第三十条 民政部门应当依法建立开展慈善活动的社会组织及其负责人信用记录制度，并向社会公布。

民政部门应当建立开展慈善活动的社会组织评估制度，鼓励和支持第三方机构对该组织进行评估，并向社会公布评估结果。

政府相关部门应当将信用状况、评估结果作为财政扶持、购买服务、评比表彰的参考依据。

第三十一条 市民政部门应当制定全市统一的慈善档案管理规范。慈善档案管理规范应当包括管理原则、文档分类、保存期限、鉴定销毁、开发利用和信息化建设等内容。

第三十二条 慈善组织应当依法履行信息公开义务，并对公开信息的真实性负责。

慈善组织应当在民政部门提供的统一的信息平台，向社会公开下列信息：

（一）慈善组织的基本信息；

（二）年度工作报告和财务会计报告；

（三）公开募捐情况；

（四）慈善项目有关情况；

（五）慈善信托有关情况；

（六）重大资产变动及投资、重大交换交易及资金往来、关联交易行为等情况；

（七）法律、法规、规章要求公开的其他信息。

第三十三条 慈善组织或者开展慈善活动的其他组织的发起人、主要捐赠人以及管理人员不得利用关联关系损害该组织、受益人的合法权益和社会公共利益。

慈善组织的发起人、主要捐赠人以及管理人员与慈善组织发生交易行为的，不得参与慈善组织有关该交易行为的决策，有关交易情况应当在交易结束后三十日内向社会公开。

开展慈善活动的其他组织的发起人、主要捐赠人以及管理人员与该组织发生与开展慈善活动相关的交易行为的，不得参与该组织有关该交易行为的决策，有关交易情况应当在交易结束后三十日内向社会公开。

第三十四条 个人为解决本人或者近亲属的困难，可以向社会求助。求助人应当对求助信息的真实性负责，不得虚构事实、夸大困难骗取他人捐赠。

个人请求广播、电视、报刊以及网络服务提供者、电信运营商发布求助信息的，广播、电视、报刊以及网络服务提供者、电信运营商应当在发布求助信息前，指引求助人向慈善组织或者开展慈善活动的其他组织求助。

广播、电视、报刊以及网络服务提供者、电信运营商为求助人发布求助信息的，应当依照法律、法规及有关规定进行，并在显著位置或者以其他显著方式向公众进行风险防范提示，告知该信息不属于慈善公开募捐信息。发现求助人涉嫌骗取捐赠的，应当立即停止发布求助信息，并向公安、民政等有关部门报告。

广播、电视、报刊以及网络服务提供者、电信运营商应当对求助获得款物的使用进行监督，超出求助人实际需要或者无法按照原用途使用的，应当要求求助人退还捐赠人或者按照捐赠人意愿用于其他用途。

第三十五条 慈善组织及其直接负责的主管人员和其他直接责任人员违反本条例开展慈善活动的，依照《中华人民共和国慈善法》有关规定处理。

第三十六条 开展慈善活动的其他组织有下列情形之一的，由民政部门予以警告、责令限期改正；逾期不改正的，责令限期停止活动并进行整改：

（一）违反本条例第二十三条规定，未在二十日内向捐赠人反馈有关情况的；

（二）违反本条例第三十三条第一款规定，造成开展慈善活动的财产损失或者慈善活动受益人的合法权益受损的；

（三）违反本条例第三十三条第三款规定，未在交易结束后三十日内向社会公开有关交易情况的。

第三十七条 开展募捐活动有下列情形之一的，由民政部门依法给予处罚：

（一）不具有公开募捐资格的组织或者个人开展公开募捐的；

（二）通过虚构事实等方式欺骗、诱导募捐对象实施捐赠的；

（三）向单位或者个人摊派或者变相摊派的；

（四）妨碍公共秩序、企业生产经营或者居民生活的。

广播、电视、报刊以及网络服务提供者、电信运营商未履行本条例第三十四条规定义务的，由其主管部门予以警告，责令限期改正；逾期不改正的，予以通报批评。

第三十八条 民政部门和其他有关部门及其工作人员违反本条例，不依法履行职责的，由有权机关责令改正，对负有责任的领导人员和直接责任人员依法给予处分；构成犯罪的，依法追究刑事责任。

第三十九条 本条例自2021年9月1日起施行，《广州市募捐条例》同时废止。

广州市人民政府关于印发推动慈善事业高质量发展行动方案的通知

穗府函〔2020〕156号

各区人民政府，市政府各部门、各直属机构：

现将《广州市推动慈善事业高质量发展行动方案》印发给你们，请认真贯彻执行。执行中遇到的问题，请径向市民政局反映。

广州市人民政府

2020 年 8 月 3 日

广州市推动慈善事业高质量发展行动方案

为深入贯彻习近平新时代中国特色社会主义思想，深入贯彻党的十九大和十九届二中、三中、四中全会精神，深入贯彻习近平总书记对民政工作的重要论述，深入实施《广东省推动慈善事业高质量发展若干措施》，发挥慈善事业作为第三次分配的作用，巩固提升“慈善之城”创建成效，推动我市慈善事业高质量发展，结合实际，提出以下实施意见。

一　坚持党建引领

（一）加强党的领导。坚持党对慈善事业的全面领导，牢牢把握慈善事业发展坚定正确的政治方向，推动慈善组织将党建有关内容写入章程。按照应建尽建的要求，推进慈善组织党的组织和党的工作覆盖。实施“党建强，慈善红”行动计划，充分发挥慈善组织党组织的战斗堡垒作用和党员的先锋模范作用，提升慈善事业发展的源动力。

（二）打造党建品牌。加大慈善组织党建品牌的选树、培育和宣传力度。打造一批慈善组织党组织示范点、一批慈善组织党员先锋示范岗、一批慈善组织优秀党务工作者、一批慈善组织优秀党员、一批有影响力的慈善党建项目。

（三）强化服务管理。完善党员管理服务方式，从严抓好慈善组织中党员的教育和管理，严守政治纪律和政治规矩。践行社会主义核心价值观，开设慈善组织党建课堂，加强国家安全教育。把廉洁自律贯穿慈善工作始终，加强慈善款物依法依规使用。

二　完善政策法规

（四）健全地方性法规。落实《中华人民共和国慈善法》，出台《广州市慈善促进条例》，完善慈善捐赠、慈善信托、培育扶持、激励表彰等政策制度。健全志愿服务体系，推动志愿服务制度化、社会化和专业化。修订《广州市志愿服务条例》，完善志愿服务招募注册、服务记录、激励回馈、保障等政策制度。

（五）落实优惠措施。落实税收、慈善服务设施用地等方面的优惠政策。简化慈善组织办理非营利组织免税和公益性捐赠税前扣除资格流程。加强慈善捐赠税收优惠政策等法律法规的宣传，实现慈善组织电子捐赠票据全覆盖，境外依法向慈善组织捐赠的慈善物资享受进口税收优惠，充分发挥税收优惠政策对慈善事业的促进作用。

三　培育慈善主体

（六）培育发展慈善组织。大力推动全市慈善组织登记认定工作，加大培育发展不同类型的慈善组织，优先培育扶贫、济困、扶老、救孤等慈善组织。加大对慈善组织资金和能力建设支持力度，支持联合型、行业性慈善组织承接政府委托或转移的职能，巩固公益创投“广州模式”。加强慈善组织能力建设，加强行业交流，促进慈善组织在资金募集、志愿者动员、项目实施等方面深度合作。

（七）培育其他慈善主体。鼓励城乡社区居（村）委会、物业管理公司、业主委员会建立慈善互助会或设立社区基金等，推动社区慈善发展。鼓励企业和个人在慈善组织内通过设立冠名基金、冠名项目或开展冠名活动等方式参与慈善，倡导企业设立社会责任部门，参与社会公益慈善活动。支持社会创新，促进慈善跨界合作发展。

（八）兴办各类慈善实体。鼓励支持社会力量兴办公益事业实体，鼓励支持慈善组织兴办公益性医疗、教育、养老、应急救助、环保、扶残助残等社会服务机构和设施，拓展慈善组织的服务功能。加快推进广州市慈善大楼建设，进一步发挥慈善广场、慈善社区、慈善街道、慈善乡村、慈善学校、慈善公园作用，鼓励大型商业广场、图书馆、连锁门店、游客中心等设置慈善空间，用于慈善项目宣传、慈善活动开展、慈善文化传播等。

四　激发慈善活力

（九）加大社会支持。鼓励机关、企事业单位为慈善活动的开展提供便利条件并按规定给予优惠，鼓励新闻媒体为慈善组织信息公开和活动宣传提供支持和优惠，鼓励公证、法律服务、评估、审计等专业机构在为慈善活动提供服务时给予优惠。引导学校、培训机构等教育部门将慈善文化纳入教学内容，倡导金融机构探索金融资本支持慈善事业发展的政策渠道，促进港澳台同胞、海外华人华侨、国际友人等参与广州慈善事业。

（十）推动融合发展。鼓励符合条件的慈善组织承接政府购买服务项目，与其他社会领域深度融合。引导慈善组织设立社会工作岗位、社会工作服务机构依法链接慈善资源，发挥社会工作的专业优势、慈善组织的资源优势、志愿服务的力量优势。依托党群服务中心、社工站、学雷锋志愿服务站点等服务阵地，支持番禺区建设“五社联动”社会治理生态圈，为促进慈善、社会工作、志愿服务等深度融合发展作出示范。

（十一）健全激励机制。探索建立“记录一生、追踪一生、回报一生”的慈善记录和激励机制。按规定对慈善事业发展作出突出贡献、社会影响较大的个人、家庭和集体予以表扬。开展优秀慈善组织、慈善人物、慈善事迹、慈善家庭等巡回宣讲和展示。推广对捐赠人颁发捐赠证书、荣誉徽标等做法，提高捐赠善行的社会知晓度。

五　拓宽参与渠道

（十二）丰富捐赠形式。以社会化为导向，运用市场机制推动慈善超市建设。推动社区慈善捐赠站点广泛覆盖，方便群众开展经常性捐赠。推动技能、知识产权、股权、有价证券、保险等新型捐赠方式的实施，探索个人遗赠接受路径，完善应急突发事件中款物接收调配机制。充分利用区块链等新技术，提升“广益联募”慈善募捐信息发布平台和“广州公益时间银行”等平台的服务形式，开展丰富多样的互联网慈善活动和志愿服务。

（十三）搭建交流平台。支持慈善组织参与省内外和国际慈善活动，利用中国善城大会、粤港澳大湾区社会影响力公益慈善盛典、广东扶贫济困日等活动平台，强化广州与粤港澳大湾区城市、“一带一路”沿线城市在慈善领域的交流与合作力度，持续推动慈善城市发展研究基地建设，提升广州慈善影响力。

（十四）发展慈善信托。丰富慈善信托类型，支持社会各界运用慈善信托方式推动慈善事业长远发展。制订慈善信托评估指标体系，开展慈善信托项目评估，促进慈善信托项目健康规范实施。鼓励城乡社区组织、单位在开展群众性互济活动时，通过慈善信托的方式管理慈善资金。

（十五）提升志愿服务。发展壮大志愿者队伍，实行志愿者注册登记，简化注册程序。推广“广州公益时间银行”“志愿在康园”，促进社区志愿服务常态化、规范化和便捷化。推进新时代文明实践中心建设以及文化场馆、教育、医疗等机构的志愿服务站点建设。围绕服务精准脱贫、社区治理、大型活动等重点领域，广泛开展志愿服务活动。

六　增强惠民实效

（十六）擦亮慈善品牌。提升“羊城慈善为民”行动品牌效应，从机制运作、项目实施、服务成效、宣传推广等方面不断丰富内涵。支持各区政府创建“慈善之区”，打造广州“慈善之城”创建新品牌、新亮点。通过党建指导、资源供给、荣誉激励等方式，加大对优秀慈善组织和慈善项目的支持力度，提升其服务成效和影响力。

（十七）助力乡村振兴。依托互联网募捐平台开设精准扶贫、乡村振兴等慈善捐赠专区。探索扶贫产品慈善定制服务，开展线上慈善义卖、义拍、义演、直播带货等，动员爱心企业、个人认捐扶贫产品。深度挖掘和宣传爱心企业和人士在扶贫领域的先进经验、典型事迹，多途径深入传播，扩大慈善在精准扶贫和乡村振兴中的发动面和参与面。

（十八）聚焦特殊群体。突出为民服务导向，扩大慈善介入重大疾病前置救助的领域和范围，建设好“珠珠大病慈善医疗救助平台”，扩充慈善医疗救助服务种类，将个人慈善救助与慈善项目募捐有效结合。推动困难老人、残疾人养老和助残慈善服务，链接社会资源支持居家养老、居家托残、医养结合等项目服务。实施“困境儿童、残疾人救助服务”计划，关注困境儿童成长和残疾人康护。

七　强化人才建设

（十九）培养慈善人才队伍。制定慈善人才培养政策，建立慈善优秀人才目录。加快培养一批长期参与慈善服务、熟练掌握专业知识和岗位技能的慈善人才队伍，着力培养一批富有社会责任感、熟悉现代慈善理论、拥有丰富管理经验的慈善组织管理人才。坚持内部挖潜和引智引技，利用本地高校、科研机构开设短期或长期培训课程，同时引入国内外慈善培训资源，争取国家级慈善教育机构或项目落户广州，形成现代慈善人才培养机制。

（二十）加强理论研究。会同中国慈善联合会办好慈善城市发展研究基地，不断加强慈善政策理论研究的专业性、引领性和实效性，建设成为全国慈善研究领域的重要力量。落实《创建慈善城市·广州行动》工作制度，设立人才培育、慈善研究支持计划，支持专家学者推出一批国内外具有影响力的研究成果。

八　弘扬慈善文化

（二十一）传承创新慈善文化。通过“慈善+”，举办各类公益活动，弘扬扶贫济困、乐善好施、积德行善等中华民族传统美德。以社会主义核心价值观引领慈善文化，加强广府慈善文化传承、研究和创新。出版广州慈善蓝皮书、《善城》杂志，在全市倡导做一件慈善事，激发人人向善的社会风尚。

（二十二）推动慈善融入生活。实施慈善家庭推广计划，组建慈善家庭志愿服务队、慈善家庭宣讲团，设计慈善家庭文化标识、编辑慈善家庭案例集，宣传慈善家庭的先进事迹，将慈善家庭作为评选文明家庭、“广州好人”的重要依据。着力推动慈善文化进企业、进学校、进社区，深化新春花市慈善行、北京路公益慈善嘉年华等慈善文化品牌活动。

九　加强监督管理

（二十三）加强政府监管。实施“清风促善行”行动，加强慈善组织管理工作队伍建设。完善全市慈善数据的收集统计工作，建立健全日常监督检查制度，年度抽查比例不低于5%。严厉打击自然人、法人或者其他组织假借慈善名义或者假冒慈善组织骗取财产的行为。推进慈善领域社会信用体系建设，将慈善捐赠、志愿服务纳入守信联合奖励和失信联合惩戒制度覆盖范围。

（二十四）加强内部治理。建立健全法人治理机构，依法依规开展募捐、保值增值投资等活动，履行信息及时公开义务，加强内部控制和内部审计，提高慈善组织的公信力。引导慈善组织简化参与重大公共卫生事件或自然灾害慈善捐赠的程序，促进高效运转，确保捐赠款物全部及时到位。倡导募用分离，支持款物募集能力强的慈善组织和有服务专长的组织开展合作，提高款物募集和使用效益。

（二十五）加强行业自律。发挥广州市公益慈善联合会等行业组织作用，建立行业内部协调和资源、信息共享机制。完善行业标准化体系，深入开展区域慈善指数评价工作。强化行业自律自治，号召慈善组织积极参加“广州慈善公众开放日”活动。全面推动慈善组织参与透明度评价工作，慈善信息公开率达到100%。

（二十六）加强社会监督。畅通公众对不良慈善行为的投诉举报渠道，及时反馈或公布查处情况。充分发挥社会第三方机构广州市慈善组织社会监督委员会的作用，加大对慈善组织和项目的审计和监督。联动市场监管部门探索企业社会责任年报机制。支持新闻媒体、互联网信息服务提供者、电信运营商等对不良慈善现象以及违法违规行为进行曝光。

十　健全保障机制

（二十七）强化组织保障。要充分认识发展慈善事业的重要性，将发展慈善事业纳入国民经济和社会发展“十四五”规划，将慈善文化建设纳入社会主义精神文明建设整体规划及文明创建活动考评体系。各有关部门和各区要各司其职，形成党委领导、政府管理、行业协作、公众参与的工作格局。

（二十八）建立多方协同机制。建立健全慈善工作组织协调机制，民政部门牵头统筹，会同有关政府部门、慈善组织、行业组织以及企事业单位建立协同机制，实现总体规划、协调分工、分步实施、逐项落实的工作合力。充分发挥工会、共青团、妇联、残联、工商联及红十字会等群团组织优势，密切联系群众，实现慈善发展常态化、多元化和全民化。

（二十九）推动信息共享平台。建立健全民政部门与其他部门之间的慈善信息沟通共享、信用信息披露机制。推广使用全省慈善信息统一管理平台，实现社会救助信息与慈善信息共享。推动互联网慈善发展，在政策法规宣传、慈善组织壮大、活动能力提升等方面积极探索，高效满足捐赠人、受赠人或受益人对慈善的广泛需求。

（三十）加强宣传推广。大力推广“中华慈善日”“中国志愿服务”“中国社会工作”“善穗”等标志的使用，唱响《善城广州》等慈善歌曲。鼓励慈善从业人员、志愿者、社会工作者工作着装展示身份标识。推动媒体积极开展慈善宣传、普及慈善知识、传播慈善文化。利用“全国扶贫日”“学雷锋纪念日”“中华慈善日”“国际志愿者日”“广东扶贫济困日”等重要时间节点，综合利用城市地标、公共交通等载体和社区宣传栏以及全市公益广告宣传平台，开展形式多样的慈善宣传活动，营造浓厚慈善氛围。

Abstract

The fifth Plenary Session of the 19th Central Committee of the Communist Party of China (CPC) proposed that since the first centenary goal has been accomplished, a new journey to comprehensively establish a modern socialist country is about to start, marching to achieve the second centenary goal. This is a milestone implying a new stage in China's development process.

2020 is the closing year of the 13th Five-Year Plan as well as the crucial year to start the 14th Five-Year Plan. Facing the severe situation of COVID-19, charitable organizations in Guangzhou positively engaged in epidemic prevention and control. In the year of 2020 under COVID-19, Guangzhou achieved new developments on philanthropy, including the gradually increased ability of emergency response to vital emergent events, rapid increase of the number of charitable foundations, and the strengthened resource capability of charitable organizations. In addition, the great increase of charitable donations contributed to COVID-19 epidemic prevention and control and poverty alleviation. A supportive system to community philanthropy has been built and the policy support from the local government has been increased as well. What's more, charitable infrastructure construction was placed more emphasis to consolidate the basis for development of philanthropy.

High quality development of philanthropy becomes the significant task in new development stage. Guangzhou needs to re-position and clarify new mission and task in alliance with the requirements of the new development stage. Therefore, this report proposes the suggestions as follows. Firstly, emphasizing on the third distribution to perfect mechanism favorable for the development of charitable organizations. Secondly, more attention should be placed on making up the shortage of public service, innovating charitable service mode and stimulating social forces participate in public service supply. Thirdly, building national demonstration city for governance modernization and fostering multiple subjects for community philanthropy, which will contribute to establishing a grassroot governance pattern of collaboration, broad participation and benefiting all. Fourthly, fully implementing rural revitalization strategy, consolidating the accomplishments achieved through engagement of charitable organizations in poverty alleviation, optimizing and innovating assistance approach. Last but not the least, increasing regional civilization and influence of philanthropic culture, to promote cultural comprehensive strength.

Contents

Ⅰ General Report

Abstract: This report analyzes the overall philanthropic development in Guangzhou during the 13th Five-Year Plan and the development in 2020. Based on the analysis, main taskand theme of the philanthropic development in new stage are discussed in detail. The report indicates that quality philanthropy should be balanced, effective and sustainable with quantity and quality equally addressed in the process of development. Hence philanthropy in the new development stage should be centered on the following aspects. Firstly, emphasizing on the third distribution and perfecting mechanism favorable for the development of charitable organizationsare important. Secondly, more attention should be placed on making up the shortage of public service, innovating charitable service mode and stimulating social forces to participate in public service supply. Thirdly, building national demonstration city for governance modernization and fostering multiple subjects for community philanthropy, which will contribute to establishing a grassroot governance pattern of collaboration, broad participation and benefiting all. Fourthly, fully implementing rural revitalization strategy, consolidating the accomplishments achieved through engagement of charitable organizations in poverty alleviation, optimizing and innovating assistance approach. Last but not the least, increasing regional civilization and influence of philanthropic culture, to promote cultural comprehensive strength.

Keywords: Philanthropy; High Quality Development; Guangzhou

Ⅱ Special Reports

Abstract: Up to Dec. 31st 2020, the number of charitable organizations registered and recognized in both municipal and district level reached to 185, among which 32 organizations were net increase in 2020. It showed an increase of 20.9% compared with the data of 2019. Charitable foundations and social groups were main forms of charitable organizations. The number of charitable foundations was 93 accounting for 50.3% of the total number of 185. Development features of charitable organizations in Guangzhou are featured in following aspects. Firstly, the number of charitable organizations had a great increase in 2020 but mainly registered in municipal level. Secondly, the development differentiated greatly in different organizations and the grassroot organizations didn't fully develop. Thirdly, there were 15 charitable organizations with qualification of public fundraising, including 5

Red Cross societies. Low increase of charitable organizations with qualification of public fundraising exerted negative effect on online fundraising which was below the expectations in 2020. As response, this report suggests optimizing mechanism favorable for development of charitable organizations, making full play of public fundraising platform, incorporating charity into whole system of grassroot governance, optimizing coordination mechanism of community, social organization, social worker, social resource and social autonomous organization, absorbing charitable organizations into emergency management system and innovating supporting mode for capacity building of charitable organizations.

Keywords: Charitable Organization; Public Fundraising; Guangzhou

B.3 Evaluation Report on Donation in 2020 Ranking List of Guangzhou Philanthropy

Zhang Wei, Lan Guangyu / 050

Abstract: The total amount of charitable donation has witnessed yearly increase since Guangzhou initiated the action of charity for citizens to build the city of philanthropy in 2017. According to the data released by the Ranking List of Guangzhou Philanthropy, the total amount of charitable donation in 2020 reached to 1.481 billion. 1.438 billion from institutions, which accounted for 97.1% of the total number, and 43 million from Individual donors, accounting for 2.9%. To address the problem on how to further enhance the charitable donation system in Guangzhou, a few suggestions are proposed as follows. First suggestion is to enhance the construction of community charitable donation platform and mobilize indigenous charitable resources. Secondly, innovating mode of charitable donation to provide individual donors with donation approaches of different varieties. What's more, popularizing idea of strategic philanthropy and mode to enhance the sustainability of enterprise donation. In addition, encouraging non-currency asset donation to construct resource basis for long-term development of philanthropy. Besides, introducing national and international large-scale charitable organizations or charitable projects. Lastly, optimizing coordination mechanism of charitable donation in response to public emergency so as to effectively coordinate the demand-supply of charitable resource.

Keywords: Charitable Donation; Ranking List of Guangzhou Philanthropy; Epidemic Prevention and Control

Abstract: Guangzhou has been taking credibility construction as the fundamental task to promote in the process of building the city of philanthropy. Guangzhou Charitable Organization Social Supervision Committee continued to make annual transparency evaluation on charitable organizations in 2020. The evaluation revealed that the average score of 186 organizations was 110.45 (full score is 150), the scoring rate was 73.63%. Over half of the organizations scored equal to or above 113. To be specific, 61 organizations ranked A class (score ≥120), accounting for 32.8% and 105 organizations ranked B class (90 ≤ score <120), accounting for 56.45%. To sum up, the percentage of the organizations equal or above B class exceeded 89%, which showed the sound situation of transparency.

Keywords: Charitable Organization; Transparency; Guangzhou

Abstract: *Regulations for Philanthropy Promotion in Guangzhou* will be implemented on Sep. 1st 2021. Eight features of Regulation could be highlighted as follows. To be specific, it proposes to further clarify the scope of application, build philanthropy coordination mechanism, increase support to foster charitable organizations, stimulate participants of charitable activities in all respects, broaden approaches to participate in charitable activities, stress on philanthropic talent cultivation, encourage and support to establish supervisory institution over philanthropy, and strictly supervise personal assistance. At the same time, this report puts forward three measures to promote the implementation of the Regulations. Firstly, through enhancement of publicity, education and training, creating a sound environment for development of philanthropy under the rule of law. Secondly, making supporting policies to implement articles of the regulation and ensure coordination with the relevant laws. Thirdly, making practical suggestions for amendment of the Charity Law of the People's Republic of China, based on experiences gained in Guangzhou.

Keywords: Local Philanthropy Legislation; Charity Law; Guangzhou

Abstract: Further construction of the Guangdong-Hong Kong-Macau Greater Bay Area and the implementation of Deepening Strategic Collaboration Framework Agreement between Guangzhou and Shenzhen ensure a sound and favorable policy environment for the development and cooperation of philanthropy between these two cities. To explore new collaboration mechanism on philanthropy, this research proposes the following suggestions. Firstly, a regular coordination and communication mechanism among administration departments related to philanthropy should be built to provide policy support favorable for cooperation among social organizations. Secondly, social organizations should endeavor to build philanthropic cooperation platform of different varieties together. Thirdly, promoting collaboration on theoretical research and philanthropic talent cultivation in higher education institutions. Last but not the least, Guangzhou and Shenzhen should promote further cooperation and communication between Guangdong and Hongkong-Macao area.

Keywords: Coordination between Two Cities; Regional Philanthropy; Collaboration Mechanism

Ⅲ Industry Reports

Abstract: In the year of 2020, Guangzhou Charity Federation system at municipality, district and community levels was further improved. Charity federations at different levels made positive and significant contributions to participating in poverty alleviation and COVID-19 epidemic prevention and control, implementing assistance mode of material plus service, establishing platform for full participation of citizens and promoting the construction of local philanthropic ecology. Centered on the development of charity federation, this report proposes five suggestions to further reform and innovate charity federation system in new development stage. Firstly, strengthening the Party leadership over charity federation system and transferring political dynamics of the party into development dynamics. Secondly, improving corporate governance structure and governance rules of charity federation at district and community levels to ensure sound operation. Thirdly, firmly adhering to socialized reform and strengthening human resource construction of charity federation at district level. Fourthly, promoting professionalization of charity federation to make systematic planning on charitable donation platform, brand project building, maintenance and appreciation of charitable assets and public emergency response. Lastly, enhancing the capability of charity federation at municipality, district and community level to support community philanthropy.

Keywords: Charity Federation; Socialization; Community Philanthropy; Guangzhou

Abstract: Charitable foundations has become one of the indispensable stimuli to the rapid development of philanthropy in China. Through reviewing the annual data of 2020, this report displays current development, capacity of resource mobilization and project implementation. Hence features and problems in the process of operation and development are pointed out. The report shows that there was a remarkable increase in 2020 in the development of charitable foundations in Guangzhou, in accordance with that of the whole nation. In contrary to the high increase of the numbers of charitable foundations, most of the foundations in Guangzhou operated in small-scale and was deficient of social resource mobilization. Even worse, there was a lack of dynamics in some charitable foundations and part of them tended to be dormant. Based on the observations above, countermeasures are made to further promote sustainable development of foundations in Guangzhou, such as further increasing capacity of foundations, strengthening supervision and monitoring over the operation of the foundations, and building brand foundations in Guangzhou.

Keywords: Charitable Foundation; Resource Mobilization; Guangzhou

Abstract: Up to Dec. 31st 2020, there were 108 social organizations using voluntary or volunteer in the registered name. There was a steady increase in numbers and scale of funds of voluntary organization and displayed a sound development. Suggestions are made in this report to better promote organizations of voluntary service to engage in social governance innovation in new development stage. On one hand, accelerating the process of integrating such organizations into grassroot governance system, and optimizing the coordination mechanism of community, social organization, social worker, community volunteer and social philanthropic resource based on the mode of social work plus philanthropy plus volunteer. On the other hand, organizations of voluntary service should function as a pivot, and increase professionalism of voluntary service. What's more, emphasis should be put on the optimization of voluntary service branding and encouragement of multiple participation. In the meantime, this report suggests taking full use of the resources in the Greater Bay Areato strengthen collaboration and communication on voluntary service, building brand projects with distinct features of the Greater Bay Area, and exploring how to better cultivate voluntary service professionals.

Keywords: Organizations of Voluntary Service; Voluntary Service System; Guangzhou

Ⅳ Focal Reports

Abstract: The development of community fund is distinctively meaningful to enhance community governance. This report introduces basic concept and management mode briefly and Guangzhou's practice in fostering community funds. Furthermore, development directions and key tasks are discussed as well. In the future, community funds should endeavor to provide convenient donation approaches for community enterprises and citizens, build regular community resource raising mode and establish mutual assistance platform of community philanthropy. Moreover, community funds should be integrated into community governance system to strengthen the coordination among residents committee, social organizations, social workers and community enterprises to from a coordination mechanism, contributing to community governance. Besides, based on the idea of greater philanthropy, funding social organizations of multiple types to serve in the community should be paid attention to.

Keywords: Community Foundation; Coordination Mechanism of Community; Social Organization; Social Worker; Community Volunteer and Social Philanthropic Resource; Community Philanthropy; Guangzhou

B.11 Study on Operation Mode of Philanthropic Space and Micro-carrier of Philanthropy

Hu Xiaojun / 175

Abstract: Construction of Philanthropic space becomes an important task in the process of promoting charity development in Guangzhou and other municipalities. This report analyzes the main characteristics of micro-carrier of philanthropy and proposes specific suggestions to promote sustainable operation of philanthropy. To be specific, combining philanthropic space with the development of voluntary service groups, making operational guidance for different types of philanthropic space respectively, strengthening coordination and collaboration between philanthropic space and social organizations to build brand philanthropic activities, and promoting resource sharing and coordination network construction among philanthropic spaces.

Keywords: Philanthropic Space; Micro-carrier of Philanthropy; Charitable Donation; Philanthropic Culture

B.12 Study on CharitableOrganizations in Guangzhou Participating in COVID-19 Epidemic Prevention and Control

Deng Ronglan / 179

Abstract: Charitable organizations in Guangzhou instantly responded to COVID-19 prevention and control, which were highlighted in four aspects. Timely policy steering ensured sound environment for charitable organizations' participation in the epidemic prevention and control. Besides, hub-type social organizations functioned greatly in coordination. What's more, charitable organizations made full use of their advantages and service expertise. Last, an organization standard for social organizations to engage in public health emergency was made. Based on the observations over Guangzhou's practice, this report suggests in following three aspects to prefect mechanism of the engagement of charitable organizations in emergency response, including enhancement of community emergency mechanism and encouraging voluntary service group in community, making emergency plan and building coordination platform, and leading charitable organizations to put more emphasis on recovery and reconstruction after emergency.

Keywords: Charitable Organization; COVID-19 Epidemic Prevention and Control; Emergency Response

Abstract: Outline Development Plan for Guangdong-Hong Kong-Macau Greater Bay Area proposes to collaborate on social welfare and philanthropy. On analysis to local practices of municipalities in the Greater Bay Area, this report suggests in four aspects to strengthen collaboration on philanthropy. Firstly, based on social demands, conducting pilot actions in service for the elderly, service for cross-border family and emergency response. Furthermore, charitable organizations in the Greater Bay Area should actively build multiple platforms to promote collaboration in practice through specific programs. Thirdly, charitable organizations could provide charitable assistance for the people in difficult position from Hongkong and Macau who are working, studying and living in the Pearl River Delta. Fourthly, popularizing the experience of city of philanthropy and city of volunteers, and collaboratively establishing a bay area of philanthropy.

Keywords: Guangdong-Hong Kong-Macao Greater Bay Area; Philanthropy; Coordinative Development

Abstract: China has entered a new development phase of consolidating achievements in poverty elimination and at the same time converting the emphasis to comprehensively promote rural revitalization strategy. This report reveals four practicable approaches based on the practice in Guangzhou. Firstly, charitable foundations could provide supports like program funding for social organizations which has expertise to serve in rural areas. Secondly, charitable organizations with qualification of public fundraising could lead social resources to rural area through building charitable platform with the theme of rural revitalization. Thirdly, taking advantages of abundant ecological and cultural resources, exploring social enterprise in rural area to promote industry revitalization. What's more, through assistance in pairs, programs and technical supports, supportingdevelopment of charitable organizations in rural area, contributing to the construction of rural governance system.

Keywords: Rural Revitalization; Charitable Organization; Rural Community

V Appendices

S 基本子库
UB DATABASE

中国社会发展数据库（下设 12 个子库）

整合国内外中国社会发展研究成果，汇聚独家统计数据、深度分析报告，涉及社会、人口、政治、教育、法律等 12 个领域，为了解中国社会发展动态、跟踪社会核心热点、分析社会发展趋势提供一站式资源搜索和数据服务。

中国经济发展数据库（下设 12 个子库）

围绕国内外中国经济发展主题研究报告、学术资讯、基础数据等资料构建，内容涵盖宏观经济、农业经济、工业经济、产业经济等 12 个重点经济领域，为实时掌控经济运行态势、把握经济发展规律、洞察经济形势、进行经济决策提供参考和依据。

中国行业发展数据库（下设 17 个子库）

以中国国民经济行业分类为依据，覆盖金融业、旅游、医疗卫生、交通运输、能源矿产等 100 多个行业，跟踪分析国民经济相关行业市场运行状况和政策导向，汇集行业发展前沿资讯，为投资、从业及各种经济决策提供理论基础和实践指导。

中国区域发展数据库（下设 6 个子库）

对中国特定区域内的经济、社会、文化等领域现状与发展情况进行深度分析和预测，研究层级至县及县以下行政区，涉及省份、区域经济体、城市、农村等不同维度，为地方经济社会宏观态势研究、发展经验研究、案例分析提供数据服务。

中国文化传媒数据库（下设 18 个子库）

汇聚文化传媒领域专家观点、热点资讯，梳理国内外中国文化发展相关学术研究成果、一手统计数据，涵盖文化产业、新闻传播、电影娱乐、文学艺术、群众文化等 18 个重点研究领域。为文化传媒研究提供相关数据、研究报告和综合分析服务。

世界经济与国际关系数据库（下设 6 个子库）

立足“皮书系列”世界经济、国际关系相关学术资源，整合世界经济、国际政治、世界文化与科技、全球性问题、国际组织与国际法、区域研究 6 大领域研究成果，为世界经济与国际关系研究提供全方位数据分析，为决策和形势研判提供参考。

法律声明

相关皮书推荐

- ◆《广州市公益慈善事业发展报告（2013）》
- ◆《广州市公益慈善事业发展报告（2014）》
- ◆《广州市公益慈善事业发展报告（2015）》
- ◆《广州市公益慈善事业发展报告（2016）》
- ◆《广州市公益慈善事业发展报告（2017）》
- ◆《广州公益慈善事业发展报告（2018）》
- ◆《广州公益慈善事业发展报告（2019）》
- ◆《广州公益慈善事业发展报告（2020）》
- ◆《广州公益慈善事业发展报告（2021）》